패밀리 비즈니스

패밀리 비즈니스 : 은밀하고 불편한 진실

지은이 헨리 허치슨
옮긴이 김재현
펴낸이 이규호
펴낸곳 북스토리지

초판 1쇄 인쇄 2022년 1월 10일
초판 1쇄 발행 2022년 1월 20일

출판신고 제2021-000024호
10874 경기도 파주시 청석로 256 교하일번가빌딩 605호
E-mail b-storage@naver.com
Blog blog.naver.com/b-storage

ISBN 979-89-975178-3-9 03320

가족기업의 치명적 문제 해결 솔루션

패밀리
비즈니스
Family Business

은밀하고 불편한 진실

헨리 허치슨 지음 | 김재현 옮김

추천사

★ 헨리 허치슨은 가족기업 경영의 장단점, 굴곡, 좋은 점과 나쁜 점의 본질을 정확히 포착했다.
- Mercer F. Stanfield, 4세대 가족기업 Brame Specialty Company 사장 겸 COO

★ 가족기업의 리더와, 공신력 있는 가족기업 컨설턴트를 위한 모닝콜. 헨리 허치슨은 검토할 가치가 있는 어려운 문제를 항상 쉽게 설명한다.
- Rhonda Stokes, Wake Forest University Family Business Center, Triad 및 Charlotte Centers의 임시이사

★ 헨리 허치슨은 가족과 가족 소유 사업 사이의 복잡한 문제뿐만 아니라 1세대를 넘어 가업 승계에 필요한 중요한 절차를 확인시켰다.
- Chris Cecil, president, Biltmore Family Office, LLC

★ 헨리는 복잡한 가족기업 문제를 단순화하고, 가족 구성원들에게 초점을 맞춰, 사람들이 지금 당장 집에 가져가서 사용할 수 있는 해답을 제공한다.
  – Cindy Clarke, executive director, UNC, Asheville Family Business Forum

★ 헨리 허치슨은 소호 상공인들이 세대 교체로부터 어떻게 살아남는지 그리고 왜 살아남지 못하는지에 대해 깊이 이해하고 있다. 또한, 그는 명확하고 쉬운 언어로 그러한 세대 교체의 복잡성을 설명할 수 있는 드문 능력을 가지고 있다. 이 책은 그들이 사업에서 살아남는 것뿐만 아니라 그들이 떠난 후에도 그 기업이 오래 번창하기를 바라는 사람이라면 꼭 읽어야 할 책이다.
  – Whit Ayres, president and owner, North Star Opinion Research

★ 이 책에는 수익성 및 경각심을 유지하기 위해 가족기업이 따라야 할 중요한 문제와 절차가 담겨 있다.
  – Lisa Oswald, CEO, Sorrelli

감사를 표하며

이 책은 다년간의 엄청난 연구 작업을 통해, 가족기업이 다른 가족기업들의 다양한 문제를 해결하도록 돕는 광범위한 사례들로 구성되어 있다.

학자, 기업가, 그리고 전문가들이 모두 이 책으로부터 인사이트를 얻을 수 있지만, 이 책의 진정한 독자는 현재 가족기업을 운영하는 사람과 언젠가 가족기업을 운영할 다음 세대의 모든 사람들이다.

그러므로 각 장은 모든 가족기업이 직면하고 있는 다양하고 광범위한 문제들을 다루려고 노력하고 있지만, 문제 해결을 위한 균형감은 현재 세대와 다음 세대의 관점 사이를 오가고 있다.

많은 주위의 도움이 없었다면 분명히 이 모든 일은 불가능했을 것이다. 가족기업협회(FFI)와 회원들, 나의 경영컨설턴트협회(IMC), 금융서비스전문가협회, 웨이크 포레스트 가족기업 프로그램, 맥클래치 신문사의 모든 편집자, IGC 및 그 회원들, 가족기업 그라우트 및 쿠레아 해변의 Osychi Dynamics에 감사드린다.

개인적으로는, 나를 가족기업 분야로 데려와서 요령을 가르쳐준 나의 형 짐, 나의 FFI 멘토인 힐트 데이비스, 그리고 전문 작가 분야에 뛰어들 수 있도록 도와준 데인 허프만에게 감사를 표한다. 물론, 나의 가족- 오스카, 에이버리, 커스틴 - 이 나의 이 편집 여행 일정에 대해 인내해 준 것과, 특히 커스틴이 많은 시간 동안 편집에 도움을 준 것에 대해 감사한다.

마지막으로, 이 책은 내가 그토록 많은 시간을 함께했던 가족기업 사업주와 회원들이 없었다면 정말 불가능했을 것이다.

Eddie, Mark, Kevin, Mercer, Lisa, Kermit, Lily에게 특별한 감사를 전한다.

목차

제6장　가족기업의 후계자를 선택하고 양성하라

제7장　가족기업의 오너가 원하는 미래와 가족의 의견이 서로 맞지 않는다면?

제8장 가족기업의 경영 바톤을 넘겨라

제9장 가족기업의 성공을 위해 새로운 다음 세대 리더를 세워라

서론

'행복한 가정은 모두 엇비슷한 이유로 행복하지만 불행한 가정은 저마다의 이유로 불행하다.'

나는 유명한 레오 톨스토이의 고전 소설 〈안나 카레니나〉에서 발췌한 문장으로 이 책을 시작한다. 불행한 가족기업 역시 이와 마찬가지로 저마다의 이유가 있다. 이 불행의 근본적인 뿌리와 해결책이 바로 가족기업의 불편한 진실에 있다.

가족기업은 미국뿐만 아니라 사실상 전 세계 모든 국가 경제의 중추를 이루고 있다. FFI(The Family Firm Institute)의 통계에 따르면 미국 전체 기업의 70% 이상을 가족기업이 차지하고 있을 것으로 추정한다. 동시에, 역사적으로 줄곧 가족기업은 새로운 일자리 창출과 국내총생산(GDP)의 상당한 부분을 차지해왔다. 포춘지 선정 500대 기업의 상당수도 그러하다.

'행복한 가정은 모두 엇비슷한 이유로 행복하지만 불행한 가정은 저마다의 이유로 불행하다.'

가족기업이란 정확히 무엇일까? 어떤 사람들은 가족기업을 단순히 두 명, 혹은 그 이상의 친척들이 같은 회사에서 일하는 것으로 정의한다. 또 어떤 사람들은 사업에 있어 가족의 영향력이 큰 경우를 가족기업이라 주장하기도 한다.

또 많은 사람들은 '가족기업'을 단순히 작은 규모의 사업을 의미한다고 생각한다. 그러나 포드, 월마트, 카길과 같은 수십억 달러 규모의 회사들은 이에 동의하지 않을 것이다. 그간 내가 들어본 최고의 정의는 샌디에이고 주립 대학교 소속 패밀리 비즈니스 센터의 책임자인 카르멘 비앙치(Carmen Bianchi)가 언급한 것으로, 그는 가족기업을 '스스로를 가족기업으로 간주하는 모든 사업'이라고 정의한다.

가족기업의 각 세대에 관한 정의도 있다. 1세대는 '창업 세대', 2세대는 '형제 파트너십', 그리고 3세대는 '사촌들의 컨소시엄'이라 불린다. 나는 보통 4세대를 가리켜 "와우, 대단하지 않아?"라고 말한다. 왜냐하면 성실하고 진취적인, 가족기업의 극히 일부만이 그토록 오래 사업을 이어갈 수 있기 때문이다.

패밀리 비즈니스는 마치 일가친척처럼 모습과 규모가 다양하다. 대부분의 가족기업은 기회를 포착했거나 단순히 생계를 유지하기 위한 목적을 지닌 단 한 명의 창업자로부터 시작된다. 어쩌면 한 기업이 두 가지 상황에 모두 속했을 수도 있다. 그러나 이런 상황은 순식간에 남편과 아내, 혹은 두 명의 형제 구성으로 바뀔 수 있다. 이중 많은 가족기업은 어머니로서의 추가적인 부담과 갈등, 그리고 가족에 대한 주요 정서적 지지를 받는 여성들이 주축이 되어 소유 운영되고 있다.

그리고 다음 세대가 합류한다. 사업을 일으키려고 노력하는 부모들의 바쁜 생활 속에서 자라고, 시간이 되는 대로 자신들도 능력껏 일을 돕다 보면, 어느샌가 그들이 부모들의 사업에 같이 종사하고 있다는 걸 깨닫게 된다. 그러고 나면 그 자녀들이 결혼을 해 시댁 또는 처가 식구들을 사업에 끌어들인다. 그 과정에서 신임을 얻고 능력 있는 비가족 직원들이 자연스럽게 고용된다.

기업의 정의나 형식에 상관없이, 가장 사랑하는 사람들과 함께 일하는 것보다 더 큰 기쁨은 없을 것이다. 하지만 가족기업은 커다란 도전에 직면하기도 하는데 가족은 무조건적인 사랑에 관한 것이고, 사업은 이익에 관한 것이기 때문이다. 대개 이 두 가지 정의가 항상 일치하는 것은 아니다. 당신은 당신의 자녀를 사랑하겠지만, 그 자녀가 사업을 운영하는 것에 소질이 없을 수도 있다. 당신은 당신의 아버지를 사랑하겠지만, 그는 옳지 않은 투자를 준비하고 있을지도 모른다. 또 당신의 자녀가 회사에서 일을 맡을 자격이 없을 수도 있지만, 당신은 자녀를 사랑하므로, 그의 감정이나 자존심에 상처를 주고 싶지 않기 때문에 그에게 일을 맡길 것이다.

FFI 연구에 따르면, 가족기업 3개 중 2개 정도는 다음 세대까지 살아남지 못한다고 한다. 단지 1세대부터 2세대로 넘어가는 시기뿐만 아니라 어떠한 세대든 그다음 세대로 넘어갈 때, 기업은 생존의 어려움을 겪는다.

가족기업 실패의 주요 원인에 관한 정보는 쉽게 접할 수 있을 만큼 방대하고, 이를 피할 수 있는 몇몇 가이드 라인을 찾는 것도 어렵지 않다.

그러므로 이 책에서는 그러한 가이드라인을 넘어 가족기업이 살아남고 번창하기 위한 최상의 성공 전략을 다룰 것이다. 본론으로 들어가기에 앞서 여기 다음과 같은 해결 방법을 제시한다.

- **소통의 문을 열어두어라.** 소통은 중요하다. 소통이 단절되면 사소한 문제가 빠르게 악화되고 훨씬 더 어려운 문제로 발전한다.
- **확실한 역할과 책임을 맡겨라.** 가족기업에 종사하는 가족 구성원들이 사업과 관련된 모든 일을 자신의 일이라고 생각하는 것은 자연스럽지만, 그 일들에서 발생하는 문제들이 가족 구성원 모두의 책임은 아니다. 직업에 대한 정의와 별개로, 가족들은 같은 문제를 해결하기 위해 각자의 위치에서 서로 최선을 다해야 한다.
- **좋은 재무 데이터를 잘 보관하라.** 많은 중소기업과 가족기업의 몰락 원인은 꼼꼼한 자료의 부재에 있다. 양호한 재무 데이터는 자동차의 깨끗한 앞 유리와도 같다. 그것은 당신의 기업이 정확히 어디에 있는지 알려줄 것이다.
- **가족 구성원에게 이유 없는 과도한 지불을 피하라.** 시장을 기반으로 한 보상은 기본이며 필수적이다. 가족기업을 운영하는 부모

들은 다음 세대들에게 과도한 임금을 주거나 모든 가족 구성원들에게 똑같은 임금을 지불하는 경향이 있다. 이것들은 좋지 않은 관행이다. 부당한 보상 관행이 오래 지속될수록 문제가 발생했을 때 처리가 더 복잡해진다.

• **자격이 없는 일가친척은 고용하지 마라.** 가족기업은 어려운 일이다. 사업적인 면에서는 이익에 신경을 써야 하는 반면, 가족적인 측면에서는 완전무결한 사랑을 만들어내야 한다. 따라서 직책을 맡을 자격이 없는 가족 구성원들이 일을 맡는 경우가 생겨날 수 있다. 이 문제에 대한 해결책은 그들을 훈련시켜 능력에 맞는 역할로 이동시키거나 퇴사시키는 것이다.

여러 데이터 분석상 고효율 패밀리 비즈니스는 비패밀리 비즈니스보다 더 나은 결과를 만들어낼 수 있다.

가족기업에 있어 신뢰는 원동력이다. 그러나 그 신뢰가 무너지면 사업이 어려워져 가족 화합에 큰 부담이 된다.

불편함을 감수하고라도 상기한 5개의 핵심 규칙을 준수한다면 한 가정과 비즈니스 모두를 성공 궤도에 올려놓는 것이 가능하며, 살아남지 못한 이들 중 하나가 되는 상황을 피할 수 있다.

이 책은 문제가 있는 가족기업이 존재하지만 문제를 해결할 방법을 찾는 욕구를 충족하기 위해 집필하였다. 어떻게 하면 잘 경영하고 화목한 가정을 가질 수 있는지에 대한 행동과 사고방식을 모든 가족 기업 구성원들에게 전달하기 위한 것이다.

〈FAMILY BUSINESS 패밀리 비즈니스〉는 가족기업가들이 목적 성을 가지고 읽기 쉽고 이해하기 쉬운 스타일과 방식으로 씌여졌다.
그리고 이 책이 제공하는 정보의 적용과 효과를 입증하기 위해 성 공한, 혹은 실패한 가족기업의 여러 예가 함께 제시되어 있다.

이 책을 읽음으로써 당신은 앞으로 가족기업이라는 이름하에 직 면할 수 있는 모든 상황에 대처할 수 있는 실행 가능한 계획을 세울 수 있고, 명절과 휴가를 함께 보내는 가족 구성원들과 힘든 역경 또한 함께 헤쳐나갈 수 있을 것이다.

제1장

가족기업은 어떻게 다른가?

가족기업을 소유하고 있다는 것은 큰 장점이다. 가족기업을 통해 자신의 운명을 컨트롤할 수 있고, 장기적인 투자도 할 수 있으며, 다음 세대들을 위한 엄청난 자원이 될 수도 있다.

그 자원이란 상황에 따라 그들이 다른 곳에서도 일할 수 있는 업무 경험이거나, 가족기업 안에서 일자리를 얻을 기회 또는 단순히 가족의 행복을 위한 재정적 자원이 될 수도 있다.

만약 당신이 가족기업을 소유하고 있다면 가장 중요한 것은 성공적인 세대 교체를 위해 누구보다 열심히, 그리고 현명하게 대처하는 것이다.

당신은 아마 가족기업이 중요한 이유를 그저 이 세상에 가족기업이 많기 때문이라고 생각할 수도 있다. 그리고 그 생각이 옳을 수도 있다. 서론에서 언급했듯이 미국 전체 기업의 70% 이상이 가족기업이며, 이들은 상당수의 신규 일자리와 GDP의 많은 부분을 차지하고 있다. 그러나 이보다 더 중요한 것은 그런 엄청난 수의 가족기업이 매일 새롭게 만들어지고 있다는 사실이다. 미국에서만 해도 매달 50만 개 이상의 사업이 시작되고, 수천 개의 가족기업이 매일 새로 생겨난다.[1]

세계 최고의 투자자인 워렌 버핏(Warren Buffett)은 2009년 2월 27일 주주들에게 보낸 편지에서 가족기업에 대한 애정과 관심을 언급했다.

"우리의 오랜 목표는 기업, 특히 가족이 소유하고 경영하는 기업들의 '선택권이 있는 구매자(buyer of choice)'가 되는 것입니다. 따라서 우리는 자신의 가족기업을 진정으로 아끼는 판매자들과 만날 때 확실한 이점이 있습니다."[2]

워렌 버핏이 이처럼 투자 가치에서 가족기업을 중시한다고 하면, 우리는 더 이상 그 중요성에 대해 논쟁할 필요가 없을 거 같다.

> 전체 기업의 70% 이상이 가족기업이며,
> 이들은 상당수의 신규 일자리와
> GDP의 많은 부분을 차지하고 있다.

---

1 Jason Nazar, "16 Surprising Statistics About Small Businesses," Forbes, Sept. 9, 2013. http://www.forbes.com/sites/jasonnazar/2013/09/0916-suprising-statistics-about-small-businesses.

2 http://www.berkshirehathaway.com/letters/2008ltr.pdf.

무엇이 가족기업을 특별하게 만드는가?

우리는 가족기업이 비가족기업, 즉 일반기업과 다르고 독특하다는 것을 이해해야 한다. 가족기업 안에서는 직장 동료들 간에 영구적인 정서적 관계가 존재한다. 가족이란 일생을 함께하는 사회적 조직으로서 구성원들 사이의 전폭적인 사랑과 지지라는 특성을 지닌다. 우리는 직장을 그만둘 수는 있어도 가족을 그만둘 수는 없다.

가족기업에 관한 놀라운 통계가 있다. 즉, 많은 연구가 가족기업이 일반기업보다 더 월등한 결과를 낼 수 있다는 것을 보여준다. 이러한 현상에는 많은 이유가 있다. 예를 들면, 일단 사람들은 서명란에 자신의 성이 들어가면 더 열심히 노력하는 경향이 있다. 또 가족기업은 분기별 결산을 하는 공개형 일반기업보다 더 장기적인 관점으로 바라볼 수 있는 장점이 있으며, 당신의 자식들을 마음껏 부려먹고도 문제가 되지 않을 수 있다.

하지만 가족기업을 정상으로 끌어올릴 수 있는 가장 큰 요인은 가족 간의 신뢰도(信賴度)이다. 이미 성공한 가족기업에 종사하고 있는 각각의 가족 구성원들은 다른 모든 구성원들이 회사를 발전시키기 위해 최선을 다하고 있다는 것을 인지하고 있다. 콜롬비아 경영대학원의 존 휘트니(John Whitney) 교수는 그의 저서인 〈신뢰 지수〉(New York: McGraw-Hill, 1994)에서 이렇게 서두를 시작한다.

"모든 사람이 회사의 사명에 맞춰 정확히 무엇을, 언제, 어떻게 해야 하는지를 알고 있고, 그에 따라 제때 정확히 행동했을 때 회사의 성과가 어떨지 상상해보라."

 가족기업을 최상의 상태로 끌어올릴 수 있는 가장 큰 요인은 가족 간의 신뢰도이다.

가족기업은, 가족 구성원들의 고유한 친밀감 때문에, 모든 사람들이 그들의 업무 노력에 완벽하게 동기화될 수 있을 정도로 높은 신뢰도를 가질 수 있어, 매우 성공적인 사업을 이끌어갈 수 있다

하지만 신뢰가 깨어지면 어떤 일들이 일어날까? 아니면 가족 구성원 중 한 명이 필요한 수준의 업무를 수행할 의사가 없거나 할 수 없는 경우는 어떨까? 아마도 이것은 대부분 특권 의식이나 약물 남용, 혹은 단순한 게으름 때문에 생길 것이다. 이러한 원인 중 어떤 것이든 다른 가족 구성원들이 문제를 무시하는 척을 하게 하거나 "내 아들/딸/형제를 어떻게 해임해야 하지?"라는 심히 거북한 질문을 하도록 강요할 수 있다. 전자는 사업에 안 좋은 영향을 주고, 후자는 가정에 안 좋은 영향을 준다.

이러한 이유 때문에 가족기업을 최대한 일찍 전문화하는 것이 중요하다. 조기에 가족기업을 전문화하는 것은 가족기업의 고질적인 나쁜 특성을 제거하면서 올바른 방향으로 발전시키는 데 도움이 된다. 물론 이것이 쉽지만은 않다. 그러나 기업이 살아남고 성장하기 위해서는 빠른 판단과 결정을 해야 하고, 기회가 있다면 반드시 잡아야 한

다. 그 과정에서 일어나는 실수들은 피할 수 없는 것이다. 대개의 가족기업은 일단 성공과 안정이 어느 정도의 수준에 도달해도 이것은 모두 창업자의 머릿속에만 있기 때문에 사업 운영에 관한 매뉴얼이 없는 것이 일반적이다.

그럼에도 불구하고, 가족기업의 장기적 성공을 위해서는 의사소통, 관리 방식, 경영권 승계, 사업 기획과 같은 몇 가지 핵심 분야에 꾸준한 노력을 기울여야 한다.

다행히도 요즘은 가족기업 잡지나 가족기업 저널과 같은 출판물들에서 도움을 구할 수 있다. 또한 외부 전문강사를 초빙해 강의를 듣거나 가족 구성원에게 유용한 프로그램을 만드는 전국의 대학 기반 가족기업센터에 가입할 수도 있는데, 가족기업은 이를 통해 의미 있는 주제에 대한 세션을 활성화하고 가족 비즈니스 연구 결과를 비슷한 상황에 처한 그룹에 제공할 수 있다.

그 밖에 가족기업과 관계자들을 위한 세계 최고의 연구소인 FFI(Family Firm Institute: 가족기업연구소)도 있는데, 이 연구소는 가족기업을 위한 좋은 밑거름을 제공하고 있으며, 기업 종사자들에게 교육과 능력 인증을 제공하는 데 전념하고 있다.

그리고 물론 우리 회사, '패밀리 비즈니스 USA(Family Business USA)'와 같은 가족기업 컨설턴트들도 저마다의 자리에서 이러한 기업들을 돕고 있다. '가족기업은 전문적인 도움을 받았을 때 이익을 얻을 수 있다.'라는 신념 아래 우리 회사는 설립되었다. 그렇다면 나는 어떻게 가족기업의 은밀한 비밀을 처음 알게 되었을까? 나 또한 가족기업인 '올란 밀스 초상화 스튜디오(Olan Mills Portrait Studios)'에서 일하며 성장했다. '올란 밀스 초상화 스튜디오'는 미국 전역에 걸쳐 가족사진을 주로 판매하고 있다.

나의 조부, 올란 밀스는 회사의 창업자였고 나의 두 삼촌이 다음 세대를 위해 회사를 물려 받았다. 나의 형은 가족기업 내에서 일하는 것에 만족하고 행복해 보였지만 나는 IBM에서 글로벌 매니지먼트 경력을 쌓음으로써 나만의 길을 가기로 결심했다.

우리 자녀들은 어디서 일하게 될까?

나는 최근 콜럼비아 경영대학원 20주년 동창회에 참석했었다. 이틀 동안 저명한 교수들과 성공한 졸업생들의 강의가 이어졌다. 다양한 주제로 강의가 진행되는 주말 동안, '미래에는 어디서 일자리를 구할 수 있을까?'라는 주제가 압도적으로 주목을 끌었다. 미국 내 최고의 재무학 교수 중 한 명인 브루스 그린왈드(Bruce Greenwald) 교수는 다음과 같은 말로 강의를 시작했다.

"여러분은 앞으로 자식들과 오랫동안 함께 집에서 사는 것에 익숙해져야 할 것입니다."

그는 이어서 평균 소득 상위 20%와 하위 80%의 저축률 사이에 생기는 엄청난 불균형을 설명하기 시작했다. 평균 소득 하위 80%의 저축률은 실제로 마이너스에 달한다.

이 주제에 대해 더 깊이 들어가 보면, 콜럼비아 리차드 폴 리치맨 센터(Columbia Richard Paul Richman Center) 수석연구위원이자 심슨 보울 커미션(Simpson-Bowles commission)에서 대통령 임명장을 받은 앤드류 L. 스턴(Andrew L. Stern)은 조금 더 직설적으로 말한다.

"우리 자식들과 손주들이 앞으로 어디서 일하게 될지 알 것 같은 사람이 있다면 저에게 말씀해주시기 바랍니다."

강의하는 동안 그는 끔찍한 그래프를 보여주었다. 기본적으로 그 그래프는 1940년부터 모든 것이 상승세에서 벗어나기 전인 2004년까지 GDP, 생산성, 임금이 매년 증가해 왔다는 것을 보여주었다.

취업률 또한 이 기간 동안은 안정적인 수치를 유지했지만 2008년부터 하락하기 시작했다. 우리는 이러한 결과의 원인이 서브프라임 모기지의 붕괴라고 믿는다. 그러나 서브프라임 모기지 사태가 문제를 더 악화시키긴 했지만 진짜 원인은 기술이다.

우리는 전 세계적으로 미래의 직업들을 기술직 일자리로 대체하고 있다. 전 세계적으로 말이다. 유럽에는 자동 금융거래단말기(ATM)가 주문을 받는 패스트푸드점이 있다. 그것이 방글라데시에 도입될 때까지 시간이 얼마나 걸릴까? 베이징, 두바이, 보스턴까지는? 3D 프린터는 자동차의 부품, 카메라 렌즈, 커피 컵, 인공 신체 기관, 심지어

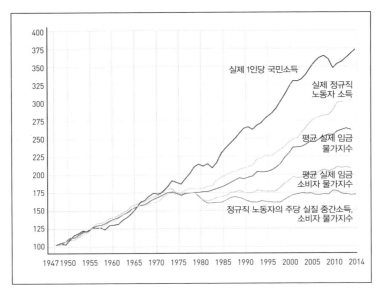

400
375
350
325
300
275
250
225
200
175
150
125
100

실제 1인당 국민소득

실제 정규직
노동자 소득

평균 실제 임금
물가지수

평균 실제 임금
소비자 물가지수

정규직 노동자의 주당 실질 중간소득,
소비자 물가지수

1947 1950 1955 1960 1965 1970 1975 1980 1985 1990 1995 2000 2005 2010 2014

〈표 1.1〉 1인당 국민소득에서 평균임금까지(1947 → 2013/2014, 1947=100)
출처: BEA & BLS, 2015

인체 조직까지 만들 수 있는 지점에 와 있다. 이 모든 것이 간단하게
프린트될 때까지 얼마나 걸릴까?

2015년 7, 8월판 〈The Atlantic Magazine〉에서 저자인 데릭
톰슨(Derek Thompson)은 '일이 없는 세상'이라는 기사를 통해 20
년 안에 미국 내 모든 일자리의 절반은 기계로 대체될 것이라고 언급
하면서 이 문제를 더욱 부각시켰다. 대표적인 예로 1964년 AT&T는
오늘날의 약 2670억 달러의 가치를 지니고 758,611명의 직원을 고
용하고 있었지만, 현재 구글은 약 3700억 달러의 가치를 가지고 있으

면서도 직원 수는 55,000명 정도에 머물고 있다.[3]

연도	회사	가치	직원수
1964	AT&T	$2670억	758,611
2015	Google	$3700억	55,000

가족기업 소유의 장점은 무엇인가?

과학 기술이 전례 없는 속도로 일자리를 없애고 있는 세상에서 자신만의 사업을 소유하는 것은 크나큰 장점이다. 그렇다. 당신은 자신의 사업을 팔 수도 있는데, 어떤 경우에는 그것이 최선 또는 유일한 대안이 될 수도 있다. 사업을 판다는 것은 단순히 지금 몸 담고 있는 사업이 바뀐다는 의미만은 아니다. 한때는 당신이 사업 운영자였지만 판매 후에는 자금 관리인 될 수도 있다. 두 가지 경우의 차이는 극명하다. 사업 운영자로서 당신은 전수할 만한 훌륭한 노하우를 가지고 있고 당신의 노력이 사업 성과와 직결될 수 있지만, 자금 관리인으로서의 당신은 진정한 전문가가 아니며, 당신의 노력과 상관없이 보이지 않는 글로벌 시장 세력에 지배될 수 있다. 사양 산업에 종사하고 있거나, 현재의 사업 가치보다 훨씬 더 좋은 제안을 받은 적이 있거나, 상

---

3 Derek Thompson, "A World Without Work," The Atlantic, July/August 2015.

속자가 없는 경우가 아니라면, 자신만의 사업을 소유하는 것은 훌륭한 장점이다.

가족기업의 사업주라면 자신의 노력, 지능, 창의성, 그리고 경영 능력을 토대로 수입이 생기기 때문에 자신의 인생을 자유롭게 설계할 수 있다.

물론, 어떤 사람들은 다른 사람들에 비해 사업을 운영하는 능력이 뛰어나고, 또 어떤 사람들은 사업을 운영하는 데 적합하지 않기도 하다. 그렇더라도 당신은 오너가 되어 사업을 운영하는 사람을 효과적으로 관리하는 방법을 배울 수 있다. CEO는 아니지만 기업의 회장이 될 수는 있다.

가족기업 소유의 또 다른 측면은 자신의 사업을 판매하는 것이다. 일단 사업이 팔리게 되면, 당신은 본질적으로 투자자가 된다.

더 그럴싸한 말을 찾자면, 당신은 투자자들을 관리하는 사람이 되는 것이다. 이것은 불가능한 일이 아니다. 하지만 자신의 운영에 대한 통제력은 훨씬 떨어질 것이다. 당신의 돈을 관리하는 사람들이 당신에게 등을 돌릴 수도 있고, 그들의 성과도 일정하지 않을 수 있으며, 또한 시장 자체도 예상치 못한 이유로 매우 자주 변동될 수 있다.

사람들은 가족기업을 현금으로 전환하는 것에 큰 기대를 하겠지만, 현실은 그저 경험이 적고 통제력도 떨어지는 투자라는 사업으로 옮겨가는 것뿐이다.

가족기업을 소유하는 것은 다음 세대에 힘을 실어주는 데에 큰 도

가족기업을 갖고 있는 것은 훌륭한 장점이다.

움이 된다. 가족기업의 업무, 예를 들어 영업직, 행정직, 생산직 또는 일반 사무직 등을 어린 나이에 수행해 본 경험을 말한다. 이런 경험들은 좋은 직업윤리를 배양하고, 장래에 다른 사람들과 같이 일할 수 있는 능력을 발달시킨다.

그뿐만 아니라 이것은 경력으로 이력서에 기재할 수 있으며 다른 회사에서 더 나은 직업을 수행하는 데 지렛대로 사용될 수 있다.

마지막으로, 세대를 거쳐 부의 대물림을 가능하게 하는 무수한 금융상품이 있지만, 회사에 대한 소유권을 갖는 것은 가족이 투자와 인력 개발을 위한 장기 계획을 세울 수 있게 한다.

관리가 잘 되는 기업은 후대의 이익을 위한 재원 역할을 톡톡히 할 수 있다.

당신은 빌딩 50층 높이에 매달려 창문을 닦고 있는 사람들을 본 적이 있는가? '저 사람들은 미친 게 분명해'라고 생각해본 적이 있 는가? 만일 당신이 미국에서 열 번째로 규모가 큰 창문 청소업체 이자 가족기업인 '스코티 빌딩 서비스(Scottie's Building Services)'에 대해 알게 된다면...... 그들이 정확히 무엇을 하고 있는지도 알게 될 것이다.

스코티는 그야말로 가난뱅이에서 부자가 된 케이스다. 아버지와 함께 뉴욕 시러큐스(Syracuse)에서 창문 청소 사업을 하며 자라온 존 맥그래스(John McGrath)는 1986년, 눈[雪]을 피해 남부에 위치한 노 스캐롤라이나로 이사했다. 그는 먼저 새 지역에 자리를 잡고, 아버지 를 불러 함께 사업을 운영했다. 얼마 후 군대에서 제대한 형 톰 또한 새로운 창문 청소 사업에 합류했다.

그때만 해도 창문 청소업은 지금과 많이 달랐다. "마치 거친 서부 와 같았어요."라고 존 맥그래스가 말했다. "그동안은 비눗물이 든 양 동이와 와이퍼를 든 미친 사람들이 빌딩에 매달려 청소하는 일을 했 지만 이젠 그렇지 않아요."

오늘날, 창문 청소업은 전문화되었다. 비눗물 양동이를 든 사람 이 취직할 수 있었던 시대는 지나갔다. 스코티는 이러한 시대적 변화를 읽고 회사와 사업을 전문화했다.

존과 톰 맥그래스는 'IWCA(International Window Cleaning Association, 유리창 청소 협회)'의 창립 멤버다. IWCA는 산업 전반에 걸쳐 안전과 교육을 증진하고 전문성을 강화하기 위해 만들어졌다. 이들 일가족은 스스로 사업을 전문화하는 모범을 보였다. 마이클 거버(Michael Gerber)가 쓴 〈E-Myth〉(New York, Harper Business, 1990)라는 책을 읽으며 많은 지식을 쌓고 활용했다.

"E-Myth의 핵심은 매일매일 발생되는 업무에 매달리지 말고 당신의 살아 있는 감각을 가지고 미래를 보라는 것이죠. 이 책은 시스템을 어떻게 구축하고 제어해야 하는지를 알려줍니다. 그리고 우리는 스코티에서 그 일을 이루었죠." 톰 맥그래스의 말이다.

청소업계는 진입 장벽이 낮고 운영에 필요한 법적 요건이 필요하지 않다. 성공의 열쇠는 일의 안전성, 효율성, 경제성, 그리고 일관성이다. 사실 이것이 그들 회사의 모토이기도 하다. 명성을 쌓는 것이 성공의 열쇠이다. 그들의 충성 고객이 96%에 달한다고 하니 이 회사는 성공했다고 볼 수 있다.

지금까지의 맥그래스 일가의 안전에 대한 헌신이 확대되어 고층 빌딩 청소부를 위한 안전 장치를 설계하고 제조하는 데 주력하는 또 다른 회사들이 설립되었다.

성공의 열쇠는 일의 안전성, 효율성, 경제성, 그리고 일관성이다.

또한 맥그레스 가족은 업무 효율이 높은 가족기업을 구상하는 데 시간을 투자했다. 이들은 업무 분담을 3개의 영역으로 나누었다. 존 (John)은 영업 및 마케팅을 담당하고, 톰(Tom)은 경영과 운영에 중점을 두고, 아버지는 창문을 안전하고 철저하게 청소하는 데 필요한 초기 전문 기술을 제공했다. 역할과 책임의 정의가 명확할수록 좋다는 것은 가족기업 관리의 기본이다.

하지만 서로의 의견이 불일치를 이루면 어떻게 될까? 톰은 이렇게 답했다. "그냥 그 자리에서 이야기해요. 결국 결정은 그 분야를 책임지고 있는 사람에게 달렸고, 우리는 그저 서로를 신뢰할 뿐이죠." 그 외에도 도움이 되는 것은 강력한 직원들이다. 스코티는 4개의 지부를 가지고 있고, 협상권을 가진 지부장들이 관리하고 있다. 톰은 이어서 다음과 같이 말한다. "강력한 경영진을 갖고 있으면 중대한 결정을 내려야 할 때 도움이 되는 유용한 정보를 얻을 수 있어요."

그들이 가족기업으로서 함께 일할 때 문제를 줄이기 위해 터득한 또 다른 요령은 비즈니스에 대한 대화를 공적인 시간으로 한정하는 것이다. 그리고 그들은 의식적으로 하루 업무가 끝나갈 무렵에는 문제를 다루는 것을 피한다. 존은 다음과 같이 말한다. "오후 늦은 시간에는 어떠한 문제가 발생하든 우리는 그저 내일로 미루는 편이에요."

오늘날, 스코티에는 주요 관리자 외에도 존의 아들, 톰의 사위 그리고 세 번째 동생인 게리(Gary)가 사업에 종사하고 있다.

톰과 존은 이 사업에서 가장 성공한 회사들은 대부분 가족기업이라는 점을 지적했다.

제2장

기업 혁신보다 가족 갈등을 먼저 해결하라

사업 환경은 평탄하지 않다. 직원들은 한발 앞서 나가 본인만의 기술을 개발하여 상사에게 깊은 인상을 주려고 노력한다. 그들은 아마 대부분 승진을 위해 직장 동료들과 경쟁하고 있을 것이다.

동시에, 경영자와 오너는 직원들을 적절히 관리하면서 성공적인 사업 전략을 개발하고 실행하고자 한다.

이 모든 반응은 공격적인 경쟁자, 까다로운 고객들, 이윤을 최대한 뽑아내려는 공급업체들이 한데 모인 환경에서 이루어진다.

이제부터 이 사업이 어머니, 아버지, 아들, 딸, 사위, 그리고 조카가 서로 다른 능력, 삶의 목표, 그리고 관계성을 가진 가족기업이라고 가정해보겠다.

전체 가족기업의 65% 이상이 세대 교체에 실패하는 것은 당연한 일이다. 원활한 의사소통은 가족기업 성공의 열쇠이다.

이 장에서 우리는 열린 소통의 장을 유지하면서 어려운 문제들을 다루기 위한 몇 가지 효과적인 전략에 대해 알아보고자 한다.

효과적인 가족회의

몇 년 전 한 세미나에서 나는 포브스(Forbes) 잡지의 편집장이자 가족기업의 아이콘인 스티브 포브스(Steve Forbes)에게 가족기업에 관한 조언을 구한 적이 있다. 그의 대답은 '의사소통'이었다. 스티브 포브스는 이렇게 덧붙였다. "경영에 참여하는 우리 가족 구성원들은 누구나 가지고 있을 수 있는 문제를 제기할 목적으로 3주에 한 번씩 의무적으로 만나서 커피를 마십니다."

확실하지 않다면 모두를 포함시켜라.

이 방법이 포브스에게 효과가 있었다면, 아마 당신에게도 효과가 있을 것이다. 가족회의는 가족기업이 의사소통을 향상시킬 수 있는 아주 좋은 방법이다. 회의가 효과적이기 위해서는 여러 가지 생각과 계획이 필요한데 그것들은 또한 재미있어야 하고 가족과 사업의 성공을 위해 가치가 있어야 한다. 가족회의를 진행할 때 알아두어야 할 몇 가지 팁을 알아보겠다.

- 확실하지 않다면 모두를 포함시켜라. 배제는 반감과 불신을 불러 일으킬 수 있기 때문에, 그들의 직책이 무엇이든, 일주일에 5시 간을 일하든 70시간을 일하든 상관없이 업무와 관련된 모든 가 족 구성원들을 회의에 포함시켜야 한다. 배우자도 포함될 수 있 다. 배우자는 일반적으로 사업에 종사하는 가족 구성원들의 가 장 가까운 측근이자 가장 강력한 영향력을 가진 사람이기 때문 이다. 사업에 종사하고 있지 않지만 사업 소유자와 직접적인 관 련이 있는 사람 또한 포함시켜도 좋다.

- 가족 매뉴얼을 개발하는 것부터 시작하라. 가족 매뉴얼은 사업에 관한 가족의 가치와 신념을 규정하기 위해 함께 만들어진 살아 있는 문서다. 매뉴얼의 목적은 가족회의가 어떻게 진행될지에 관 한 기본 규칙을 정하고, 모든 사람이 들을 수 있는 기회를 갖도록 하며, 의사소통을 방해하는 행동들을 배제시키는 것이다. 핵심은 모든 가족 구성원들이 처음부터 매뉴얼을 만드는 것이다. 인터넷 에서 찾은 것을 복사하거나 다른 가족의 매뉴얼을 사용해서는 안 된다. 모든 가족기업의 매뉴얼은 저마다 다르기 때문이다.

- 적극적 경청을 연습하라. 많은 사람들이 '적극적 경청'이 주의를 기울이는 것을 의미한다고 생각하지만, 그것은 정의의 일부에 불과하다. 적극적 경청의 다른 의미는 말을 듣고 이해했음을 증 명하는 것이다. 들었다고 생각되는 내용을 상대방에게 다른 말 로 바꿔 말한 후 당신이 제대로 이해했는지 물어봄으로써 확인

할 수 있다. 이 과정이 '동의'를 의미하지는 않지만, 발언자의 말이 전달되어지고 있다는 것을 확인시켜주기 때문에 논의를 계속하는 데 도움이 된다. 일반적으로 적극적 경청은 갈등이나 오해가 있을 때 일대일 상황에서 이루어지지만 다자간에도 발생할 수 있다. 이 경우, 각 그룹은 모든 사람이 같은 수준의 이해를 할 때까지 반복해야 한다. 이러한 접근법을 항상 사용해야 하는 것은 아니지만 오해나 직접적인 갈등이 발생했을 때는 반드시 적용해야 한다. 협상에 관한 하버드 프로그램에는 적극적 경청이 중요 교육 과정으로 포함되어 있기도 하다.

• 회의를 규칙적으로 가져라. 회의는 매주, 매월, 혹은 분기별로 개최할 수 있다. 중요한 것은 다음 회의가 언제 열릴지 모두가 알고 있어야 한다는 점이다. 회의를 계획하지 않은 상태로 둘 경우, 토론할 문제가 있는 가족은 다른 사람들이 자신의 주제를 피하고 싶어 한다고 생각할 수 있으며, 회의 일정을 계획하는 책임자에게 적대감이 쌓일 수 있다. 정기적인 회의 스케줄을 만들거나, 만약 회의를 연기하게 된다면 사전에 다음 회의 일정과 논의할 주제를 정하고, 불참한 모든 사람들에게 날짜와 시간을 알려야 한다.

• 회의를 계획하라. 회의에 충분한 시간을 할당하고, 회의 전 모든 가족들에게 자신의 문제나 대화 주제를 의제에 올릴 수 있는 기회를 주며, 열린 토론을 위한 시간도 남겨 두어야 한다. 이렇게

Family Business

함으로써, 모든 가족 구성원이 공평하게 말하고 들을 수 있는
기회를 가질 수 있다고 확신한다.

- **조력자를 이용하라.** 가족회의는 불화가 생길 경우 분위기가 어
색해질 수 있다. 이런 경우 다른 가족들도 가담하거나 또는 어
쩌다 보니 가담되면서, 좋은 의도를 가지고 이 난관을 해결하려
고 노력하게 될 것이다. 유감스럽게도 불화는 종종 사람들끼리
편을 만들고 있다는 느낌을 낳는다. 게다가, 지정 혹은 고정된
조정자는 자신의 공정한 의견에 대해서도 권력 개입의 의심을
받을 수 있다. 이 부분에서 경험이 많고 결과에 대해 기득권을
가지지 않은 조력자는 가족회의를 다시 정상적으로 이끄는 데
에 도움을 줄 수 있다. 패밀리 비즈니스 USA(Family Business
USA)가 이를 전문적으로 다루기는 하지만, 당신이 살고 있는
지역 비즈니스 커뮤니티에도 이와 같은 역할을 수행해줄 사람
이 있을 것이다.

- **회의에 즐거움을 더하라.** 회의는 보통 진지한 주제를 다루기 위해
열리지만, 만약 모든 회의의 분위기가 극도로 무겁다면 사람들
은 참석하기를 꺼려할 것이다. 일하기 위해서 사는 게 아닌 살기
위해서 일한다는 걸 모두에게 상기시켜 주려면, 즐거움을 더할
창의적인 요소를 회의에 포함시켜야 한다. 각자 지난번 회의 이
후에 생긴 흥미로운 일들에 대한 이야기를 나누면서 회의를 시
작할 수도 있다. 또는 "당신이 무인도에 표류하게 됐을 때 가지

고 갈 다섯 가지 음식은?"과 같이 모두가 돌아가며 대답할 수 있는 재미난 질문들로 회의를 시작하는 것도 좋은 방법일 것이다. 회의에 재미를 더하면 모두가 긴장을 풀고 더 즐겁게 의견을 말할 수 있고, 단순한 업무 차원이 아닌 인간적인 차원에서 경험을 공유함으로써 신뢰를 쌓을 수 있다.

충돌 해결 방법

가족회의는 훌륭한 도구가 될 수 있지만, 그것을 만병통치약으로 여겨서는 안 된다. 문제는 불가피하게 발생할 것이고 당신은 문제와 대면하면서 이를 해결할 준비가 되어 있어야 한다. 물론 해결하는 방법은 좋은 관계를 유지하고 비즈니스에 해를 끼치지 않는 선에서 이루어져야 한다. 사업에 있어 의견의 차이는 피할 수 없다.

대기업 같은 경우에 직장 동료, 협력자 그리고 멘토가 있지만, 결과적으로는 모두가 자기 자신만을 위해 일한다. 하지만 가족기업에서는 당신의 기분과 의견에 상관없이 언제나 함께해야 하는 사람들이 있다. 그렇기에 갈등을 해결하기 위한 시스템을 갖는 것이 중요하다.

이것이 불가능하다면, 당신은 추수감사절 저녁 식사에서 빈자리를 보게 되거나, 최악에 경우에는 자식이 아버지를 고소하고, 부부들 간에 이혼하고, 사촌들끼리 편을 가르는 오르킨 해충 방제(Orkin

Pest Control) 가족기업과 같은 결과를 맞이할지도 모른다.

 가족회의는 훌륭한 도구가 될 수 있지만, 그것을 만병통치약으로 여겨서는 안 된다.

자식과의 갈등

가족은 시스템이다. 즉, 모든 부분이 서로 연결되어 있다는 뜻이다. 만약 당신의 가족 구성원이 어머니, 아버지, 아들, 딸, 이렇게 4명이라면 12가지의 단방향 관계(one-way connections)가 가능하다. 그리고 여느 시스템처럼 한 부분의 변화는 다른 부분에 영향을 미친다.

예를 들면 통상적으로 누군가가 매각을 원한다면 다른 누군가는 그것을 사야만 하는 것처럼 말이다. 이는 비즈니스 권력 구조를 변화시켜 가족 관계에 영향을 미칠 수 있다.

누군가가 결혼을 하는 경우에도 변화가 생긴다. 곧 배우자가 될 사람은 미래의 회사 소유권으로부터 자신을 배제한다는 전제로 혼전 계약을 맺어야 할까? 만약 그렇다면, 누가 이 불편한 소식을 전할까? 사람들은 이 상황을 이해해줄까?

부모는 자녀들이 책임감 있고 자급자족할 수 있는 어른이 되도록 훈련을 시키기 위해 이상적으로 함께 일하며, 궁극적으로 그들이 장기적인 행복으로 이어질 습관과 신념의 기반을 다지게 될 것이라 생각한다. 그들은 그 과정에서 무조건적인 사랑과 지원을 - 역시 이상적으로─ 아끼지 않는다. 단순히 말하자면 사실 부모들은 자신의 아이들이 참여하는 걸 보고 싶은 것이다. 가족은 보기보다 훨씬 복잡하다.

사업 시스템 역시 마찬가지로 복잡하지만, 실질적으로 가족 시스템과 정반대의 성향을 가지고 있다. 사업은 특정 목적을 달성하기 위해 존재하는데, 일반적으로 주주의 가치를 증대시키는 것이 바로 그 목적이다. 대개 직원의 감정과 행복은 그것이 전체적인 사업 목표를 개선하거나 부정적인 영향을 미치지 않는 범위에서만 고려된다.

그렇다고 해서 모두가 행복하면서도 멋지고 수익성 높은 업무 환경을 가질 수 없다는 건 아니다. 다만, 사업이 기울어서 직원들이 일자리를 잃게 되면 가족 구성원 모두가 불행해진다는 것을 우리는 알고 있다.

이 두 시스템이 겹치면 무슨 일이 일어날까? 답은 가족 시스템이 사업 시스템에 개입하는 정도에 따라 달라진다. 당신이 현재 가족과 사업을 하고 있다면 그 사실을 부정하거나 무시할 수 없을 것이다.

당신은 무조건 사업을 첫 번째 우선순위에 두어야 하고, 가족 문제를 회사에서 배제해야 한다. 비즈니스 세계에는 이런 유명한 말이 있다. "햇살이 비출 때 건초를 만들어라." 다시 말해, 제품이나 서비스를 많이 판매할 수 있는 짧은 시간의 기회가 오면 모든 신경을 그 부분에 집중해서 최대한의 수익을 만들어내야 한다. 왜냐하면 그것은 어느 시점에 끝나기 때문이다. 다른 개인적인 욕구는 그 이후에 관심을 가지면 된다. 가족기업은 항상 이런 식이다. 일단 출근하면 일할 준비를 하고 사업을 진전시키기 위해 할 수 있는 모든 것을 해야

Family Business

한다. 가족 토론이나 문제점들은 근무 시간 외로 미뤄두어야 한다.

부모 자식 간의 갈등은 모든 가족기업에 당연하게 존재하는데. 가족 시스템이 비즈니스 시스템과 교차하는 부분이기 때문이다. 당신이 딸에게 어떤 일을 부탁했는데 딸이 신경질을 내고, 이를 다른 직원들이 알아차렸을 때 당신은 어떻게 행동할 것인가? 자녀가 업무를 수행하는 데 문제가 있는 이유는 무엇인가? 여기에는 여러 가지 이유가 있을 수 있기 때문에 그 상황에 대처하는 방법 또한 다를 수 있다. 집안에 문제가 있거나, 사업상의 문제이거나, 불합리함에 대한 인식이거나, 아니면 그저 단순한 게으름일 수도 있다. 이중 몇 가지 이유만 짚고 넘어가 보도록 하겠다.

- 자녀가 집안에서 문제를 겪고 있는 경우: 그가 가족용 차를 망가뜨리거나 사업과 관계없는 일로 당신과 말다툼을 했을 수 있다. 문제가 뭐든 간에 그는 그것을 일터까지 안고 왔다. 당신이 합당한 일을 부탁해도 그는 집안에서 일어난 일로 인해 분한 마음을 품고 있기 때문에 버럭 화부터 낼 것이다.
- 해결책: 자녀를 따로 불러내어 회사에서는 회사가 기대하는 업무에 부응해야 한다고 말하라. 가족이든 아니든 모든 직원들의 개인 문제가 업무 능력에 영향을 미쳐서는 안 되기 때문이다. 만약 가정에 문제가 있다면, 그것은 가정 내에서 논의되어야 한다.

- 부모가 집안에서 문제를 겪고 있는 경우: 아마도 당신은 당신의 배우자와 논쟁이 있었을 것이고, 당신의 자녀가 그 상황에 말려들었을 것이다. 출근하고 나면 당신은 상사이고 보복의 표시로 자녀에게 무리한 요구를 할 수 있는 위치에 있게 된다.
- 해결책: 자녀가 당신을 따로 불러내어 가족 문제를 집에 두고 오는 것에 대해 논의해야 한다.

- 부모가 불합리한 요청을 할 경우: 당신은 자녀가 자신의 능력을 증명하도록 하기 위해 더럽거나 힘든 일을 시키는 것을 선호할 수도 있다. 아마도 가벼운 문제가 생겼을때, 당신은 그 문제를 해결하기에 적절한 직원이 아닌 당신의 자녀에게 문제를 해결하도록 할 것이다.
- 해결책: 이런 상황에선 자녀 쪽에서 감정을 자제하며 이 문제에 대해 당신과 상의할 필요가 있다.

이것들은 단지 몇 가지 예시일 뿐이다. 욱하는 상황이나 분노는 가족이 아닌 직원과 관련이 있을 수도 있고, 자녀의 예민한 반응은 그가 직장에서 일과 부모에서 직원보다 자신이 위라는 것을 알리는 행위가 될 수도 있다. 여기서 핵심은 바로 자격 문제인데 다음 파트에서 더 자세히 논의하겠다.

특권의식 : 패밀리 비즈니스 킬러

'피 디디(P. Diddy), 아들의 16번째 생일 선물을 위해 36만불 차 구입'이라는 헤드라인을 처음 봤을 때 나는 '자식을 망치는 최고의 방법이 아닌가!'라고 생각했다. 하지만 이 생각을 가족기업의 세계에 적용했더라면 나는 아마 이렇게 생각했을 것이다. '저 집 사업이 곧 망하겠군.' 자녀가 가진 특권의식이 결국엔 가족기업을 망하게 하는 No.1 킬러일 수 있다.

> ### 자녀가 가진 특권의식이
> ### 가족기업을 망하게 하는 No.1 킬러일 수 있다.

나는 특권이란 개개인이 가지고 있는 기술, 지식, 경험을 뛰어넘어 존중과 특권을 누릴 자격이 있는 태도나 행동이라고 정의하고 싶다. 우린 모두 이런 사람들을 알고 있다. 그런데 뭐 아무려면 어떤가? 그들을 피하든 참아내든 아니면 그들과 어울리며 약간의 혜택을 얻어내든 누구나 피 디디(P. Diddy)가 아들에게 사 준 고급차를 운전해 보고 싶은 마음은 갖고 있지 않을까?

하지만 능력이 없는데도 사업을 할 수 있다고 믿는다거나 혹은 아버지가 해냈기 때문에 자신도 가능할 것이라고 믿는다면 그 가족기업은 난관에 부딪힐 것이다. 시장은 사업을 하는 사람의 명성이나 재력

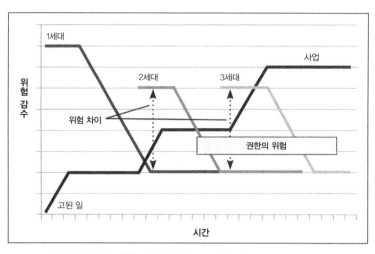

〈표 2.1〉 세대의 위험 감수 차이, 사업에 미치는 효과와 권한

에는 관심이 없다. 시장은 최상의 가격에 최고의 제품과 서비스를 원한다. 그에 맞춰 수익을 낸다면 승리자가 될 것이고, 그렇지 못한다면, 〈표 2.1〉에 나타난 것과 같이 패배자가 될 것이다.

특권을 가진 가족기업의 멤버들은 필요한 기술과 경험을 가진 사람들의 말을 경청해야 할 때도 있다. 미국 서부에 위치한 한 기업 사장의 아들은 노련한 프로덕션 매니저와 CFO의 격렬한 항의에도 불구하고 모든 생산 과정을 회사 내부에서 진행하도록 결정했다. 이로 인해 제품의 품질은 일부 향상되었지만, 직원들을 훈련하고 그들이 장비 운용을 준비할 충분한 과정이 없었다. 그의 아버지가 사업에 천부적인 재능이 있었기 때문에, 아들은 자신이 아버지의 능력들을 물려

받았다고 생각했다. 하지만 그의
판단은 틀렸다. 현재 그 회사는 폐
업을 하고 존재하지 않는다.

 변화는 반드시 부모로부터 시작되어야 한다.

특권은 시간이 지남에 따라 누적된다. 마찬가지로, 해결책 또한 시간이 지남에 따라 만들어져야 한다. 자신감과 겸손의 적절한 균형을 통해 아이를 키우는 것은 분명 도전이다.

다음에 무언가 결정을 내려야 하는데 어떤 선택이 최선인지 알 수 없을 땐, 자신에게 물어라. "엄청난 특권을 가진 사람이라면 어떤 선택을 할까?" 나오는 답과 반대되는 선택을 하면 된다. 이것은 아마도 아이가 자라면서 "안 돼."라는 말을 듣지 못했거나 회사에서 그들의 미래와 보상에 대해 과장된 약속을 했기 때문이다

매디슨에 있는 위스콘신 국립 영장류 연구 센터는 '장수할 수 있는 가장 큰 비결은 굶는 것이다'라는 연구 결과를 발표했다. 그 이유는 인간의 신체는 가지고 있는 자원이 적을수록 그 어느 때보다 효율적으로 기능할 수 있는 방법을 찾기 때문이다. 특권의 방지 또는 해결도 같은 맥락을 따른다. 일반적으로 창업 세대에 속한 사람들은 무일푼 처지에서 먹고 살기 위해 사업을 시작했고, 수익이 생기기 전까지 빚더미 속에서 적은 예산으로 살아왔다. 마침내 수익을 이뤄냈을 때, 불행히도 다음 세대에게는 돈벼락이 쏟아져 내렸다. 창업자의 자녀들은 부모처럼 어려움을 겪거나 고통을 받을 필요가 없었다.

우리는 왜 부모들이 불필요한 어려움으로부터 자녀들을 보호하려 하는지 이해할 수 있다. 하지만 이것은 역효과를 낳는다. 제인 펄(Jayne Pearl)과 리처드 모리스(Richard Morris)가 공동 집필한 책, 〈아이들, 부 그리고 결과〉(Kids, Wealth, and Consequences)에서 그들은 이러한 내용을 전했다. "자녀들을 어려움으로부터 보호하는 것은 큰 실수다. 왜냐하면 수많은 시행착오, 좌절과 패배를 통해 부모들은 복원력을 길렀고 '성공을 이루기까지 실패하는 데' 필요했던 바로 그 기술을 얻었기 때문이다."[4] 성공을 위해 필요한 추진력과 집중력을 만드는 것은 아마도 '고통'일 것이다.

특권은 미성숙함에서 생겨날 수도 있다. 자녀가 세상물정을 모르고 편안하게 자라왔다면, 단순히 세상을 잘못 알고 있을 수도 있다. 그렇기 때문에 당신이 상사이고 자녀가 부하 직원이라는 사실을 확실히 인지시켜주어야 한다. 그리고 상사가 그에게 무언가를 시켰을 때, 그 일을 수행하거나, 더 나은 행동 방침을 차분하고 이성적으로 제시할 수 있어야 한다. 이를 위한 최고의 해결책 중 하나는 자녀가 사회에 나가 가족기업 이외의 다른 일자리를 찾게 하는 것이다.

4 Richard A. Morris and Jayne A.Pearl, Kids, Wealth, and Consequences: Ensuring a Responsible Financial Future for the Next Generation (Hoboken, NJ: John Wiley & Sons, 2010).

"자녀들을 어려움으로부터 보호하는 것은 큰 실수다.
왜냐하면 수많은 시행착오와 좌절 및 패배를 통해
부모들은 복원력을 길렀고
'성공을 이루기까지 실패하는 데' 필요했던
바로 그 기술을 얻었기 때문이다."

단기적으로 봤을 때, 당신의 자녀를 해임하는 것이 효과적일 수도 있다. 두 자녀를 둔 그린 센스(Green Sens)의 그레그 로데(Greg Rohde) 사장에게 이런 상황이 발생했을 때 어떻게 대처했는지 묻자 그는 이렇게 간단히 대답했다. "나는 자녀들을 해임했어요. 사실 그 둘을 지금까지 여러 번 해임해왔어요."

가족기업에 있어 사업주가 할 수 있는 가장 무서운 행동 중 하나는 자녀를 해임하는 것이다. 하지만 이것은 장기적으로 봤을 때, 자녀에게 가장 유익한 조치이기도 하다. 물론, 어디까지나 자녀가 정말로 잘 적응을 못하거나 실적을 내지 못할 때 이루어지는 해임을 말하는 것이다. 적대감, 갈등, 또는 '본때를 보여주기' 식과 같은 태도가 개입되지 않은 상황 말이다.

부모와의 갈등

다음 세대가 회사를 물려받을 때, 기성세대의 소유권에 관한 의견 차이를 해결하는 것이 당신이 직면하게 될 가장 어려운 문제 중 하나일 수 있다.

현실 직시로 특권의식을 해결하라

가족기업은 다음 세대에게 특권 의식을 갖게 하여 현실로부터 보호하려는 경향이 있다. 자녀들은 부모가 다른 사람들을 통제하는 권력의 위치에 있고, 직원들의 생계 수단을 쥐고 있는 모습을 보며 성장한다. 어긋난 사고방식은 이런 식으로 변해간다. 우리 아버지는 힘이 있다, 나는 우리 아버지와 가족이다, 그러므로 나도 힘이 있다. 그뿐만 아니라, 전형적으로 그들은 돈, 근사한 집, 고급 차, 멋진 휴일, 그리고 본인이 원한다면 언제든지 일을 쉴 수 있는 능력까지 지니고 있다. 그러나 가장 큰 잘못은 부모가 '내 자식은 나처럼 고생하지 않았으면 좋겠어'라는 마인드를 갖고 있는 경우이다. 많은 가족기업 소유주들이 깨닫지 못하고 넘어가는 것은 혹독한 양육이야말로 애초에 그들을 성공하게 만들 원동력일 수 있다는 사실이다.

저녁 식사 자리나 가족 모임에서 '무용담'을 들려주는 것은 가족기업 역사상 가장 혼란스러웠던 순간에 배운 교훈을 전달할 수 있는 최고의 방법이다. 가족이 이러한 어려움들을 극복했다는 사실은 그 이야기에 그럴듯한 영웅적 서사를 더한다. 포인트는 가장 중요한 대목에서 이야기를 멈춘 다음, 자녀들에게 그 문제를 어떻게 해결했을지 질문하는 것이다. 그리고 나서 당신이 실제로 무엇을 했는지, 어떻게 해결했는지 밝힌다.

부모들은 자녀들에게 부의 창출, 열심히 일하는 것의 가치, 자부심, 재미, 그리고 아무리 많은 돈을 가지고 있어도 소박하게 사는 것의 중요성 등에 대해 가르칠 수 있는 많은 기회를 놓친다. 예를 들면, 그저 번쩍이는 새 차를 집에 끌고 가는 대신, 10세 이상의 자녀라면 아이와 함께 자동차 딜러를 찾아가 여러 차를 시험 운전해보고 가격과 조건을 흥정하는 동안 그 옆에 앉아 보게 하는 것은 어떨까? 이것은 자녀들이 자동차를 구입하는 과정을 배울 수 있는 좋은 기회가 될 것이다. 이때 함께 배울 수 있는 것에는 부모의 협상 스타일은 물론 안전성, 효율성 및 기타 자동차 관련 이슈들에 대한 가치관도 포함된다.

내가 가장 선호하는 특권의식 해결책은 자선 활동이다. 메일로 오는 자선 기부 안내서를 모았다가 수개월에 한 번씩 엄선하여 가장 마음에 와 닿는 기관에 투표한다. 지구 대 지역, 환경 대 건강 또는 가족이나 친구에게 영향을 준 특정 질병, 동물 대 최근 자연재해 등의 몇 가지 기준을 작성할 수도 있다. 이 과정에서 자녀들에게 인터넷을 사용하여 실제 원인 해결에 지출된 금액 대비 관리 및 마케팅에 사용된 비용이 어느 정도인지 비교하면서 각 조직이 얼마나 잘 관리되고 있는가를 보여줄 수 있다.

무료 급식소, 요양원 혹은 5K 런(5K RUN) 등에서 다양한 동기로 자원봉사 활동을 하는 것도 가족 간의 유대를 강화하면서 선한 일을 행하는 좋은 방법이다.

당신은 본인보다 더 오랜 시간 동안 사업에 종사해온 사람과 불화를 가지고 있을 수 있다. 그들은 그 업계에서 당신보다 많은 것을 보고, 직접 경험해왔을 것이다. 그 결과, 그들은 어떤 일에 대해 의견이 있을 때, 종종 "우리가 전에 시도해봤는데 소용없었어."라는 짧은 말로 대신할지도 모른다.

한 고객이 있었다. 그의 아들은 일을 시작한 지 비교적 얼마 되지 않았지만, 밝고, 의욕적이고, 이성적이며 더 수준이 높은 회사에서 근무한 경험을 가지고 있는 사람이었다. 그런데 아들이 점차 자신의 방식으로 사업을 해나가면서 주기적으로 아버지와 부딪쳤고, 이는 그를 미치게 만들었다. 결국 아버지가 실수를 하지 않더라도 아들은 여전히 어떤 순간에 밀고 들어와 그가 이전에 만들고 따르던 사업 철학을 적용할 수 있다고 생각했다.

그러나 사업은 유동적이며, 일단 그룹이 일치된 방향으로 나아가게 되면, 경험이 없는 외부 사람이 가치를 더하는 것은 불가능하다. 그리고 이러한 신출내기가 회사를 바꾸기까지는 많은 비용이 든다.

더 흔한 시나리오는 기성세대가 사업의 정점에 서 있으면서 여전히 다음 세대의 의견이나 신념에 반대하는 상황이다.

내가 IBM에 들어갔을 때가 20대 중반이었는데, 지금 돌이켜보면 그때의 나는 아마도 콧대가 높은 건방진 애송이였을 것이다. 그럼에도 불구하고 내가 어리석은 질문을 할 수 있는 상황이 당시의 많은 비즈니스 정책 및 절차에 가치를 더한 것은 분명하다.

"우리는 당신의 아이디어를 듣고 싶어요. 우리가 하고 있는 일을 신선한 관점을 통해 보는 데에 도움이 될 테니까요."

실제로 나는 학계의 이론적 세계에서 현실적인 글로벌 비즈니스의 영역에 적응하기 위해 이리저리 부딪쳐가며 노력을 기울였다.

무엇이 사업을 되게 만들었는지, 어느 방향으로 가고 있는지가 젊은 세대에게는 분명하게 보이지만 기성세대들은 쉽게 놓치는 부분이기도 하다.

끓는 물과 개구리에 대한 일화를 들어본 적이 있을 것이다. 끓는 물에 살아 있는 개구리를 넣으면 곧바로 튀어나오지만, 상온수에 넣고 천천히 온도를 높이면 개구리는 끓는 물 안에서 서서히 죽음을 맞이한다. 서서히 이뤄지는 온도 변화를 알아차리지 못하고 튀어나올 때를 놓치기 때문이다.

가족기업에서도 비슷한 일이 일어난다. 물이 끓고 있다고 말해주는 누군가가 - 아마 아들이나 딸 - 옆에 있어도 말이다. 만약 현 경영집단이 오랫동안 그 자리에서 일해 왔다면, 새로운 생각이나 다른 생각을 묵살하기 쉽다.

왜냐하면 그들은 그런 경우를 보았거나 고민한 적이 있고, '그건 전에도 통하지 않았었어.' '절대 가능하지 않을 거야.'와 같은 판단을 내렸기 때문이다.

기성세대가 가지고 있는, 실수를 용납하지 않는 편협함은 뜨거운 논쟁을 불러일으키는 또 하나의 요소이다. 그들이 자신의 편협함을 깨닫지 못한다면 상황은 더 나쁘게 흘러갈 것이다.

오래 전에 나를 찾아온 한 고객이 있었다. 그는 그의 직원들이 해야 할 일이 분명히 보이는데도 알아서 능동적으로 처리하지 않아 짜증이 나 있는 상태였다. 직원들은 자신들이 실행하고자 하는 일이 어떤 일이든, 그의 최종적인 대답이나 승인을 받기 위해 항상 그를 찾았다고 했다.

 기성세대가 가지고 있는, 실수를 용납하지 않는 편협함은 뜨거운 논쟁을 불러일으키는 또 하나의 요소이다.

내가 그에게 직원들의 실수를 얼마나 잘 포용할 수 있는지에 대해 질문하자, 그는 마침내 직원들이 그의 승인 없이 움직이지 않았던 이유를 깨달은 것 같았다.

그리고 여기에 사업의 부가가치를 높이고 인정을 받으려는 원기

왕성한 다음 세대 가족 구성원이 있다고 치자. 그는 긍정적인 결과를 가져올 것으로 생각되는 조치를 취하지만, 애석하게도 그 행동은 예상했던 것과 다른 결과를 낳고 결국에는 질책을 당하곤 한다.

다시 기회가 왔을 때 그는 어떻게 행동할 것 같은가? 결과가 안 좋을 경우 발생하는 여파를 피하기 위해 일을 추진하지 않을 것이다. 그리고 이런 상황에 대해 억압된 분노나 스트레스를 느낄 수도 있다.

또 다른 이상하지만 흔한 갈등의 원인은 어머니와 아버지가 자녀들이 눈에 띄는 걸 원치 않는다는 점이다. 이것은 유치한 것처럼 보이지만 부모들이 몇 년 동안 "아니야, 될 리가 없어, 안 돼."라고 말해왔는데 자녀가 와서 그것이 좋은 아이디어였다는 것을 증명한다면 그들은 어떤 감정이 들겠는가? 발전하고 있기 때문에 모두가 행복해해야 하지만 항상 그런 것은 아니다.

그와 동시에, 부모는 아직 회사를 그만두는 것에 관심이 없을 수도 있다는 걸 기억해야 한다. 따라서 이들이 리더 역할에서 벗어나 보다 기능적인 역할을 하면서 자녀들에게 비즈니스에 관한 조언을 계속할 수 있도록 만드는 까다로운 과정이 남아 있다. 만약 이것이 인정되지 않는다면 새로운 아이디어는 저항에 부딪칠 것이다.

지금까지 우리는 역효과를 가져올 수 있는 기성세대의 행동과 관점을 중심으로 이야기를 나누어 보았다. 하지만 사업을 물려 받을 다음 세대도 그 승계 과정 동안, 기성세대와 동등한 역할 – 더 크지는 않더라도 – 을 한다는 사실을 잊지 말아야 한다. 다음 질문들을 고려해보자.

- 자신의 아이디어가 효과를 낼 만큼 당신은 충분한 경험을 가지고 있는가?
- 기성세대가 쌓아온 유산을 존중하는 태도로 그들에게 다가가고 있는가?
- 강력한 계획을 세우기 위해 기성세대 및 핵심 기업들(key players)과 협력하고 있는가?

'유리 집에 사는 사람은 돌을 던지지 말라.'라는 말을 들어본 적이 있을 것이다. 이 말의 핵심은 기성세대에게 비판적이거나 그들의 의견이 틀리다고 단정짓기 전에 자신의 집을 튼튼하게 갖추어야 한다는 것이다.

의견 충돌이 일어났을 때

고양이의 가죽을 벗기는 방법은 여러 가지가 있지만, 어느 것이 가장 좋은 방법인지 확신하지 못한다는 것, 그것이 바로 사업의 본질이다. 따라서 의견 차이가 생기면 자연스럽게 논쟁이 뒤따른다. 여기 의견 충돌이 일어났을 때 현재 기성세대와 건설적으로 해결하기 위한 몇 가지 팁이 있다.

- **대화를 가져라.** 당신이 이 사업에 도움을 주고 싶어 한다는 사실을 먼저 인정받아야 한다. 당신은 완벽하지 않으며 당신의 모든 생각과 행동도 완벽하지는 않을 것이라고 선언하라. 현재 기성

세대의 다년간의 경험을 이해하고 존중한다고 선언하라. 그런 다음 이러한 이해를 바탕으로 비즈니스의 다양한 측면에 대한 당신의 생각과 아이디어를 표현할 수 있게 되었다고 선언하라. 가장 중요한 것은, 때때로 당신이 동의하지 않을 거라는 사실을 양측이 인정해야 한다는 것이다.

- **문제의 무게에 적합한 방식과 적절한 페이스로 접근하라.** 사소한 가격 조정을 하고 싶다면 점심을 먹으면서 논의를 해도 되지만, 수백만 달러, 또는 수천만 달러와 관련된 일이라면 여러 회의와 단계에 걸쳐 접근해야 한다.

- **적극적으로 경청하라.** 앞서 말한 바와 같이, 이것은 당신이 그들의 관점을 충분히 이해했다고 확신시킬 때까지 발언자들의 말을 되풀이해서 확인하는 것을 의미한다. 감정이 개입된 문제는 해결하려 하지 마라. 일단 아드레날린이 체내에 침투하게 되면, 이성적인 뇌는 사실상 기능을 멈추고 동물적 방어 메커니즘이 그 자리를 대신한다. 만약 누군가가 이 상태에 있다면, 아무런 진전 없이 서로 상처만 입게 될 것이다. 대화는 잠시 접어두고 나중에 문제를 다시 꺼내도록 한다.

- **소통하라.** 대부분의 경우, 상대방이 어떤 일에 어떻게 관여했는지 완전히 알지 못하기 때문에 문제가 발생한다. 사업에 대한 원활한 일대일 소통 없이 너무 많은 시간이 흘러버린다면, 문제가 생길 수 있다.

중요한 외부 사람들과의 갈등

최근 지역 로터리 그룹 강연회에서 나는 가족기업의 역학(力學)에 대해 질문을 받고 조금 놀랐다. 대부분의 사람들이 알고는 있지만 좀처럼 논의되지 않는 주제였기 때문이다. 나는 사례 연구를 발표하는 세미나에서 이 역학을 이해하는 사람에게 상을 주기로 했다. 이 책에 사례 연구가 포함되지는 않았지만 청중 몇몇이 참여했다. 여기서 말하는 역학이란 바로 외부 사람들이 주는 영향이다.

가족기업의 맥락에서 보면 중요한 외부 사람이란 오너 뒤에 있는 사람, 즉 회의에 참석하지 않고 자신의 목적을 위해 그 사람의 행동과 결정에 영향을 주는 사람이다.

청중 가운데 한 사람이 "교수님은 가족기업에서 사업에 개입되어 있지 않은 사람이 사업 결정에 영향을 끼치는 상황을 접해보신 적이 있으신가요?"라고 물었고, 나는 "물론이죠, 그것도 대부분의 경우에 그렇더군요."라고 대답했다. 그리고 종종 그 영향력은 실질적 통제를 넘어서는 정도였다.

나는 한때 전도유망한 아들이 있는 한 가족과 일한 적이 있다. 아들은 사업을 경영하고 싶다고 말하고 능력도 있어 보였지만 사업에 대한 갈망과 열정은 보이지 않았다. 그런데 대화의 주제가 철학이나 예술로 바뀌자 그는 마치 무라노의 유리 샹들리에처럼 눈이 초롱초롱해졌다.

얼마 후 나는 그의 어머니를 만났다. 그녀는 가족기업에 종사하고 있지 않지만, 나에게 자신의 아들이 회사를 물려받을 적임자라고 말했다. 흥미롭게도 그녀는 회사의 모든 성공이 남편의 독특한 성격 덕분이라 여겼고 이어서 아들의 성격을 묘사했으나, 감탄스러울 정도로 아버지와 정반대였다. 그녀의 말을 듣고 난 후 모든 것이 선명해졌다. 회사를 물려받는 것은 아들의 꿈이 아니라 어머니의 꿈이었던 것이다. 더 중요한 것은, 그녀가 자신의 꿈을 이루기 위해 아들과 남편을 교묘하게 몰아붙이고 있었다는 사실이다.

이 사례는 가족기업 외부에 있는 누군가가 가족기업에 종사하는 사람에게 영향을 주거나 그들을 조종함으로써 자신의 의제를 추진한다는, 중요한 외부 사람들의 잠재적 피해를 보여준다.

외부의 영향이 긍정적인 경우도 있을 수 있다. 예를 들어, 가족기업 구성원에게 조언을 해주고 가족기업의 희망, 꿈, 그리고 목표를 위해 그들을 사심 없이 도울 때 그렇다. 우리는 모두 큰 결정에 직면할 때 가족과 친구들의 생각과 조언에 의존하기도 하는데 이는 정상적이고 건강하며 좋은 일이다.

사업 내의 가족 구성원이 지나치게 많은 조언을 받는다면 그것은 짜증을 유발할 수 있고 파괴적인 작용을 할 가능성도 있다.

이러한 시나리오에서는 모든 의견과 조언에 어느 정도 체계를 둘 수 있는 가족 대책 회의를 고려해보는 것이 타당할 수도 있다.

중요한 것은 앞으로 나아갈 수 있도록 도움을 주려는 우호적인 조언과 다른 사람의 꿈, 질투 또는 악의를 부추기는 오염된 조언의 차이를 이해하고 구별할 줄 알아야 한다는 것이다.

항상 자신에게 가장 좋은 것이 무엇일지 자신에게 조언을 구하며 자신에게 적합한 것을 스스로 결정해야 한다.

의존증(약물 중독)과 관련된 갈등

가족기업 내에서 따뜻하고 화목한 가정을 파괴하는 한 가지 나쁜 습관이 있는데, 바로 화학적 약물 의존이다. 이것은 논의하기에 불편한 주제이지만, 모든 비즈니스와 관련 있는 문제이기 때문에 가족기업을 다루는 면에서도 간과할 수 없다.

조사 결과 미국 인구의 5% 이상이 알코올 의존과 남용으로 고통을 받고 있는 것으로 추정된다. '화학적 약물' 중 가장 대중적으로 남용되는 건 알코올이겠지만, 물론 그 외에도 많은 것들이 있다.

알코올 중독자들의 회복을 돕기 위해 만들어진 모임, 뉴 디렉션(A New Direction)에 따르면, 알코올 중독(Alcoholism)은 다음과 같이 정의된다. '알코올과 관련된 문제들을 통틀어 의미하며, 일반적으로 조절이 불가능한 상태에서 충동적으로 이루어지는 음주를 뜻하고, 이는 대개 음주자의 건강, 대인관계, 그리고 사회적 지위에 해를 가한다. 알코올 중독은 의학적인 관점으로 봤을 때 질병으로 여겨지기도 한다."[5] 많은 사람들이 누군가가 단순히 술을 많이 마시는 사람인지 알코올 중독자인지 구별하는 것을 어려워하고 곤란해한다. 우리는 영화 〈애니멀 하우스의 악동들〉(원제: National Lampoon's Animal House, 1978년 미국에서 제작된 청춘 성장 영화)에 나오는 인물 타입의 대학 시절 친구를 기억한다. 그는 술에 취해 누군가를 붙잡고 바보처럼 굴며, 파티의 주인공이 되곤 했지만, 아침이 되면 누구보다도 빨리 일어나 귀가 준비를 했다. 비록 당시엔 그를 걱정했겠지만, 그는 지금 행복한 결혼 생활을 하고 있고, 사랑스러운 자녀와 좋은 직장을 갖고 있을 것이다. (그러나 유감스럽게도 〈애니멀 하우스의 악동들〉에 출연한 배우 존 벨루시(John Belushi)는 그렇지 못했다. 그는 우발적인 약물 과다 복용으로 사망했다.)

내가 아는 사람 중에 술을 즐기지만 몸을 좀 쉬게 하려고 한 달 간 금주 결심을 한 사람들이 있다. 아마 자기 자신도 모르게 스스로를 속박하는 건 아무것도 없다는 사실을 '입증'하려는 거겠지만, 사실 알코올 중독의 진정한 원인이 무엇인지는 아무도 모른다. 술을 많이 마신다고 해서 그 사람이 알코올 중독자가 되는 것은 아니다. 하지만 우리는 모든 알코올 중독자들이 술을 많이 마신다는 것을 알고 있다. 어떤 사람들은 그것이 유전일 가능성이 있다고 생각하지만, 아직 증명

---

5   A New Direction for Men and Women, "What Is Alcoholism?" http://www.and4wm. com/a-new-direction-recovery-education/alcohol-addiction-info-graphics/what-is-alcoholism/.

되지는 않았다. 또 몇몇 사람들은 어린 나이에 음주를 시작하는 것과 알코올 중독 사이에 연관성이 있다고 생각하기도 한다. 〈Recover to Live〉(BenBella Books, 2014)의 저자이자 마약 의존성 관련 UN 친선대사인 크리스토퍼 케네디 로포드(Christopher Kennedy Lawford)는 최근 CNN 인터뷰에서 어린 나이에 음주를 시작하면 아직 형성 중인 뇌의 일부가 손상되어 뇌가 알코올을 갈망하도록 유도할 수 있다고 밝혔다. 이 말은 자녀들이 어린 나이에 술을 마시도록 허락하면 음주의 신비감, 환상을 다소 제거할 수 있기 때문에 스릴을 추구하는 폭음 가능성을 최소화할 수 있다는 주장과 반대된다.

알코올 중독과 화학적 약물 의존은 가족기업의 '트로이 목마'이다.

우리가 알아야 할 사실은 알코올 중독과 화학적 약물 의존은 가족기업의 '트로이 목마'라는 것이다. 회사, 특히 상장법인의 기업에서는 직원들에게 알코올 남용에 대한 관용을 베풀지 않는다. 위험이 너무 크기 때문이다. 가족기업에서도 그 위험은 같지만, 따라오는 결과는 더 심각할 수 있다.

대다수의 가족기업 소유주들은 그 사업이 먼 훗날에도 가족 소유로 남아 있을 거라는 믿음을 가지고 있다. 다시 말하면, 대부분의 사람들은 그 사업이 현 세대에서 다음 세대로 계속 이어지기를 원한다. 이와 같은 이유로, 가족기업 소유주들은 다른 회사라면 징계를 받을 만한 위반 행위들을 못 본 체하거나 무시하고, 심지어 조용히 은폐시키는 경향이 있다. 가족 구성원들 역시 소유주와 마찬가지의 태도를 보이는 경우가 많다.

가족기업 내에 알려진 약물 의존 문제에 대해 진정성 있는 대화를 나눌 용기를 갖기 바란다. 그렇다. 이것은 많은 용기를 필요로 하고 자칫 불편해지겠지만, 세상엔 여러분에게 도움을 줄 수 있는 많은 사람과 단체들이 있다. 이러한 것은 한시라도 빨리 문제를 해결해야 사업을 보다 장기적으로 이끌어 갈 수 있다.

가족 중 일원을 내보내야 하는 문제

가족기업 관련 문제 중 가장 다루기 어려운 문제는 회사 내 가족 구성원의 실적 부진이다. 원인은 다양한 반면 해결책은 적고, 이를 해결하지 못하면 성과가 저조한 조직을 만들 뿐만 아니라 가족이 분열될 수도 있다.

특권과 방관이 실적 부진을 만들어내는 대표적인 요인이다. 가족기업 내 아이들은 부모가 수많은 직원을 이끄는 모습뿐만 아니라, 좋은 차, 좋은 사무실, 주변 일을 알아서 처리해주는 사람들, 해변이나 산에 있는 별장 그리고 그들이 원할 때 일을 쉴 수 있는 능력 등 인생

특권과 방관은 실적 부진으로 이어진다.

의 특권을 즐기는 모습을 지켜보며 자란다. 이러한 환경은 다음 세대가 비슷한 특권을 가질 자격이 있다고 생각하도록 유도한다.

부모들은 자녀를 사업에 끌어들이려는 열성 때문에 자신에게 정직하지 않음으로써, 자녀들이 너무 많은 자유를 누리는 것에 관대할 수 있다. 더 심각한 경우는 그들은 저조한 성과를 충분히 인지하고 있지만 자녀가 생계를 유지할 수 있는 유일한 방법이라고 믿는 것이다.

가족이 아닌 직원들은 위험을 무릅쓰고 간섭하기보다 눈감아주는, 남을 도와주고 있다고 본인은 생각하고 있지만 실제로는 남을 망치는 조력자가 될 수 있다.

부지런하고 성실한 형제자매 또한 고통을 겪을 수 있다. 그들은 실적이 좋지 않은 형제자매 및 미래의 잠재적 공동 소유자와 좋은 관계를 유지하고자 한다. 그들은 자녀들을 동등하게 대하려고 애쓰다가 괴로워할지도 모르는 부모에게 문제를 제기할 수밖에 없다.

내가 함께 일했던 한 가족기업을 예로 들자면, 그 집안의 자녀들은 회사에 늦게 출근해서 사무실에 있는 동안 실컷 웹서핑과 수면을 즐기고 일찍 퇴근했다. 그들은 훗날 그 사업이 자신들의 것이 될 것이라 여겼기 때문에 맘대로 행동해도 괜찮다고 생각했고, 그들의 아버지는 그런 자녀들을 감쌌다. 근본적으로 그들은 사업을 주도하거나 오너로서 업무를 처리할 준비가 전혀 되어 있지 않았다.

가족기업은 실적이 저조해도 해임되지 않고 충성도로써 자리를 유지하는 것으로 악명이 높다. 대부분 가족기업의 소유주들은 전 직원을 가족처럼 대하는데 이는 전체적으로 보면 좋은 현상이다.

　그들 중 몇몇은 창업과 동시에 고용된 직원들이었으며, 때로는 사업의 소유권이 다른 가족 구성원으로 바뀔 때도 끝까지 충성심을 유지하는 경우가 있다. 이들 중 일부는 부가가치 능력을 상실하거나 다른 직원들에게 추월당하고, 게다가 높은 연봉을 받는 경향이 있다. 당신은 그들을 해임하거나 직급을 재정립해야 한다는 것을 알지만, 지금까지의 수고와 추억 때문에 그들을 계속 안고 가야 한다는 의무를 느낀다.

　이것은 법인들의 경우 좀 더 쉽게 처리할 수 있는 영역이다. 리더십이 바뀌면 새로운 리더는 적어도 감정적인 관점에선 더 쉽게 실적 부진자들을 내보낼 수 있기 때문이다. 일단 이런 일이 생기면, 누군가는 예외 없이 "일찌감치 이랬어야 했어."라고 말할 것이다. 가족의 일원인 직원들이 차별 대우를 받아서는 안 되지만, 많은 사업주들에게 친인척을 다루는 일은 훨씬 까다로운 게 현실이다. 아래는 회사를 경영하기에 적합하지 않은 다음 세대 구성원에 관한 지표이다.

- 결단력, 능력 및 욕망이 부족하다.
- 업무를 마무리 짓지 못한다.
- 직원과 고객에게 오만한 태도를 보이거나 거칠고 대립적이며 논쟁적인 대화 스타일을 지니고 있다.

- 태도가 지나치게 수동적이거나 느긋하다.
- 사업의 재무 상태를 충분히 파악할 수 있는 능력이 없어 보인다.
- 실적 부진을 변명하고, 의무를 회피하며 업무 외의 일에 관심을 갖는다.

앞서 말했듯이, 법인들은 리더십의 유동적인 변화 때문에 직원들의 해임을 더 쉽게 결정한다. 가족기업들도 사업에 관련된 일이라면 무조건 사업을 우선시해야 하고, 친인척을 해임하는 일이라 할지라도 좋은 사업을 운영하기 위해서는 적절한 결정을 내려야 한다.

친인척을 해임하는 일이라 할지라도
좋은 사업을 운영하기 위해서는
적절한 결정을 내려야 한다.

가족 중 일원을 해임하는 방법

만약 가족 중 한 명을 해임하기로 결정했다면 어떻게 해야 할까? 그러한 상황은 빨리 해결할수록 좋다. 시간을 끌면 끌수록 부진한 성과가 용납이 된다는 믿음이 당사자 마음속 깊이 자리할 것이고, 그는 더더욱 변하기 힘들어질 수밖에 없다. 앞으로 감정의 골이 더 깊어질 가능성이 농후하다.

부모와 자녀가 관련된 상황이라면 첫 번째 단계는 자녀의 나머지 한쪽 부모가 이 상황에 대해 충분히 알고 있는지 확인하는 것이다.

당신은 집에 가서 배우자로부터 "어떻게 우리 애들한테 그럴 수가 있어요?"라는 항의를 듣고 싶진 않을 것이다. 그 대신 통보를 들은 배우자의 반응은 이래야 한다. "그래요. 우리는 줄곧 상의해왔고 우리 둘 다 이렇게 하는 것이 회사와 당신에게 최선이라고 생각하잖아요."

다음 단계는 기초 작업을 진행하는 것이다. 당신은 당신의 자녀에게 다른 일반 직원들과 같은 수준의 평가를 실시해야 한다.

이 테스트에는 교육을 시키는 것과 그의 능률을 더 잘 살릴 수 있는 분야를 찾아보는 것, 업무 능력을 재검토해보는 것까지 포함된다.

무엇보다도 매니저들이 모든 직원에게 건설적인 비판을 과감히 할 수 있어야 한다. 그 직원이 오너와 관련이 있거나 없거나 말이다. 그러나 이것은 당신이 생각하는 것보다 어려운 일이다.

가족 구성원들이 자신의 업무 능력이 부족하다는 것을 제대로 인식하지 못할 것에 대비해, 다음과 같은 준비가 필요하다. 즉, 알고 있는 사례 목록을 작성하고, 다른 직원이 보고한 사례를 추가하고, 필요한 경우 익명의 직원 설문 조사를 수행하라.

가족의 변명과 방어적인 태도에 대응할 마음의 준비도 필요할 것이다. 그 다음 단계에서는 문제의 근본적인 원인을 밝혀내야 한다. 일반적으로 이 세 가지 원인 중 하나일 확률이 높다.

- 특정 업무에 대한 기술 또는 요령 부족
- 업무 외 다른 일을 우선순위에 두는 것
- 직업 및 업무 자체에 대한 관심 부족

아마 당신의 자녀는 자신의 능력을 벗어난 일, 혹은 잘하지 못하는 역할을 억지로 수행 중일 수도 있다. 이 문제는 더 많은 교육을 받거나 다른 업무를 가져보면 해결될 수 있다. 만약 효과가 없다면, 그가 잘할 수 있는 일이 무엇인지 알아보라. (일반적으로 이미 알고 있을 것이다.)

해결 방법은 동기 부여가 없는 상황과 비슷하다. 최소한의 성과 수준에 도달할 수 있는 방법을 찾기 위해 그를 밀어붙이고 그 결과를 측정해야 한다. 그렇지 않으면 그가 수용할 만한 성과를 낼 수 있을 때까지 책임을 낮춰야 한다.

또한 자녀의 사정에 맞게 상황을 조정해야 한다. 회사를 경영하는 것은 어려운 일이다. 그 누구도 가장 높은 지위에 오르지 못한 것을 부끄러워해서는 안 된다. 사업을 이끄는 건 24시간 쉴 새 없이 모든 것을 아우르는 일이다.

회사를 운영하는 능력은 영업이나 회계와 같은 다른 기능적 능력과는 확연히 다르다. 그러므로 당신의 자녀가 가장 잘할 수 있는 일 또는 가장 가치 있는 일에 집중하는 것이 그가 할 수 있는 사업에 대한 가장 큰 공헌일 것이다.

나의 고객 중 한 명이 뛰어난 영업이사였던 아들에게 회사를 넘겨주려 했고, 나는 그 일에 관여한 적이 있다. 그런데 아들이 지휘권을 넘겨받자마자 회사는 추락하기 시작했다. 우리는 몇 달이 지나서야 그 이유를 알게 되었다.

아들은 타고난 세일즈맨이었으나 유감스럽게도 말을 잘 듣지 않는 성격이었다. 아버지는 회사를 경영할 수 없을 정도로 노쇠했으나 문제를 해결할 수 방법은 수익을 증가시키는 것뿐이었다.

우리는 아들을 다시 영업에 투입하여 회사를 구하기로 했고 아버지를 사장의 자리로 돌아오게 했다. 그러자 회사 상황은 곧바로 호전되었다.

또한 부모처럼 성공하지 못하거나 형제만큼 잘하지 못하는 자녀의 낙담을 해소하기 위한 방법으로 사업 수익의 중요성을 지적할 수 있다. 현실적으로 회사는 가족의 '황금알을 낳는 거위'이며 그 성패는 모두에게 영향을 미친다.

마지막 다음 단계는 자녀에게 일주일 간의 무급 휴가를 주어 일자리, 업무, 회사가 자신에게 맞는지 생각할 시간을 주는 것이다. 휴가에서 돌아온 자녀들은 일이 자신과 어울리지 않는다는 대답을 전하기도 하고, 또 더 열심히 일하겠다는 각오를 전하기도 한다.

자녀에게 사업에서 성공할 수 있는 모든 기회를 준 후에도 성과가 나타나지 않는다면, 당신은 자녀와 가족, 그리고 다른 직원들을 위해서라도 그를 놔주어야 할 책임이 있다. 여기 자녀를 해임할 때 나눌 대화의 예시가 있다.

"우리는 네가 이곳에서 행복하고 성공할 수 있는 자리를 찾기 위해 노력했으나, 지금 이 시점에서 이 일이 너에게 적합하지 않다는 것은 분명하다. 나는 네 상사로서, 너를 해임할 의무가 있다. 하지만 너의 부모로서, 나는 너를 사랑하고 너를 돕기 위해서라면 할 수 있는 모든 일을 할 것이란 걸 알아주길 바란다. 나는 네가 진정으로 열정을 쏟아부을 수 있는 천직을 찾았으면 한다. 내가 어떻게 도와줬으면 좋겠니?"

분명 많은 변명과 분노가 있겠지만, 지금은 힘든 사랑을 할 때이다. 너무 상심하지 않아도 된다.

대부분의 경우, 자녀들은 그들이 진정으로 찾고 있던 일을 발견하거나, 몇 년 후, 필요한 에너지, 성숙함, 집중력을 가지고 돌아올 것이다.

가족을 해임하는 것은 극히 어려운 일이다.

가족을 해임하는 것은 극히 어려운 일이다.

그러나 만약 명석한 판단, 정확한 실적 자료와 피드백, 그리고 좋은 의도를 통해 도출된 결론이라면 이것은 옳은 일이고, 가족을 위한 최선의 선택일 것이다.

감성지능(Emotional Intelligence) 효과

우리는 모두 지능지수, 즉 아이큐(IQ)라는 개념에 익숙하다. IQ가 높은 사람들은 똑똑하기 때문에 좋은 직장을 얻고 성공한 인생을 살 거라는 인식이 있기도 하다. 그러나 반드시 꼭 그런 것은 아니다. IQ가 중요한 것은 사실이지만 그것만으로 충분하지 않다는 것이 밝혀졌다. 성공한 삶을 위해서는 EQ 또는 EI로 알려진 감성지능이 필요하다. 통상적으로 EI는 타인과 '교감하는' 능력을 측정한 것이다. 우리가 알고 있는 여러 일화들에 따르면 포춘지가 선정한 500명의 CEO들 대부분이 자칭 C학점 학생이다. 성공적인 비즈니스 리더가 되기 위해 EI가 꼭 필요한 거라면, 직원과 임원, 그리고 가족 구성원을 모두 상대하고 관리해야 하는 가족기업의 리더가 되려면 EI는 필수 불가결한 능력이다.

1995년, 다니엘 골먼(Daniel Goleman)은 EI의 존재와 중요성을 입증하는 광범위한 연구 내용이 담긴 〈EQ 감성지능〉(원제: Emotional Intelligence)이라는 혁신적인 책을 출간했다. 이 책은 하버드 졸업생들을 대상으로 한 조지 베일런트(George Vaillant)의 유명한 연구(in Adaptation to Life [Boston: Little, Brown, 1977])와 일리노이 고등학교 졸업생 대표들을 대상으로 그들의 취업 후 성공도를 조사한 일리노이 대학 카렌 아놀드의 연구를 다룬다. 연구 결과, 대상들 사이의 분명한 차별화 요소는 감성지능이었다. 가족기업에 있어서도, 높은 수준의 감성지능은 기업의 성공에 필수적이다.

이 책은 IQ도 중요하지만, IQ만으로는 성공하기에 불충분하다는 증거를 분명히 보여준다. 감성지능의 핵심 요소인 타인의 감정 인지, 자기 인식, 자제력이 모두 결합되어야만 직장에서의 성공을 예측할 수 있다.

헨리: 1995년, 〈감성지능〉이란 책이 처음 나왔을 때, 이는 획기적인 개념으로 찬사를 받았고, 그 이후로 표준적인 자기 계발 자료가 되었죠. 지난 20년 동안 EI에 대한 본인의 생각은 어떻게 발전해왔나요? 흥미롭게도 우리는 행동이 바뀌었을 때 그에 상응하는 뇌의 변화가 있다는 사실을 알고 있지요.

다니엘: 제 책은 원래 감정과 뇌의 관계성, 특히 자녀들과 관련된 부분을 다뤘었어요. '어떻게 하면 자녀들을 도울 수 있을까?'가 초점이었죠. 그러다가 'EI는 비즈니스에서 어떤 역할을 하는가?'로 발전하게 됐어요. 공감 능력, 감정 관리, 사회성 등이 중심을 이루는 거죠. 이러한 능력은 개개인이 타인을 관리할 때 더 높은 수준의 역량을 보이는 것과 관련이 있어요. 리더십에 관한 저의 신작들은 이러한 주제들을 다루고 있습니다.

헨리: 가족기업 내에 감성지능 문제는 어떤 것들이 있을까요?

다니엘: 가족기업에는 내재된 위험들이 많아요. 일반적으로 가족기업은 비즈니스에서 발생되는 감정과 가정에서 발생되는 감정을 곱한 것과 같아요. 거기에 가족기업 특유의 특권이 주어진 환경까지 더해지기도 합니다. 이 조합이 문제를 일으키곤 하죠. 가족의 목적은 효과적인 것에 중점을 두지 않는 반면, 사업은 효과적인 것에 중점을 두고 있습니다. 이런 맥락에 따라, 가족기업 안에선 가족의 능력이 부족하더라도 그들을 승진시키려는 경향이 있습니다. 이를 위한 해결책은 필요한 스킬을 구축하거나 그들의 능력에 맞는 다른 포지션을 찾는 것이겠죠. 전반적으로, 가족 구성원이 사업에 가져오는 부담, 즉 가족의 감정적 부담과 개인적인 감정적 부담에 대해 알아차리는 것이 중요합니다. 일단 그것들을 인지할 수 있어야 관리를 할 수 있으니까요.

헨리: EI와 관련된 새로운 소식은 없나요?

다니엘: 최근 타임즈와의 인터뷰에서 나는 EI가 지나치게 과장되어 있다고 말했어요. EI의 중요성을 알고 교육받은 것만으로 사업을 시작한 사람들도 있어요. 우리는 EI가 중요하다는 걸 이해할 필요가 있지만, 그게 전부는 아니잖아요. 성공하기 위해선 기술, 지식, 경험 등 EI 외에도 중요한 것들이 많이 있다는 걸 잊으면 안 돼요.

헨리: 누군가의 감성지능을 한눈에 알아볼 수 있는 방법이 있을까요?

다니엘: 한눈에 알아볼 수 있는 방법은 없지만, 가장 좋은 두 가지 방법은 함께 일하는 직원으로부터 솔직하고 신뢰할 만한 피드백을 받는 것과, 작업 설정을 하고 스트레스가 많은 환경에 사람을 배치하는 시뮬레이션을 사용하는 것입니다. 물론 후자는 좀 실행하기 어렵겠지만요. 인터뷰 중 건넬 수 있는 가장 좋은 질문은 행동 이벤트를 끌어내는 질문일 겁니다. 예를 들면, "당신이 가장 잘했던 시기와 잘하지 못했던 시기를 말해주세요."와 같은 것인데, 질문의 의도와 더 관련이 있는 '잘하지 못했던' 쪽의 대답이 그 사람의 자기 인식 수준을 알려줄 거예요.

헨리: EI 스킬이 좋지 않은 사람들도 있을 텐데, 어른의 감정지능을 높일 수 있는 방법이 있을까요?

다니엘: 네, 좋은 소식은 EI가 교육될 수 있고 개별 코칭으로 개선될 수 있다는 겁니다. 주요 문제가 무엇인지 진단한 다음 한 번에 하나씩 선택해 주세요. 그리고 그에 맞춰 학습 계획을 만듭니다. 습관을 고치는 것과 비슷해요. 물론, 이것은 참여자의 의지가 있어야 합니다.

제3장

가족기업 오너가 되기 위한 다음 세대 교육 매뉴얼을 만들어라

가족기업의 멋진 점은 가장 사랑하는 사람들과 함께 일할 수 있다는 것이다. 우리는 아이들을 사랑하고, 양육하며, 그들이 자급자족하고, 자신감 있고, 행복한 어른으로 자라기를 바라며 교육한다. 그런데 그들과 일까지 함께할 수 있다니 얼마나 좋은 일인가. 많은 가정의 자녀들이 일과 직장을 찾아 집을 떠난다. 자격이 없는 사람에게 절대 일자리를 주어서는 안 되지만, 자녀들이 가족기업에 종사하면서 그들과 가깝게 지내는 것은 좋은 혜택이다.

단지 자녀들과 함께 일하는 것과 그들을 염두에 두고 후계 계획을 세우는 것에는 큰 차이가 있다. 가족기업을 다음 세대에게 물려주기 위해 지켜야 할 몇 가지 기본 수칙이 있다.

 단지 자녀들과 함께 일하는 것과 그들을 염두에 두고 후계 계획을 세우는 것에는 큰 차이가 있다.

자녀의 개인별 장점 파악하기

사업주로서 당신은 자신의 사업을 운영하는 방법을 잘 알고 있을 것이다. 수년간 성공적인 운영을 해오면서, 당신은 예상치 못한 사건들에 대처하고 위험을 겪으며 많은 역경을 헤쳐왔을 것이다. 이러한 경험은 당신의 기억 속에 저장되어 있으며 매일 업무에 적용하고 일, 주, 월 및 연도별 계획을 세울 때 활용하기도 할 것이다. 게다가 당신이 이미 2대, 3대째 이어져 내려오고 있는 기업의 리더라면 회사를 경영하는 것에 대한 이전 세대의 정보들도 충분히 가지고 있을 것이다.

> 당신의 자녀들이 당신과 똑같이 생각하고
> 행동하는 것은 불가능하다.

그러나 당신의 사고방식은 본질적으로 젊은 세대들의 관점과 다르다. 당신의 자녀들이 당신과 똑같이 사고하고 행동하는 것은 불가능에 가깝다. 만약 여러분이 창업주라면 자녀에게는 없는 기업가 정신과 자질이 필요했기 때문에 이 점을 염두에 두기가 더더욱 어려울 수 있다.

흥미롭게도, 연구에 따르면 우리가 위험을 감수한다고 생각하는 사람들은 실제로 위험에 목말라 있지 않다. 그들은 단순히 비전을 가지고 그것을 달성하는 데 있어 낙관적이며 결단력 있고 탄력적이다.

거의 모든 스타트업들의 이야기를 들어보면 처음 몇 번은 고생을 하다가 마침내 제대로 해냈다는 것이다. 이러한 특성은 창업에 필수적이다. 성공한 창업자로서 당신의 후계자에게 자신과 같은 특성을 원하는 것은 당연할지도 모른다. 하지만 당신의 요구가 잘못된 것일 수도 있다.

그렇다고 해서 자녀가 부모로부터 떨어져 나가면 성공할 수 없다고 단정 짓는 것은 아니다. 지속적인 우려를 관리하면서 성장해나가기 위해 창업에 필요한 기술과는 다른 기술이 필요하다. 두 갈래로 나누어진 투자 세계를 살펴보는 것으로 예를 들어보겠다.

하나는 '벤처 캐피탈(venture capital)'인데, 이것은 아이디어 중심으로 새로운 사업을 시작하는 데 투자한다. 또 다른 하나는 투자자들이 기존 사업을 기하급수적으로 키우기 위해 투자를 진행하는 '사모펀드(Private equity fund)'가 있다. 이 두 개의 투자는 서로 다른 기술을 필요로 하는 완전히 별개의 비즈니스 역학을 가지고 있다.

자녀의 독특한 장점을 파악하기 위해서는 먼저, 자녀가 자신과 똑같지 않다고 해서 사업을 할 수 없다는 의미가 아니라는 점을 이해해야 한다. 그리고 이 과정에서 마찬가지로 중요한 것은 인내심이다. 당신은 금융의 귀재이고, 당신의 자녀도 그 분야에 관심이 있다고 가정해보자. 당신은 분명히 그동안의 모든 경험을 통해 그 분야에서 자녀보다 월등히 앞서 있겠지만, 당신은 자녀가 그에게 맞는 페이스대로 나아갈 수 있게 내버려두어야 한다. 자녀보다 아는 것이 많더라도 과시하는 걸 피해야 한다. 자녀는 자기 스스로 어떤 일을 성취하고 싶어 한다는 것을 명심하라. 그리고 무엇보다도, 자녀가 당신이 모르는 것을 알고 있거나 당신이 어떻게 처리할지 모르는 것을 성공적으로 처리했을 때 그것에 대해 언급하라. 만일 그들이 당신을 뛰어넘었다면 기꺼이 그 사실을 알려주고 칭찬해주기 바란다.

자녀를 직장의 모든 부서에 노출시키기

전체 사업을 총괄하는 사람을 무엇이라고 부를까? '본부장(GM, general manager)'이라고 칭할 것이다. 이유는 그가 사업의 모든 측면을 담당하기 때문이다. 누군가를 본부장으로 만들려면 어떻게 준비해야 할까? 그 사람을 각 주요 부서에 배치하여 시간을 보내게 하는 방법이 가장 효과적일 것이다. 이것이 사치스럽게 들리면 안 된다. 자기 자신을 한번 살펴보자. 판매, 생산, 경영 관리, 구매, 마케팅, 재무 계획 그리고 이 외의 여러 영역에 대해 어느 정도 이해하고 있는가? 아마도 당신은 모든 분야에 있어 전문가는 아니지만, 보통 직원들보다는 확실히 더 많은 것을 알고 있을 것이다.

최고의 자리에 오르기 위해서는 밑바닥에서 어느 정도 시간을 보내야 한다. 예전에 나는 그 지역에서 최고의 난방, 환기, 냉방, 배관 회사라 인정받는 회사들의 소유주들을 고객으로 둔 적이 있다. 그들의 자녀들은 모두 사업가로서의 큰 잠재력을 가지고 있었지만, 그 누구도 실제 현장에서 시간을 보내본 경험이 없었다. 오너들과의 상의 끝

최고의 자리에 오르기 위해서는 밑바닥에서 어느 정도 시간을 보내야 한다.

에, 우리는 자녀들을 현장으로 보내 현장 팀과 같이 일하게 하고, 스스로의 손으로 배수로를 파고, 한껏 더러워지면서 사업의 근본적인 뿌리부터 이해하도록 만들어야 한다는 결론을 내렸다. 그런 결과 지금 그들은 사업을 이해할 뿐만 아니라 전체 직원들에게 존경을 받고 있다.

모든 사람이 회계사가 될 필요는 없지만, 책상 뒤에 앉아 대변과 차변을 계산해보는 것은 사업의 핵심 구성 요소를 이해하는 데 큰 도움이 된다. 일단 자녀가 모든 부서를 거치고 나면, 그들은 각 부서의 기능을 이해할 수 있을 뿐만 아니라 부서들이 어떻게 조화를 이루고 서로에게 어떻게 영향을 주는지 볼 수 있는 안목이 생길 것이다. 내가 가족사진 기업이었던 올란 밀스에서 맡았던 첫 번째 일은 60개의 필름 보관통을 수집하고 처리하는 일이었다. 신나는 작업은 아니었지만, 나는 회사 내 모든 부서에 드나들며 내가 하는 일이 궂은일이 아니라는 것을 증명하게 되었다. 그 다음해 여름, 나는 주문을 접수하는 부서로 옮겨졌다.

나의 고객 중 한 가족기업은 세 명의 잠재적 후계자를 갖고 있다. 한 명은 외향적인 사람이고, 다른 한 명은 내향적인 분석가 타입이며, 세 번째 후계자는 외향과 내향의 중간 성향을 가지고 있고 정치에 관

심이 있는 사람이다. 그들은 이미 자신들이 궁극적으로 해야 할 일에 대해 성향을 보이고 있다. 하지만, 5년에서 10년 뒤쯤 각자가 모든 분야에 익숙해질 때 비로소 세 명 모두 보다 더 강해질 것이고, 회사는 더욱 성공할 것이다. 그래서 나는 이 일에 관여하면서, 각각의 후계자들을 그들의 능력에 맞는 보직으로 이동시켰고, 그로부터 1년 후, 그들이 가장 두려워하는 분야로 다시 한 번 발령을 냈다. 다행히 세 사람 중 두 사람이 교대로 일을 바꿔가면서 서로 의지하고 있으며 업무를 성공적으로 해내고 있다.

이제 교육에 대한 문제로 넘어가보자. 어느 정도의 교육이면 충분할까? 아마도 어떤 일을 하는 회사인지, 그리고 자녀가 그 회사에서 하고 싶어 하는 일이 무엇인지에 따라 달라진다고 흔히들 생각하겠지만, 이것은 교육을 바라보는 잘못된 시각에서 비롯된 것이다. 만약 당신의 자녀가 특정 분야에 강한 열정을 보인다거나 - 설령 그것이 가족기업과 연관성이 전혀 없는 일이라도 - 대학 졸업 후 그런 종류의 일자리에 대한 고용 시장이 있다는 것을 안다면 그들은 그 꿈을 추구해야 한다. 다음 세대의 구성원들은 자유롭게 직업을 탐색할 수 있어야 하고, 꼭 가족기업을 위해 헌신적으로 일하지 않아도 된다.

그러나 가족기업에 어느 정도 관심이 있다면, 회사의 임무에 맞는 교육을 받아야 한다. 만약 그들이 가족기업에 정말로 큰 관심을 보인다면, 가족기업만을 위한 전문 교육 과정을 밟고 많은 수업을 들어야 할 것이다.

자녀의 능력 향상시키기

대학 졸업은 아마도 인생에 있어서 가장 두려운 순간일 것이다. 규칙적으로 예정된 프로그램이 끝나고 나면, 미리 정해놓은 계획 없이 사회에 던져진다. 졸업생들은 갑작스럽게 무엇이든 할 수 있거나 아니면 아무것도 하지 않을 수 있는 너무나 자유로운 상태가 된다. 많은 졸업생들 - 심지어 그들의 부모까지도 - 의 첫 번째 본능은 집에 돌아와 가족기업을 위해 일하는 것이다. 졸업생들은 자신이 고용될 수 있다는 것을 알고 있고, 아마 사업 경험이 있을지도 모른다.

가족기업을 위해 일하게 되면 취업 준비의 악몽에서 벗어날 수도 있다. 그러나 이러한 본능만을 따르는 것은 큰 실수이다.

젊은이들은 대학을 졸업하면, 둥지를 떠나 비행을 해야 하는 첫 번째 기회를 갖는다. 날개를 펴고 자신이 누구인지, 무엇을 할 수 있는지 알아낼 기회를 가져야 한다. 이러한 변화를 심리학 용어로 '개성화(Individuation)'라고 한다. 이 나이 때의 사람들은 대부분 그들의 삶 전체가 부모에 달려 있다고 생각한다. 심지어 대학생활에서도, 어느 정도 독립이 이루어져야 하고 자신의 삶에 기본적으로 필요한 것들을 손수 마련해야 하지만, 실제로는 꽤 적은 수의 사람들만이 독립에 성공한다.

그러나 일단 졸업을 하게 되면, 개개인은 각자 자신이 되고자 원했던 사람이 되기 시작하거나, 적어도 그런 부분을 탐구하기 시작한다. 이 과정은 가족기업과 부모의 테두리 안에서는 진행될 수 없다. 분명 시행착오, 방황, 그리고 실수들이 발생할 수 있다. 그렇지만 그 안에는 성공과 작은 승리들도 있을 것이다. 자신이 누구인지, 세상 어디에 위치해 있는지 알기 위해서는 누구나 거쳐야 할 과정이다.

일단 당신과 당신의 자녀들이 그 자리를 찾았다면, 그 영역을 확장시키는 것이 관건이다.

내 고객들 중 또 다른 한 명은 장차 회장의 자리에 앉게 될 전도유망한 후계자를 가지고 있다. 그의 딸은 아직 어리고, 사업의 주요 요소 중 하나인 마케팅을 전공으로 MBA과정까지 마칠 예정이라고 한다. 그래서인지 그녀는 사업의 거의 모든 분야, 특히나 마케팅에 줄곧 참여해왔다. 그러나 일반적으로 마케팅은 단독으로 이루어지지 않는다. 언제나 영업과 함께 진행되기 때문이다. 현재 그녀는 영업팀을 관리하고 있지만 실제로 영업 활동을 해본 적은 없다. 타 회사의 대표 및 창업주와 대화를 나눈 후, 우리는 그녀가 본사의 편안한 분위기를 떠나 다른 지역에 타 회사 영업 지부를 개설할 것을 제안했다.

이 일을 통해 다음 세대의 강점을 기르는 데 있어 또 다른 중대한 요소를 파악하게 되었다. 바로 다른 회사와 일을 해보는 것이다.

다른 회사에서 일하게 하기

자녀를 가족기업 이외의 다른 회사에 보내라. 그들은 젊기 때문에 자아를 찾을 필요가 있고, 그들이 원하는 건 무엇이든 할 수 있고, 좋아하는 직업을 고를 수 있는 자유를 100% 느낄 수 있어야 한다. 여기에는 다른 도시, 다른 주, 심지어 다른 국가로 이동하는 것까지 포함된다. 훗날 가족기업에 참여하고자 하는 진정한 의지가 있다면 가족기업과 어느 정도 관련이 있는 회사에 입사하면 된다. 어느 유명 기업의 회장 아들은 가족기업과 비슷한 업계의 회사에서 짧은 기간 동안 종사한 바가 있다. 이를 통해 누군가가 잘하는 것을 객관적으로 배울 수 있는 귀중한 경험을 얻었다고 한다. '패밀리 비즈니스 리뷰(Family Business Review)'의 연구 결과, 소유권 계승의 성공과 가장 큰 연관성을 가진 것 중 하나는 다음 세대 후계자가 가족기업이 아닌 곳에서 일을 해보는 것으로 나타났다. 그들은 더 이상 아버지의 자녀가 아닌, 홀로서기를 통해 주체성을 가지고 제 몫을 할 수 있는 사람이 되어야 하기 때문이다.

자녀의 강점을 진정으로 알아보려면 우선 그들이 무엇을 좋아하는지 먼저 알아야 한다. 그들이 열정이나 재능을 보이는 분야를 찾았다면, 그곳이 시작점이 되어야 한다. 그래야 영업, 생산, 재무 등 업무에 상관없이 자신이 흥미를 느끼는 관점으로 사업을 바라볼 것이다. 이러한 강점을 만들기 위해서는(외부 경험, 심지어 다른 산업) 더 깊은 당신의 자녀가 당신이 될 수 없으며 당신의 회사도 자녀가 당신처럼 되는 것을 필요로 하지 않음을 느껴라.

범위(중장기 목표를 만들고, 외부 교육을 장려하며, 해당 분야에서 뛰어난 사람과 협력하는)가 요구된다.

지속적인 교육 권장하기

이런 다음 세대 멤버들은 좋은 대학에서 교육을 받고 훌륭한 직장에서 일한 경험이 있겠지만, 회사를 운영하는 것은 생각보다 복잡하기 때문에 항상 배움의 자세를 갖춰야 한다. 자녀들이 협회에서 제공하는 세미나에 참석하고 비즈니스 잡지 및 서적을 읽을 수 있도록 권장하는 것이 좋다. 그들은 항상 최고가 되기 위해 최선을 다해야 한다. 여기에는 겸손한 것, 남의 말을 경청하는 것, 무엇보다도 자발적으로 프로젝트를 맡거나 이끌 수 있는 것들이 포함된다.

요약하자면, 당신의 자녀는 당신이 아니고, 당신의 사업 또한 그들이 그렇게 되기를 요구하지 않는다는 것을 알아야 한다. 그들이 다방면에 걸쳐 다재다능하다는 것을 인지하고, 그들이 좋아하는 것을 즐길 수 있게, 그리고 최선을 다할 수 있게 격려해주는 마음가짐이 필요하다. 적극적으로 그들이 자신의 분야에서 최고가 될 수 있게 도와야 한다. 그리고 그 무엇보다도, 그들에게 인내심을 가져라!

여름방학 활용하기

여름은 자녀들이 방학을 하거나, 고등학교를 졸업하고 대학으로 향하거나, 대학을 졸업하고 현실과 맞설 준비를 하는 시기이다. 이는 모든 젊은 성인, 특히 가족기업 경영자의 자녀들에게 중요한 순간이다. 각각의 단계를 어떻게 거쳐 가느냐 하는 것은 비즈니스가 다음 세대로 넘어갈 가능성에 큰 영향을 미칠 수 있다.

여름방학은 바쁜 업무에 자녀를 노출시킬 수 있는 좋은 기회이다. 정기적으로 진행되는 하계 아르바이트 채용 시기에 고용되면 자연스럽게 다른 직원들과 친목을 쌓고 비즈니스에 대한 이해도를 높일 수 있다. 더 중요한 것은 자녀들이 사업에 얼마나 관심이 있는지 가능성을 엿볼 수 있으며, 이 사업에 대해 적격인지 아닌지를 평가할 수 있다는 점이다.

여기서 잘못되기는 꽤 어렵다. 앞서 언급했듯이, 성공의 중요한 키 포인트 중 하나는 자녀들을 업무의 모든 측면에 노출시키는 것이다. 여름방학은 그 기간 동안 아르바이트를 하는 다른 아이들처럼 자신의 자녀 역시 기초적인 일부터 시도해볼 수 있는 완벽한 시기이다. 많은 가족 사업주들은 자녀들에게 그들이 져야 할 책임감보다 더 많은 짐을 지게 하거나 힘든 일로부터 그들을 보호함으로써 잘못된 길을 건는다. 한편으로 그들에게 실패라는 경험을 주고 싶지 않은 마음이 있을 것이고, 다른 한편으로는 그들이 특권 의식을 갖지 않게 남들과 같은 경험을 하길 바랄 것이다. 만약 당신의 가족기업이 건설업에 속한다면 자녀를 작업반과 함께 현장에 나가게 만들어라. 소매 판매업이라면 계산대에 세워보고, 사무직이라면 서류 처리를 맡겨보라. 이 시기는 그들이 사업의 기본 요소를 배울 수 있는 절호의 기회이다.

누구나 학교를 다니며 성장하지만, 매년 5월엔 그 끝을 맞이하고, 인생의 여정을 되돌아보게 된다. 젊은 나이라면 가족기업에 대한 지식을 넓혀가는 것도 중요하지만, 이 세상이 어떤 곳인지, 또 어떻게 자리를 잡아야 하는지에 대해서도 끝없이 탐구해야 한다.

멘토 관계 만들어주기

많은 성공적인 사업가와 전문가는 멘토가 인생에서의 성공에 매우 중요하다고 언급한다. 가족기업에서는 이 사실이 두 배로 확실해진다. 잠재적인 가족기업의 후계자에게는 사업을 인수하는 데 필요한 교육, 훈련 및 경험을 얻는 것이 중요하다. 그러나 빈틈없고 세심한 준비는 훌륭한 멘토링 관계에서 생겨난다.

멘토링은 단순히 누군가에게 일하는 방법을 가르치는 것과는 다른 차원이다. 오히려 비즈니스를 어떤 관점으로 보고, 어떻게 접근해야 하는지에 대한 '비밀 소스'를 전달하는 것에 가까울 것 같다. 핵심은 당신이 멘토링하는 사람이 사업의 행간을 읽도록 훈련시키는 것이다. 즉 전략적으로 생각해보고 어떤 노하우, 지름길, 습관이 성공할 수 있는지, 아니면 문제를 일으킬 수 있는지 이해하게 만드는 것이다. 모든 것이 어떤 규칙대로 움직이는 걸 이해하는 것보다 어디서부터 일이 잘못 되었는지, 또 어떻게 행동했어야 결과가 달라질 수 있었는지에 대해 배우는 것이 훨씬 더 유익하다.

좋은 멘토를 찾는 것은 어려울 수 있다. 그들은 분명히 그들의 경험, 도전, 시행착오 등을 수집하기 위해 그 분야에서 많은 시간을 보냈을 것이다. 멘토들은 사업에 접근하는 전략, 사업 내 우선순위를 정하는 방법과 지식을 멘티들에게 성심성의껏 전달할 마음가짐 또한 가지고 있어야 한다. 물론 그것은 멘토들에게 있어 쓸데없는 잔소리를 늘어놓거나 본인의 업적을 찬양할 기회 같은 걸 말하는 것이 아니다.

가족기업에는 최적의 멘토 순위가 있다. 외부인이지만 같은 업종에 있는 사람, 외부인이며 다른 업종에 종사하는 사람, 기업 내부 사람이지만 가족이 아닌 사람, 그리고 기업 내부 사람이면서 가족의 일원인 사람 순서이다. 그렇다. 아버지는 멘토로서 최악이다. 이상하다는 생각이 들 수도 있지만, 당신을 무한대로 사랑하는 사람이 당신에게 철저한 비판을 전달하는 것은 어렵고, 그것을 듣는 당신은 더욱 힘들 것이다. 하지만 때때로 선택의 여지가 없을 수도 있다. 어쩌면 그 문제나 분야에 있어서 당신의 어머니나 아버지가 그 누구보다 전문가일 수도 있으니 말이다.

자녀를 멘토링할 때 기억해야 할 가장 중요한 것은 자신을 복제하려고 하지 말아야 한다는 점이다. 세상과 세상의 모든 것이 진화하고 있다. 따라서 자녀가 경영할 환경은 달라질 것이며 부모 세대가 한 것과는 매우 다른 결정과 조치가 필요할 것이다. 자녀는 당신이 부여한 모든 지식을 자신의 세계에 맞추고 그에 따라 행동할 수 있어야 한다. 사람들은 저마다 다르다. 모든 자녀들은 사업을 감수할 만한 자신만의 장점을 가지고 있다.

멘토를 갖는 것은 매우 귀중한 경험이 될 수 있다. 회사 내에서 멘토링을 잘 해낼 수 있을 법한 사람을 찾아서 물어보라. 멘토를 두면 자녀가 비즈니스 능력을 더 잘 숙달하고 세련되어 질 수 있을 뿐만 아니라 앞으로의 인생을 더 잘 계획할 수 있을 것이다.

성공에 필요한 멘토링하기

현실적인 이유로 당신이 결국 자신의 자녀들에게 멘토링을 한다고 가정해 보자. 멘토링 관계를 맺기 전에, 당신과 멘티는 그 과정에 전념하기로 합의를 해야 한다. 전형적인 단계별 멘토링 시나리오가 아니라, 비즈니스에 대한 멘티의 이해도와 영향력을 높이기 위해 따라야 할 길을 각자 이해해야 한다.

그 길은 평탄치 않아 많은 실수를 할 것이며, 모든 것이 뜻대로 되지 않을 것이다. 멘티가 당신이 원하는 방식으로 당신의 지혜를 완벽히 흡수하는 스폰지가 될 것을 기대하면 안 된다. 그리고 멘티는 부모로부터 자신이 원하는 방식대로, 원하는 정보를 정확하게 제공받을 것을 기대해서는 안 된다. 서로 상대방에게 인내심을 가질 준비가 되어 있어야 한다.

당신은 멘토로서, 멘티들이 알아야 할 가장 중요한 정보들을 전달하기 위해 스스로에 대한 방어를 조금 내려놓아야 할 필요가 있다. 이 과정을 거치는 동안 섣부른 판단을 자제하겠다는 멘티들의 약속을 받아두는 것도 좋다. 인생에서와 마찬가지로 비즈니스에서도 우리가 배우는 대부분의 중요한 교훈은 잘한 일에서가 아니라 잘못한 일에서 비롯된다. 멘토는 멘티가 오류의 뉘앙스를 이해할 수 있도록 자신의 실수를 인정하고 필요한 모든 세부사항을 제공하는 데에 약간의 용기가 필요하다. 멘토링의 효용성은 멘티가 이 정보를 얼마나 잘 다루느냐에 달려 있다.

> 인생에서와 마찬가지로 비즈니스에서도
> 우리가 배우는 대부분의 중요한 교훈은
> 잘한 일에서가 아니라 잘못한 일에서 비롯된다.

당신은 멘티를 적극 지원해야 한다. 우리는 무엇이 잘못됐을 때만 누군가를 찾곤 한다. 왜냐하면 모든 일이 예상대로 잘 진행되면 굳이 말할 필요가 없기 때문이다. 그러나 학습 환경에서는 다음과 같은 두 가지 이유로 인해 과정 내내 끊임없이 격려해야 할 필요가 있다.

- 멘티들은 자신이 일을 제대로 하고 있는지, 잘하고 있는지 확신이 부족할 수 있으며, 이를 알아야 할 필요가 있다.
- 만약 그들이 듣는 유일한 말이 비판뿐이라면, 의욕이 꺾일 위험이 있다.

멘티들에게 그들이 무엇을 잘못 하고 있는지 말해주는 대신, 그들이 무엇을 해야 하는지에 대해 알려주자. 예를 들어 "가드레일을 치지 마라."라는 말 대신 "차선 사이를 달려라."라고 하는 것처럼 말이다. 이것은 여전히 요점을 이해시키고 있지만 반쪽짜리 접근법이나 다름없다. 또한 필터 없이 나오는 반사적 반응을 자제하고 경쟁심을 배제하는 것도 잊지 말아야 한다. 당신이라면 그 일을 쉽게 해결할 수 있을 거라는 사실을 두 사람은 이미 알고 있다. 그러므로 이를 과시하는 건 멘토링이라고 할 수 없다.

멘토링이란 사업 접근 방법에 대한 비밀 소스를 전달하고, 멘티들이 비즈니스의 행간을 읽는 법을 배울 수 있도록 도와주며, 사업의 톱니바퀴들이 제대로 돌아갈 수 있게 만드는 요령을 보여주는 것이다. 관계 초기에 우선적으로 해야 할 것은 생각과 질문을 강화하는 일이다. 이를 위한 좋은 접근법은 소크라테스식 방법(즉, 질문을 던지는 방법)이다. 예를 들자면 "방금 우리가 영업부와 가졌던 회의에 대해 어떻게 생각하는지 말해보아라. 어떻게 해야 더 나아질 수 있을까?"와 같은 유도형 질문이다.

이러한 유형의 학습 과정을 통해 당신은 토론의 구석구석을 살펴볼 수 있으며, 멘티가 "영업부는 이 작업을 더 많이 수행하고 저 작업은 덜 해야 했어요."와 같은 대답을 하는 것이 아니라, 당신의 의견 뒤에 숨겨진 여러 겹의 추론을 이끌어낼 수 있도록 돕는 것이 가능하다.

그와 동시에 멘티는 '바보 같은 질문'을 편하게 느껴야 한다. 우리는 태어날 때부터 학습 과정에 들어간다. 하지만 나이가 들수록 나이에 맞는 수준의 지식을 갖도록 요구된다. 따라서 사람들은 시간이 흐르면서 창피를 당할 질문을 하는 것을 두려워하기도 한다. 하지만 이것이 멘토링의 핵심이다. 당신은 본질적으로 당신이 모르는 것을 아는 사람들과 함께 일하고 있다. 그들은 자신들이 가진 지식을 전달하려고 노력하지만, 만약 당신이 모르는 것을 솔직하게 질문해서 알아낸다면 이 일은 훨씬 쉬워질 것이다. 대부분 이러한 질문들을 통해서 멘토들은 자신의 멘티가 학습 스펙트럼 중 어디에 속하는지 알아낼 수 있다.

가족기업 내 어떤 상호 작용과도 마찬가지로, 의사소통은 성공적인 멘토링의 또 다른 필수 요소이다. 직접적인 만남이든, 이메일이나 전화를 통해서든 지속적인 의사소통은 언제나 필요하다. 또한 멘티의 마음이 어디에 있는지 확실히 알기 위해 그의 얘기를 듣는 것에도 집중해야 한다.

자, 이제 당신의 자녀와의 소통 노출도를 논의해 볼 시간이다. 자녀의 부모이자 사업주인 당신이 자녀를 멘토링한다는 건 상식일 수 있지만, 이 특별한 관계를 부러워하는 다른 직원들이 있을 수 있기 때문에 멘티가 업무 이면에서 직원들과 보이지 않는 경쟁 관계를 만들 수도 있다. 공개적인 자리에서 소통하는 것이 불가피할 수도 있지만, 특별한 관계를 과시할 필요는 없다. 어떤 주제들은 둘만의 자리에서 일대일로 의논하는 것이 효과적일 수도 있다.

멘토로서 자신의 멘티가 둘 이상의 소스로부터 의견을 받고 있는지 확인하는 것도 중요하다. 가족기업에 종사하지 않는 동료들을 모아 비즈니스 또는 특정 업무에서 성공하기 위해 필요한 것이 무엇인지에 대한 생각을 공유해보는 것도 좋다. 또한 회사 내 특정 분야에서 성공한 다른 직원들과의 대화도 이루어져야 한다.

당신의 멘티들은 당신이 아니라는 것을 기억하라. 그들은 사업에서 그들이 지녀야 할 그들만의 장점을 갖고 있다.

많은 사업체는 반드시 올바른 전략을 가지고 있기 때문이 아니라 단순히 특정 분야에서 특출한 기술을 가진 사람을 가지고 있기 때문에 성공한다. 당신은 훌륭한 마케터이지만 당신의 멘티가 수학 천재라면, 제품에 대한 기본적인 이해와 요령을 알고 있는지 확인하되, 가격 결정, 구매, 회계, 그리고 재정 관리와 같은 분야에서 자신의 타고난 능력을 마음껏 발휘할 수 있도록 자유를 주어야 한다. (위험을 줄이기 위해, 자녀를 도와줄 좋은 마케팅 전문가를 고용하는 것도 고려해 볼 수 있다!)

자녀와 함께 부(富)에 대한 철학 공유하기

'셔츠 차림으로 시작해 3대 만에 다시 셔츠 차림'이라는 유명한 격언이 있다. 세계 여러 나라에도 비슷한 말이 있는데, '나막신에서 나막신', '논에서 논' 등이 있다. 기본적으로 이러한 격언들은 한 세대가 사업을 시작하고, 다음 세대가 사업을 성공시키며, 그 다음 세대가 모든 걸 망친다는 것을 의미한다. 왜 이런 일이 일어나는 걸까?

왜냐하면 3세대는 사업을 운영하기 위해 죽을 힘을 다해 일해야 한다는 인식이 없기 때문이다. 만약 사업이 이미 잘 돌아가고 있고 어느 정도의 수익이 계속 들어온다면, 사업을 성공시키기 위해 과거 필요했던 시간과 같은 시간을 투자할 필요가 없어 보일 수 있기 때문이다.

워렌 버핏(Warren Buffett)만큼 이런 역동성에 적응을 잘한 사람은 드물다. 그는 '비밀의 백만장자 클럽(The Secret Millionaires Club)'이라는 애니메이션 시리즈에 출연했는데, 거기서 "습관의 사슬은 너무 견고하나 가벼워서 깨지기 전까진 무게를 느낄 수 없다."고 했다. 이어서 그는 "우리는 지옥에 가더라도 자녀들은 평생 동안 그들에게 도움이 될 건강한 습관을 기르도록 노력시키고 있죠. 이것은 결코 이른 게 아닙니다. 1달러의 가치, 원하는 것과 필요한 것의 차이, 저축의 가치 등은 모두 자녀들이 아주 어린 나이에 접해야 하는 개념들

이므로 그들이 이해할 수 있도록 돕는 것이 가장 좋습니다."라고 말했다.[6]

> 가족기업을 통해 배울 수 있는 가장 훌륭한 교훈 중 하나는
> 다음 세대에게 일의 가치와 절약,
> 그리고 미래를 위해 재투자하는 방법을
> 배우게 하는 것이다.

가족기업을 통해 배울 수 있는 가장 훌륭한 교훈 중 하나는 다음 세대에게 일의 가치, 절약하는 법, 그리고 미래를 위해 재투자하는 방법을 배우게 하는 것이다.

자녀들의 손에 물고기를 선물해주는 것보다 낚시하는 법을 가르쳐주는 것이 훨씬 더 가치 있다.

이런 교훈 없이 다음 세대로 끊임 없이 잘 이어지는 가족기업은 거의 없다. 일반적으로 부모들은 자신의 행동이 자녀들에게 모범이 된다는 것을 알고 있다.

가족기업 소유주들의 경우, 훨씬 더 엄격하게 모범을 보여야 한다. 여러분이 자녀가 편안한 삶을 살 수 있도록 직접 어떤 행동을 하거나 자녀가 실수를 한 후에 다시 끌어올려주거나, 아예 처음부터 자녀가

---

6 Aaron Task, "Money101 Q&A with Warren Buffett," Yahoo Finance, April 8, 2013, http://finance.yahoo.com/news/money-101-q-a-with-warren-buffett-140409456.html.

실수를 하지 않도록 하는 것은 어
렵지 않은 일이다. 그리고 그들의
문제를 보다 쉽게 해결하기 위해
돈을 쓰려는 유혹을 받겠지만, 이

 이 세상에서 자녀가 얻을 수
있는 가장 귀중한 1달러는 자
녀 스스로 번 돈이다.

세상에서 자녀가 얻을 수 있는 가장 귀중한 1달러는 자녀 스스로 번
돈이다.

그리고 가장 위대한 업적은 노력, 실패, 인내, 그리고 성공에서 나
온다. 이것이 바로 '셔츠 차림으로 시작해 3대 만에 다시 셔츠 차림'의
굴레를 벗어나는 방법이다.

제 4 장
가족기업의 금전 문제를 관리하라

가족기업 중 몇몇은 성공하고, 어떤 것들은 흐지부지되고, 또 어떤 것들은 요란스레 끝난다. 가족기업의 실패 소식은 어렵지 않게 접할 수 있다. 신뢰가 깨지고, 관계가 파탄 나기 시작하거나, 최악의 경우 가족 간에 소송이 일어나기도 한다. 이유는 다양하겠지만, 가장 대표적인 이유 중 하나는 돈이다.

돈이 개입되면 사람들의 행동은 빗나갈 수 있다. 그 금액이 커지면, 어떤 사람들은 지킬 앤 하이드 중에서 하이드로 변해버리곤 한다. 슬프게도, 돈은 가족기업의 실패, 가족의 불화, 그리고 불행한 추수감사절의 주요 원인이다.

'돈 문제'를 피하는 가장 좋은 방법 중 하나는 적절한 관리 방식을 찾는 것이다. 적절한 금전 관리를 실천하는 것은 가족기업이 취해야 할 가장 중요한 행동이다. 이 관리 방식은 가족이나 친구 이외의 사람

들로 자문단이나 이사회를 조성하
는 것을 의미한다. 보수는 직급과
기여도에 근거해야 한다. 때로는
가족이 아닌 사람을 매니저로 데

 돈은 가족 사업의 실패, 가족
의 불화, 그리고 불행한 추수
감사절의 주요 원인이다.

려오는 것이 정답일 수 있다. 좋은 오너가 되는 것과 좋은 매니저가 되
는 것에는 큰 차이가 있기 때문이다.

돈 다루기

　확실히 돈은 유혹적일 수 있다. 가족기업에 종사하는 사람들은 돈
이 사업을 산산조각 낼 힘을 가지고 있다는 사실을 알고 있다. 돈은 분
명 삶에 이로운 것이지만, 어느 정도일 뿐이다. 유명한 매슬로우 욕구
이론의 가장 아래 단계의 음식, 주거, 그리고 안전 등은 돈으로 해결할
수 있다. 그러나 그 피라미드의 위를 향할수록 돈의 중요성은 하락할
뿐만 아니라 진정한 사랑, 자존감, 자아 실현에 장애가 될 수 있다.
　사업을 오랫동안 지속하기 위해 가족기업이 취할 수 있는 최선의
조치는 독립성을 띤 이사회를 구성하는 것이다. 조직이 잘 되어 있고
여러 세대를 승계한 가족기업 대부분은 자격이 있고 이해 상충이 없
는 사람들로 구성된 이사회를 두고 있다. 금전, 혹은 그 외 다른 문제
가 발생했을 때, 편견 없고 편파적이지 않은 좋은 의견을 들어 어긋난

일을 다시 바로잡을 수 있다.

보상 또한 까다로운 영역이다. 많은 가족기업 오너는 가족 구성원들에게 실제 시장 가치에 맞춰 급여를 지불하는 데 어려움을 겪고 있다. 종종 선물과 친절한 부모의 지원은 급여와 뒤섞인다. 급여를 줄 때 재능이나 다정한 부모의 도움이냐의 문제가 혼재된다. 그때 자식들 사이에 균형을 잡기란 쉽지 않다. 배당금이 몇 사람에게 불리하게 돌아가지 않는다 하더라도 구성원들의 역학 관계와 기여도에 관계없이 2세 가족 모두가 동일하게 배당을 받게 되면 결국 다른 면에서 관계가 흐트러지고 만다.

그러면, 부모가 떠난 후 남겨진 자녀들이 공정치 못한 보상 시스템을 바로잡아야 한다는 부담을 안게 된다. 밑에 있는 직원인 형제자매의 임금을 삭감한 후에도 좋은 관계를 유지해야 하는데, 이는 쉬운 일은 아닐 것이다. 부모 세대가 저지르는 또 다른 실수는 자녀들 사이의 평화를 유지하기 위해 필요 이상으로 오랫동안 키를 잡고 있는 것이다. 이렇다 보니 이것은 아무도 현황을 논의하고 싶어 하지 않는 결과를 가져온다. 그래서 어머니와 아버지가 빠지게 되면, 통제권 싸움이 벌어지곤 한다. 좋은 의사소통 습관을 길러오지 않았다면 그 싸움은 법적 공방으로까지 이어질 수 있다.

설상가상으로 회사가 상당한 이익을 내고 있지만 사업 외에 다른 자산이 거의 없는 경우도 있다. 이것은 그렇지 않으면 회사를 떠날 수도 있는 형제자매들로 하여금 남아서 그들의 '공정한 몫'을 위해 싸우도록 강요한다. 우스갯소리를 하자면, 생명보험에 가입하는 것이 도움이 될지도 모르겠다.

마지막으로, 상당한 부가 축적되어 있다면, 당신은 자녀들을 준비시켜야 한다. 그들에게 필요한 것과 원하는 것을 구별하는 법, 욕구 충족을 지연시켰을 때의 이점, 그리고 때때로 '아니요'라고 말해야 한다는 사실을 가르쳐라. 또한 실제로 업무를 수행하면서 일을 했는지 확인하고, 저축, 투자 및 자선 기부의 중요성(물리적, 금전적)을 이해시켜야 한다.

돈의 심리학

테드 클론츠 박사(Ted Klontz)는 돈이 인간의 정신에 미치는 영향을 연구해왔다. 그는 자신의 프레젠테이션에서 이런 실험을 했다.

몇몇 사람들에게 1달러짜리 지폐로 이루어진 돈다발을 세어보라고 요청한다. 그 후, 그들에게 돈을 세는 행위만으로도 몸 안의 '기분 좋은' 호르몬인 옥시토신의 수치가 증가한다고 알려준다. 반대로, 그는 청중 앞에 서서 20달러짜리 지폐를 꺼내 "이것 보세요."라고 말하고는 그것을 반으로 찢는다. 관객들은 이 모습에 충격을 받고 어떤 사람들은 숨을 헐떡이기도 한다. (참고로 지폐는 가짜다.) 그의 실험의 요지는 사람들이 돈이 훼손되는 것을 볼 때 육체적인 고통을 느낀다는 것이다.

가족기업의 자금 관리

가족기업은 일반 기업에는 존재하지 않는 다양한 도전에 직면한다. 가족기업에서 함께 일하는 가족 구성원과 그렇지 않은 사람들 사이에는 분명히 다른 역할 관계가 만들어진다. 특히 한 가지 이슈는 돈을 관리하는 문제이다.

가족기업에서는 타고난 신뢰 수준이 존재한다. 어머니, 아버지, 아들, 딸 모두는 사업을 이끌어나가기 위해 함께 또는 개별적으로 일한다. 이때 개개인은 주인의식을 가지고 있기 때문에, 각자 더 많은 노력을 기울이고 사업의 모든 측면을 관리한다.

그러나 종종 모든 가족 구성원이 주인의식을 가지고 있을 때, 그들은 각자 회사 자금을 자신이 원하는 대로 사용할 수 있다고 믿기 쉽다.

 주인의식을 가지고 있을 때, 회사 자금을 원하는 대로 사용할 수 있다고 믿기 쉽다.

때로는 개인적인 이익을 위한 일에 사용하는 것도 문제가 없다고 생각한다. 그러나 당신의 가족기업은 현금 인출기가 아니다.

나는 한 부부와 그들의 두 자녀로 이루어진 가족기업과 일한 적이 있다. 가족 모두가 법인 신용카드를 가지고 있었고, 부모들은 수표를 가지고 있었다. 딸은 마케팅을 하기 위해 돈을 쓰고, 아들은 다른 제조업에 돈을 투자했으며, 아버지는 회사 자금을 자신의 개인 저금통으로 사용하고 있었다. 어머니는 이 모든 사실을 알고 있었지만 멈추라고 하기엔 업무로 너무나 지친 상태였다. 한동안은 회사의 매출이 좋았기 때문에 그 누구도 이 부분에 대해 걱정하지 않았다. 그러나 회사의 매출은 곧 하락세를 보였고, 많은 고함 소리와 삿대질 등 전반적인 혼란이 뒤따랐다.

가족의 풍부한 재무 지식을 포함한 효과적인 재무 통제를 유지하는 것은 가족기업에 있어 성공의 열쇠로 여겨진다. "우리는 회사의 재정을 매우 엄격하게 관리해요." 의료 서비스업계 소프트웨어 공급업체인 크로웰 시스템(Crowell Systems)의 회장, 샐리 크로웰(Sally Crowell)의 말이다. "우리 딸은 회계학을 전공하였고, 우리는 재정에 관련된 모든 것을 그녀를 통해 운영합니다. 또한 우리의 모든 시스템에 고객을 위한 금융 관리 소프트웨어가 함께 제공되기 때문에, 평소 사람들에게 설교하는 내용을 실천하는 셈이죠."

모든 가족이 회사의 계좌에 접근할 특권이 있다고 생각하는 환경이 얼마나 문제적인지는 쉽게 알 수 있을 것이다. 다음은 문제가 발생하기 전에 해결할 수 있는 5가지 지침이다.

- 재정 정책을 만든다. 수표 발행 권한은 누가 갖고 있는가? 현금은 누가 관리하는가? 지출 내역은 어떻게 기록되는가? 지출 한도는 얼마인가? 개인 지출과 사업 지출은 각각 얼마인가?
- 예산안을 세운다. 만약 당신이 규모가 큰 회사를 가지고 있다면,

문제가 되지 않지만, 많은 작은 회사들은 그것이 얼마나 복잡해질 수 있는지 두려워하기 때문에 예산에 대한 생각을 꺼린다. 하지만 이 과정은 생각보다 복잡하지 않다. 가장 간단한 예산은 지난해 손익계산서를 받아 각 비용 항목에서 지출된 수익의 비율을 살펴본 후, 괜찮은 한 해였다면, 그 비율을 다음 해의 목표치로 설정하는 것이다. 한 걸음 더 나아가, 다음 해에 신규 지출, 대규모 지출 또는 특별한 지출이 발생할 것을 알고 있다면 지금 예산에 반영해두는 게 좋다. 돈이 필요할 때까지 기다리지 말고, 일단 돈을 쓰고 나중에 모두에게 알리는 방식을 취한다.

• **재무 캘린더를 만든다.** 재무제표를 검토하고, 업무의 진행 상황을 알아보고, 모두가 같은 정보를 공유하기 위해 공식적인 월별 미팅을 가지도록 캘린더에 구체적인 날짜와 시간을 설정한다.

• **재무 관리 담당자를 둔다.** 만약 당신의 사업 규모가 작다면 가족에게 맡길 수 있겠지만, 그렇지 않다면 외부에서 사람을 데려와야 한다. 자격을 갖춘 회계사가 요구한 급여를 보고 당신은 움츠러들지도 모른다. 그러나 좋은 회계사와 나쁜 회계사의 차이는, 사업장의 위치를 정확히 알고, 차의 성능을 효과적으로 활용하면서 적극적으로 운전하는 운전기사와 앞 유리 전체를 두꺼운 진흙으로 뒤덮은 채 운전하는 기사의 차이와 같다.

• **전문가와 회계를 검토한다.** 매 분기마다 한 번씩 기록을 검토하며 모든 것이 제대로 돌아가고 있는지 확인할 수 있는 훌륭한 외부

CPA(공인회계사)를 고용하기 바란다.

가족기업을 위한 재정 정책과 절차가 없으면 잘못된 소비 습관, 오해 및 신뢰 부족으로 이어질 수 있다. 그러나 좋은 재정 규칙을 만들면 더 나은 사업 성과뿐만 아니라 건강한 가정 환경으로까지 이어진다.

가족기업의 보상 문제

가족기업에 있어서 보상은 다루기 가장 까다로운 영역 중 하나이다. 자녀들은 얼마를 받아야 할까? 사업을 물려 받는 형제들은 어떤가? 만약 아버지가 직장에서 근무 시간이 줄어들기 시작하면 그의 보상은 얼마가 되어야 할까? 불공정하게 보상받았다고 생각하는 사람들을 위해, 당신은 어떻게 탐욕스럽고 이기적인 것처럼 보이지 않으면서 그 주제를 잘 마무리 지을 수 있을까?

 가족기업의 함정 중 하나는 보상에 있다.

내가 아는 한 가족기업의 아들은 사업을 추진하기 위해 지사에 나가 있었다. 그는 대표 자리를 맡았지만 회사에서는 어떠한 지분도 없었다. 그 기업의 실적 저하와 업계 전반의 경기 불황으로 꽤 오랫동안 급여가 인상되지 않았다. 사실 그는 현재 버는 것보다 훨씬 더 많은 봉급을 다른 곳에서 충분히 받을 수 있다. 하지만 회사 지분을 갖고 있지 않기 때문에, 만약 그의 부모가 당장 돌아가신다면, 단지 유산의 일부를 받을 수 있을 뿐이다. (그동안, 그의 형제들은 다른 곳에서 일하며 훨씬 더 높은 임금을 받고 있다.)

또 다른 가족기업에서는 아들이 회사의 최고 경영자인데, 그의 실적과는 상관없이 봉급이 동결되었다. 그렇지만 대부분의 사람들은 이미 그가 연봉 최고액을 받는다고 생각한다. 또 다른 가족기업의 경우, 전도유망한 리더들이 있지만 아직 젊은 편이다. 하지만 그들은 더 높은 임금을 받을 특권이 있다고 생각하기 시작했다.

유감스럽게도 가족기업 내 보상에는 해답이 존재하지 않는다. 하지만 몇몇 중요한 경험에 따른 규칙은 다음과 같다.

1. 급여가 어떻게 처리될지에 대한 공감대를 구축한다.
2. 총 보상액을 결정하는 데 중요하게 작용했던 요인들을 공개한다.
3. 각 지위에 대한 시장 가치를 최대한 반영한다. 인사 전문가를 통해 처리가 가능하지만, 대략적인 아이디어는 급여 계산 프로그램이나 비슷한 회사에 있는 지인들을 통하면 알 수 있다.
4. 직원들에게 그들의 업무에 합당한 급여를 지급한다. 사업을 위해 일하는 자녀들에게 돈을 균등하게 지불하는 것이 공정하다고 생각하는 일반적인 경향에도 불구하고 차등 지급하는 것이

옳다. 한 가족기업에서 4명의 자녀는 각자 회사의 25% 지분을 소유하고 있었고, 같은 임금을 받았다. 이것은 이상하게 보였다. 왜냐하면 그들이 지고 있는 책임은 각각 무게가 달랐기 때문이다. 분명히 경영진은 생산 담당자나 영업 담당자보다 더 높은 수준의 급여를 받아야 한다. 이 상황은 엄청난 긴장감을 불러일으켰다. 부모가 한 자녀에게 왜 다른 형제자매만큼 돈을 벌지 못하는지 설명해야 하는 난감한 입장을 회피했기 때문에 벌어진 일이다.

과도한 급여의 유혹을 떨쳐버려야 한다. 그것은 나쁜 선례를 남기고, 돌이키기 어려우며, 더욱 훌륭한 자격이 있는 비가족 직원에게 설명하는 것이 불가능하다. 만약 부모가 과도한 급여를 내세워 자녀들을 사업에 끌어들인다면, 가족기업이 어떻게 보상 문제의 함정 속으로 빠져드는지 쉽게 알 수 있을 것이다. 만약 다른 곳에서 일하는 것보다 가족기업에서 더 많은 돈을 번다면, 그들은 오랫동안 머물겠지만, 그것은 결국 자녀에게 돈을 더 쓰게 되는 것이다.

문제는 다음과 같다. 콜롬비아 경영대학원의 밥 본템포(Bob Bontempo) 교수가 수년 전 말했듯이, 임금 협상의 핵심은 초봉이다. 매년 임금이 인상될 것이고, 거기에 시간이 흐를수록 늘어나는 복리 이자로 큰돈을 벌 수 있다. 이 모두는 당신이 얼마나 높은 임금에서 출발하는지에 달려 있다.

일단 가족기업에서 사업 시작부터 그곳에서 일하는 자녀들에게 임금을 과잉 지불하면, 그들은 받아야 할 액수보다 더 많은 임금을 받는다는 사실을 깨닫기까지 몇 년이 걸릴 수도 있다. 그들의 임금이 기대했던 금액보다 더 낮을 것이라고 어떻게 설명해야 할까? 다음 자녀가 가족기업으로 들어오게 되면, 당신은 첫 번째 자녀를 대했던 것과 같은 방식으로 그들을 대해야 할 것이고, 그렇지 않으면 이유 있는 설명을 해야 할 것이다. 요점은 자녀들을 사업에 끌어들이기 위해 돈으로 유혹해서는 안 된다는 것이다.

> **자녀들을 사업에 끌어들이기 위해**
> **돈으로 유혹해서는 안 된다.**

가장 좋은 해결책은 자녀들에게 처음부터 진심을 전하는 것이다.

딸/아들아, 나는 너희들이 내 사업에 참여한다면 참 좋을 것 같구나. 자신의 사업을 소유하고 운영하면 많은 이점이 있어. 물론 단점도 있겠지. 언젠가 내가 이 세상을 떠난다면, 그 사업은 너와 네 형제들의 것이 될 거야. 회사는 그 기간 동안 가족을 위해 돈을 찍어내는 기계나 마찬가지야. 우리는 그 기계가 잘 작동하고 있는지 계속 확인해야 해. 만약 네가 이 일에 관심이 있고 그에 걸맞은 능력이 있다면, 너는 자연스럽게 이 사업의 일부가 될 수 있을 거야.

하지만 이것은 전문적인 관계성이 필요하다는 것을 이해하는 것이 중요하지. 사업은 네가 하는 일의 가치만큼 너에게 돌려준단다. 네가 이 일에서 더욱 중요한 사람이 된다면, 더 높은 임금을 받을 수 있을 거다. 훗날 네가 사업을 소유하고 경영하게 될 수도 있지만, 그건 네 형제들 중에 네가 최고의 경영자로서 적합한 사람일 경우에만 가능하다는 걸 잊지 않기 바란다. 네 형제들도 너와 마찬가지로 관심과 능력이 있다면 언제든지 사업에 참여할 수 있어. 모든 직원들의 급여가 다르듯이 너희들의 급여가 다를 수 있다는 것도 이해하는 것이 중요하단다.

그들은 당신의 자녀들이기 때문에 그들이 사업에 동참하든 안 하든, 결국 기업의 오너가 될 것이라는 걸 이해할 필요가 있다. 그들이 물려 받지 않는다면 사업은 결국 다른 누군가에게 팔려나갈 것이다. 하지만 자녀들이 사업을 이어가는 데에 관심이 있다면 기회는 있다.

만약 적절한 급여를 줄 수 있을 만큼의 현금이 부족하다면, 주식을 나누어주는 것을 고려할 수 있다. 오너들은 지분을 나눠주는 것을 두려워할지도 모른다. 그러나 가족기업에서 소액주주는 사업의 운영에 큰 영향을 미치지 않는다는 것을 이해하는 것이 중요하다. 통제력은 그대로일 테니까 말이다. 하지만 받는 사람이 소유 의식을 느끼게 할 수는 있다. 게다가, 이것은 훌륭한 재산 운용 계획의 메커니즘이 될 것이다.

이제 언급되었듯이, 회사가 수익을 내면 사업주는 자신의 욕망에 따라 그 이익을 보유할 수 있다. 그리고 여느 가족이 하는 것처럼 부모는 가족 구성원들에게 경제적 선물을 줄 수 있다.

미국 국세청(IRS)은 증여가 특정 한도를 넘어가면 수입으로 분류하여 세금을 부과하는 시스템을 가지고 있다. 물론 세금 절감 기회가 있을 때 이 점을 활용하고 싶을 것이다. 그러나 이 돈은 사업에 종사하는 것과 무관하며 직장 내 성과급과 혼동해서는 안 된다는 것을 친인척들에게 분명히 밝혀야 한다.

마지막으로, 항상 그렇듯이 모든 가족기업의 급여 책정에서 가장 중요한 부분은 의사소통이다. 지속적으로 보상을 관리하는 가장 좋은 방법은 창업주가 직접 관리하지 않는 것이다. 고위 관리자가 급여를 결정하거나 HR 전문가의 조언을 받거나 여러 급여 사이트 중 하나를 검토하여 적절한 급여가 어떠한지 판단하게 하라.

그러나 직접 관리하려는 계획을 가지고 있다면, 대면 회의에서 충분한 시간을 두고 대화하는 게 좋다. 액수에 대해서는 토론하지 말고 각 가족 구성원이 보상과 관련하여 생각하는 것을 토론하라. 돈은 항상 다루기 힘든 주제이다. 특히 한 사람이 다른 사람과 비교해봤을 때 얼마큼의 돈을 받아야 하는지를 논의할 때 더욱 그렇다. 그러나 어떤 요인이 영향을 미치는지에 대한 공개적인 이해 없이 보상을 추측하면 오해, 의혹, 적대감을 유발할 수 있다. 이럴 때 외부 조력자가 도움을 줄 수 있다.

주주 협상 계약서

사업에 대한 결정과 관련하여 가장 중요한 문제는 발생되는 이슈들에 대해 누가 최고의 발언권을 가질지 결정하는 것이다. 일반적으로 대주주가 소액주주보다 지배력이 크기 때문에 가장 많은 소유권을 가진 사람이 발언권을 가져야 한다는 데 동의한다. 하지만, '대등한 지분'을 가진 복수의 주주의 경우, 지배력을 결정하기 위해 그룹이 다수결로 모일 필요가 있다.

주주 협약 체결을 고려해보자. 여기에는 운영 규제와 주주의 권리에 대한 개요뿐만 아니라 주주 관계의 규제, 회사 관리, 지분 소유 및 주주의 특권 및 보호에 대한 정보가 포함된다. 이는 모든 주주들이 공정한 대우를 받고 그들의 권리를 보호받을 수 있도록 도와준다. 이 협약은 특히 매각 시 주식의 공정하고 합법적인 가격 책정을 설명한다. 또한 주주들이 미래 주주가 될 외부 당사자를 결정할 수 있도록 하고, 소수자 지위에 대한 안전 장치를 제공한다.

매매 계약서

주주 계약의 주요 요소 중 하나는 매매 계약서이다. 매매 계약서는 주식 소유자의 사망이나 퇴직, 현금화 욕구 등 특정 상황에서 사업장의 공동 소유자가 각자의 지분을 매입하거나 매도하는 계약이다. 가격 및 지불 방법론도 일반적으로 기술되어 있다.

매매 계약서는 가족기업의 생존을 도울 수 있다.

형제, 자매 및 사촌들과 함께 사업을 운영하는 것은 단연 가장 복잡한 업무 중 하나이다. 사실 형제나 사촌이 함께 이어가는 사업은 본질적으로 오래 지속될 수 있다. 좋은 담장이 좋은 이웃을 만들듯이, 좋은 매매 약정은 좋은 형제, 사촌 간의 가족기업을 만든다. 함께 사업을 시작하기 전에 그것을 혼전 계약서라고 생각해보자.

매매 계약서의 목적은 소유주와 주주들 중 누군가가 사망하거나, 장애를 갖게 되거나, 사업에서 손을 떼기를 원하거나, 강제로 쫓겨나게 될 경우, 어떻게 처리할지를 상세하게 문서화하는 것이다. 가장 일반적으로 우려되는 문제는 동업자의 사망이다.

동업자가 사전에 매매 계약을 하지 않고 사망하면 소유권은 그의 배우자 또는 상속인에게 양도된다. 형제의 배우자나 조카가 훌륭한 사람이라고 생각하지만 그들과 사업 파트너가 되고 싶지 않다면, 그 소유권이 회사나 나머지 주주들에게 돌아가도록 하라.

그러나 사업에 대한 소유권은 상당한 가치를 가지고 있기 때문에, 배우자나 상속자는 반드시 마땅한 대가를 받아야 한다. 이를 해결할 수 있는 가장 좋은 방법은 상속인의 유동자산을 사용할 수 있도록 매매 관계에 포함되는 소유주와 주주들에 대한 생명보험을 갖게 하는 것이다.

동시에, 동업자의 출자금이 오너가 소유한 주식과 같다면, 회사는 대체 불가능한 핵심 직원을 잃어버리는 상황이 될 것이다. 이 부분을 완충하기 위해 추가적인 유동자산을 보유하길 권한다.

또 다른 핵심 시나리오는 한 개 또는 그 이상의 파트너가 소액주주일 경우이다. 왜냐하면 그 주식은 매각 시 소액 할인이 적용되기 때문이다. 따라서, 매매에 대한 가치 평가 방법을 확립하는 것이 중요하다. 매매 계약 전문 변호사인 제임스 듀건(James Duggan)은 다음과 같은 다섯 가지 방법을 제시했다.

- 가치에 동의하되 매년 조정 과정을 거쳐라.
- 가치를 결정하기 위한 공식에 동의하라.
- 공증된 평가자나 다수의 평가자를 고용하여 평균값을 산출하라.
- 보험사에서 사용하는 수익 산출 방식을 사용하라. (주: 보험금이 지급되기 전에 충분히 평가하여 지급 범위를 결정한다는 의미)
- 위에 열거한 모든 것을 조합하라.

그러나 모든 사람의 관점에서 볼 때, 특히 둘 이상의 파트너가 관여되었을 때, 매매를 시행하기 전에 비즈니스 관계 종료 시 발생할 수 있는 모든 상황에 대해 이야기하는 것이 중요하다. 한 세대당 두 명의 자녀만 둔다고 해도 3세대라면 가족기업에 최소 4명 이상이 종사하고 있을 수 있다. 사용 가능한 양식이 있고 표준 시나리오가 존재하지만 각 비즈니스와 비즈니스 관계는 다를 수 있다. 모두 모여서 건설적인 가족 비즈니스 미팅을 가져야 한다. 사람들이 가장 피하고 싶어 하는 것은 매매가 이루어지고 난 후, 원래 전하려던 의도를 정확하게 전달하지 못했다는 것을 깨닫는 상황이다.

이것은 간단명료해 보일 수 있지만, 항상 그런 것은 아니며, 가족기업에서는 더 혼란스러울 수 있다. 여러 세대에 걸쳐 내려온 만큼 관심과 배경이 근본적으로 다를 수 있기 때문이다.

고객사 중에 2대째가 경영하는 가족기업이 있었는데, 총 3명의 형제가 운영하고 있었다. 그중에서도 특히 장남과 차남 사이에는 일의 정의에 대한 큰 의견 차이가 있었다. 장남은 청교도적인 직업윤리를 갖고 있었고, 반대로 차남은 '보헤미안'에 가까운 사상을 지니고 있었다. 말할 것도 없이, 차남은 사업에서 밀려났다. 그들이 형제이고 서로 사랑하지만, 주식을 매수하는 측면에서 '공정한' 것이 무엇인지를 상세하게 살펴보는 일은 어색하고 불편할 수밖에 없었다. 성격이 내성적인 장남은 재정적인 의무가 적었다, 그보다 8살 어린 막내는 근면 성실한 직장인이었고 결혼도 했다. 차남이 떠나고 나서 회사에 남은 나머지 두 형제는 이런 예기치 못한 사태를 대비하기 위해 몇 가지 합의 사항을 만들기로 결정했다. 그 뒤로 주주 협정과 매매 계약이 실행되었다.

중요한 질문들

많은 사람들이 주주 협정과 그에 따른 주식 매매 계약을 고려할 때 가장 먼저 변호사를 선임하는 일부터 시작하지만, 진정으로 취해야 할 첫 단계는 민감한 사안이 될 수 있는 이슈들에 대해 당사자들과 오랫동안 대화를 나누는 것이다. 계약에 관련되어 있는 당사자들은 각 가족 구성원의 사적인 목표와 직업적인 목표를 이해해야 한다.

궁극적인 목표는 여러분이 동의하든 동의하지 않든 서로의 상황을 진정으로 포괄적으로 이해함으로써 모두가 함께 나아갈 수 있다는 것이다. 한 세대에서 다음 세대로 흘러가는 사업의 본질적인 재무 상태의 흐름에 대한 충분한 이해도 필요하다.

다음은 가족기업에서 주주 계약 또는 매매 계약서를 체결할 때 항상 고려해서 협상해야 할 몇 가지 주요 사항이다.

- 지분을 소유하기 위해 회사에서 근무해야 하는가? 이것은 기업을 가장 잘 아는 사람들의 손에서 통제권이 유지될 수 있는 반면, 기업을 떠난 사람들이 매수하기에는 유동자산이 부족할 수 있다.
- 배우자 집안의 구성원들과도 동업하기를 원하는가? 그들이 사업에 대해 아무것도 모른다면 어떻게 할 것이고, 반대로 그들의 능력이 정말로 뛰어나다면 어떻게 할 것인가?
- 회사의 가치가 얼마나 된다고 생각하는가? 특정 시점을 기준으로

자산평가사에게 평가를 맡기거나, 장부 금액을 기준으로 생각해
볼 수 있다

• 주식 인수를 위한 돈은 어떻게 마련되는가? 사망의 경우라면 생명
보험이 지급된다. 사람들이 개인적인 사정으로 회사를 떠나고
싶어 하고 현금이 필요하다면, 회사에 큰 피해를 주지 않을 계획
을 미리 세워두는 게 좋다. 이것은 수년에 걸쳐 지불하는 게 일
반적이다.

꼭 기억해야 할 점은 주주 협정이나 주식 매매 계약 모두, 실제로
그 협약들을 필요로 하기 전에 미리 확정해 두어야 한다는 것이다.

가족기업이 전문성을 갖출 시기

회사의 재정 담당자인 당신의 형제는 어쩌면 엉성한 장부 작성 습관
을 갖고 있을지도 모른다. 혹은 매장 담당자인 당신의 딸은 점점 늘어나
고 있는 재고를 관리하는 대신 시계를 보며 페이스북을 확인하고 있을
수도 있다. 그리고 당신은 비즈니스 진행 상황을 논의하기 위해 마지막으
로 팀 미팅을 가졌던 때를 기억조차 할 수 없을지 모른다. 당신은 의심할
여지없이 가족을 사랑하고, 지금까지 사업을 이어왔지만, 어느 순간에는
장기적으로 살아남기 위해 사업에 전문성을 가져야 할 시기가 온다.

당신의 사업이 어떤 계기로 시작되어 여기까지 왔는지 잘 생각해 보기 바란다. 당신의 회사는 가족기업으로 시작한 것이 아니다. 단순히 이익을 창출해내려고 했던 누군가로부터 시작된 것이다. 아마도 그 사람은 성공이 예상되는 시장을 번뜩이는 통찰력으로 꿰뚫어봤을 수도 있고, 아니면 무언가 큰 것이 얻어걸렸을 수도 있다.

나의 한 고객은 이렇게 말했다. "이렇게 자녀들과 함께 일하게 될 줄은 상상도 못했어요. 그저 모든 가족들이 먹고 살 수 있을 만한 돈을 벌기 위해 무언가 해보려고 했을 뿐인데, 어느 샌가 규모가 눈덩이처럼 불어나 있더군요." 이 가족은 생활 보조용품 사업에 종사하고 있는데 베이비 부머 세대와 같은 다수의 안정적인 고객층이 있기 때문에 꽤나 잘 나갔다. 하지만, 이 사업의 창업자 또한 다른 성공적인 기업들과 마찬가지로 창업 단계에서 필수적인 특성을 갖춰야 했다.

- 일정 수준의 스마트함
- 열심히 일할 의지와 능력
- 적절한 사업 아이디어
- 주어진 운에 따라 행동할 수 있는 진취성
- 문제 해결을 위해 창의적이고 끈질기게 접근할 수 있는 능력

힘든 일, 효과적인 위기 대처, 그리고 약간의 운은 당신을 시속 0에서 60으로 빠르게 데려다 줄 수 있다. 하지만 그것은 지속 가능하지 않다.

이제 테이프를 앞으로 빨리 돌려서 사업을 20년 후로 데려가 보자. 수백만 달러의 매출과 더 많은 직원을 추가해 보자. 아무리 능숙하더라도 예전의 경영 방식으로는 더 이상 충분하지 않다.

나는 자체 제조 시설을 구비하고 미국 전역에 걸친 판매로 국가 브랜드가 된 한 가족기업을 알고 있다. 그러나 그 창업자들은 여전히 즉흥적으로 일을 처리했다. 회의는 즉석에서 임시로 열렸고, 직원들은 즉흥적으로 고용되고 해고되었으며, 재정 관리는 은행 잔고에 돈이 얼마나 있는지 확인하는 것이 다였다. 리더십을 보인다는 것은 그날 가장 심각한 사태와 싸우는 모습을 보여주는 것이 전부였다.

사업이 살아남기 위해선 변화가 필요했다. 다음 세대가 가족기업에 종사하게 되면, 그간 보아왔던 경영 방식을 종종 채택하기 때문이다. 그렇게 하는 것에 대한 그들의 반응은 대체로 "아버지는 항상 그렇게 하셨어."이다. 그러나 일단 사업이 일정 규모에 도달하게 되면, 직관에 의한 경영은 바닥을 드러낸다. 사업을 살리고 다음 단계로 나아가려면 프로다운 면모를 보여야만 한다. 이제 사업장에서 일하는 수준을 벗어나 사업 자체를 경영하는 수준으로 초점을 바꿔야 한다.

다음은 가족 비즈니스를 전문화하는 데 필요한 몇 가지 유용한 정보이다.

• 직무에 가장 적합한 인력만 고용하라. 이것은 외부 전문가들을 고용하는 걸 의미할 수도 있다. (Private Practice Management

Partner인 Margaret Young에 따르면 최근 PwC Family Business Survey의 주요 권장 사항 중 하나라고 한다.)

- 공식적인 평가 시스템을 사용하라.
- 각 직급에 따라 동종업계와 동등한 수준의 급여 체계를 구축하라. 가족이 직위를 맡고 있다고 해서 높은 급여를 주는 것은 삼가야 한다.
- 재무 데이터를 정기적으로 검토하라.
- 공식적인 회의를 열고, 규율적인 접근 방식을 취하라.
- 자문 위원회를 구성하라. 외부 전문가를 포함시키는 것도 좋은 방법이다.
- 원활한 의사소통과 투명성이 있는 기업 철학을 채택하라.

가족기업이 3분의 2의 실패율을 극복하려면 앞서 말한 단계들을 이행하고, 전문성을 가지고 사업에 접근하는 것이 중요하다.

많은 가족기업들이 전문화를 꺼려 하는 데에는 여러 가지 이유가 있다. 사업의 유연성이 떨어질 것을 두려워하고, '가족적인 분위기'를 잃는 것을 걱정하기도 하며, 단순히 전과 같은 즐거움을 찾지 못할까 봐 전문화를 한없이 미루기도 한다. 그러나 시간이 지남에 따라 전문적인 경영 방법을 조금씩 도입해가면 혼란을 줄일 수 있고, 직원들의 책임감에도 긍정적인 변화가 있을 것이다. 그리고 무엇보다도 한층 개선된 사업 성과를 볼 수 있을 거라고 확신한다. 더 좋은 결과는 언제나 즐겁다.

제 5 장
가족기업의 안정성을 창출하라

퍼스트 시티즌 뱅크(First Citizens Bank)의 부회장이자 재산 전략가인 카메론 에반스(Cameron Evans)는 다음과 같은 단순한 질문으로 미래의 고객이 될 수도 있는 사람들과 대화를 시작한다.

"제가 이 말을 하는 도중에 당신이 죽는다면 당신의 사업, 재산, 그리고 가족들은 어떻게 될까요?"

이 말은 굉장히 잔인하게 들리겠지만, 가족기업의 오너나 한 가정의 가장은 이에 대해 추측성 대답을 내놓을 수밖에 없다.

이런 이슈의 핵심을 파악하는 또 다른 방법은 '시뮬레이션'을 실시하는 것이다. 어느 날 아침, 주제 없는 회의 일정을 잡고, 사업에 종사하는 모든 가족들과 주요 경영진들이 참석하는 회의를 주재해보라.

무슨 일인지 궁금해하는 사람들이 모이면, 실제로 본인에게 아무런 문제가 없다는 점을 미리 확실하게 밝힌 후, 자신이 갑자기 심장마비로 사망했다는 가상 시나리오를 준다. 그들에게 실제로 상응하는 반응을 보이도록 지시하고, 어떻게 할 것인지 토론할 내용을 다음 날까지 준비해 오라고 한다. 다음 날 아침이 되면, 여러분은 아마 그들이 답변보다 더 많은 질문을 가지고 있다는 것을 알게 될 것이다.

그렇다면, 리더를 잃은 후에도 원활하게 지속적으로 운영되는 회사를 만들려면 어떻게 해야 할까?

토론을 시작하라

나의 직장 동료가 비극을 겪은 한 가족기업에 대해 말해준 적이 있다. 한 회사의 창업자이자 진정으로 사업에 영혼을 바친 오너가 53세의 나이에 갑작스럽게 심장 마비로 사망한 것이다.

그는 세 명의 자녀가 있었고, 그들의 배우자까지 모두 같은 회사에 종사하고 있었지만 결국 이 회사에서 일하고 있지도 않고 일해본 적도 없는 어머니가 새로운 오너의 자리에 앉게 되었다.

자녀들은 그녀에게 지시를 받으러 찾아갔지만, 그녀는 아무런 지시도 할 수 없었다. 아버지가 이런 일이 일어났을 때를 대비해 그녀에게 해주었던 말이 있는지 물었지만, 그녀는 대답할 수 없었다.

그때부터 자녀들과 그들의 배우자들은 각기 어머니의 의견을 자신 쪽으로 유리하게 하기 위해 각자의 전략을 짜기 시작했다. 그 뒤로 가족 간에 어떤 불화가 있었을지, 회사엔 무슨 일이 일어났을지 상상하는 건 어렵지 않을 것이다.

어떻게 해야 했을까? 아버지는 아내에게라도 자신의 죽음 이후 바람 같은 것들을 말해 두었어야 했다. 더 좋은 방법은 가족회의를 소집하여 적어도 모두에게 자신이 떠난 뒤 바라는 바를 미리 들려주거나, 이보다 더 좋은 가정이라면, 가족 전체가 어떻게 행동하는 것이 좋을지에 대해 토론을 가졌을 수도 있다.

이러한 때에는 좋은 가족기업 컨설턴트나 상속 설계 변호사의 도움으로 앞으로의 길을 안내받는 것이 최선의 행동 방침 중 하나일 것이다. 물론 돈이 들겠지만, 이 사람들은 이런 상황에 처한 사람들을 돕는 데에 특화된 전문가들이고, 무엇보다도 같은 문제를 겪은 다른 가족기업의 성공과 실패를 경험해온 베테랑들이다.

훌륭한 조언자는 당신이 바라는 것을 이루기 위해 같이 일할 것이며, 핵심적인 이해 당사자들에게도 빠짐없이 정보를 제공할 것이다.

그렇다면 세대 교체는 언제 준비하는 게 좋을까? 당신은 사업의 소유권을 넘겨주기 위해, 또는 회사의 주요 업무를 맡기기 위해 특정 가족 구성원에게 관심을 가질 수 있다. 하지만 만약 그 사람이 어느 날 비극적인 사건으로 인해 출근할 수 없거나, 더 이상 일을 원하지 않게 된다면 어떻게 하겠는가?

상속 계획을 세우라

Walker, Lambe, Rhudy, Costley & Gill 소속 상속 계획 전문가, 스티븐 루디(Stephen Rhudy)의 말에 따르면 상속 계획에 있어 가장 중요한 부분은 실제로 계획을 세우는 것이다. 그는 "미루는 버릇은 상속 계획에 있어 아주 치명적인 잘못이다. 70% 이상의 사망자가 계획은커녕 유언조차 없이 눈을 감는다."라고 언급한다. 많은 가족기업은 취소 가능한 유언 신탁이 시행됨으로 그 혜택을 볼 수 있게 되었다.

가장 일반적인 방법 중 하나는 지속적인 교육과 교차 교육(한 직무 기능을 수행하기 위해 고용된 직원에게 다른 직무 기능을 수행하는 데 필요한 기술도 가르치는 교육)을 진행하는 것이다. 이러한 교육 방식은 혼자서 업무를 수행하거나 부서를 운영하고 싶은 유혹이 들게 할 수 있다. 하지만, 만약 그 후계자가 독감으로 인해 일주일 동안 결근을 하게 된다면 무슨 일이 일어날까? 그의 빈자리를 커버할 만한 충분한 교육이 지원되고 있는가?

그의 백업 역할을 할 사람을 한 명뿐만 아니라, 소규모 그룹으로 마련하는 것까지도 생각해야 할 것이다. 그 누군가를 확실하게 대체하기는 힘들지만, 적어도 최소한의 안전책을 준비할 수는 있다. 그리고 현명한 사업가라면 누구나 핵심적인 몇몇 사람들에 대한 의존도를 줄이기 위해 충분한 시간을 들여 직원들을 교차 교육한다. 기본적인 것을 이해하도록 교차 훈련시키는 것은 기업이 장수할 수 있는 길이기도 하다.

많은 가족기업들이 저지르는 흔한 실수는 사업에 참여하지 않은 가족을 무시하는 것이다. 나의 고객 중 한 사람은 차기 후계자가 회사를 경영하고 싶어 하지 않는다는 사실을 알게 되었다. 스스로에 대해 많은 분석을 마친 후계자는 인생의 다른 것에 집중하고 싶어 했다.

다른 지방에 있는 가족기업이 아닌 일반 기업에서 큰 성공을 거둔 사업주 딸을 만나면서 가족기업의 미래에 대한 의견을 물었다. 그녀는 자신이 그 가족기업이 가지고 있는 문제를 해결할 수 있는 적임자라고 주장했다. 하지만 그녀의 부모는 그녀가 가족 기업에 복귀하기 위해 현재 직장을 그만둘 의사가 있는지 물어볼 생각조차 하지 않았다.

이 가족의 경우, 딸이 다른 회사에서 갖고 있던 직책은 아들이 물러난 직책과 비슷했지만 두 회사는 같은 상황이 아닐 수도 있다. 그러나 때때로 가족 구성원들은 일에 필요한 능력과 욕구가 있기만 하면 완전히 다른 영역에서 들어와도 효과적으로 일할 수 있다.

> 가족 구성원들은 일에 필요한 능력과 욕구가 있기만 하면 완전히 다른 영역에서 들어와도 효과적으로 일할 수 있다.

자녀들을 사업에 끌어들이기만 한다면 모든 것이 괜찮아질 거란

말은 아니다. 그렇지만 만약 당신이 중요한 다음 세대 가족 구성원을 잃었더라도 다른 가족 구성원들이 식탁에 가져다 줄 수 있는 것들을 완전히 무시하지는 말라는 의미이다.

죽음에 대처하라

우리들 대부분이 생각하기 싫은 주제지만, 죽음은 가족기업에서 무시할 수 없는 문제이다. 특히 그것은 갑작스럽게 회사에 타격을 입힐 수 있고, 충격의 여파 또한 상상 이상으로 크기 때문이다.

수년간 가족기업 관련 상담을 하면서, 나는 이러한 유고를 딱 두 번 경험했다. 사실 어느 쪽도 그리 놀랄 일은 아니었지만, 한쪽은 사업의 진로를 변경해야 했다. 그 기업은 2대째인 두 형제가 운영하고 있었고, 3대째인 자녀들이 고용되어 회사의 입지를 다지고 명성을 떨치기 위해 고군분투하고 있었다. 그러던 중, 사업의 공동 창업자인 그들의 어머니가 사망했다. 그녀는 암과 잘 싸웠으나, 어느 시점엔가 운명에 순응할 때가 되었고, 몇 주 후 세상을 떠났다.

예상치 못한 일은 아니었다. 모든 일들이 정리되어 있었고, 여행 계획들은 연기되어 있었으며, 작별 인사도 이미 나눈 상태였다. 파도처럼 밀려올 좋거나 나쁜 과거의 기억들과 필연적으로 뒤따라올 슬픔을 알고 있었기에, 서로 마음을 다잡았다. 모두 각자의 방식으로 슬픔에 잠겨 있었지만, 적어도 가족기업은 계속 이어져야 한다는 인식이 있었다.

하지만 시간이 흐를수록 남은 가족들의 관점이 미묘하게 바뀌기 시작했다. 두 형제는 이미 회사를 장악하고는 있었지만, 이제는 진정으로 회사가 자신들의 몫이라는 의식이 생겼다. 그들은 사업가가 되도록 훈련을 받았고, 사업의 소유권도 정식으로 이전되었다. 그들은 마침내 회사의 총 책임자가 되었다. 그러나 따뜻한 커피 한 잔과 좋은 대화를 나누고 싶어 할 때마다 그들이 찾던, 언제나 그들을 위해 한껏 열려 있던 현관 안에 어머니는 더 이상 없었다.

형제는 자신들의 긴장을 풀어주고 안전하게 보호해줄 장치가 없어졌다는 느낌이 들었고 이전에 그들의 어머니가 가지고 있던 회사에서의 서열 1위를 누군가가 차지해야만 했다. 그리고 두 가지 일이 일어났다. 형제들은 각자 스스로에게 자신이 평생 하고 싶은 일은 무엇인지, 그것이 자신의 사업에서의 역할에 어떻게 부합하는지에 대해 의문을 품었다. 또한 두 사람 모두 이제 다음 세대를 위한 승계 계획을 준비하고 결정해야 할 때라는 것을 깨달았다.

동시에, 다음 세대 자녀들도 언젠가 그들이 사업의 지휘권을 잡을 때를 위해 자신들의 리더십을 강화해야 할 시기가 왔다는 것을 서서히 깨닫기 시작했다. 만약 그렇지 않다면 아마 그들은 가족기업 밖에서 자신의 야망을 추구할 방법을 찾아야 할 것이다.

가족기업의 조언자로서, 이런 상황에서의 내 역할은 꽤 섬세했다.

이 세상의 어떤 논리나 지식, 사업적인 판단력도 이런 감정적인 상황 에선 통하지 않는다.

가족들은 슬픔에 잠기고 이를 이겨내기 위해 대부분의 시간을 보 내겠지만, 이전에 직면했던 중요한 문제들로 서서히 다시 넘어가야 한다. 하지만 새로운 생명을 세상에 내놓을 때 당신에게 일어나는 관 점의 변화처럼, 당신을 세상에 데려와 준 사람이 세상을 떠날 때에도 관점의 변화는 일어난다. 전에는 뜨거웠던 이슈들이 더 이상 그렇게 중요해 보이지 않을지도 모른다.

죽음은 인생의 불행한 한 부분이다. 우리는 최선을 다해 마음의 준 비를 하지만, 가장 가까운 이들을 잃었을 때 여전히 슬픔을 가누기 힘 들다. 가족기업의 일원이 되는 것은 각별히 부담스러운 일이기도 하 다. 왜냐하면 우리의 생계가 가장 사랑하는 사람들에게 달려 있기 때 문이다. 그들은 우리가 자신들의 유산을 지킬 것이라고 믿고 있다.

장기적으로 생각하라

가족기업을 도울 때 무엇을, 어떻게 하냐는 질문을 종종 받는다. 이것은 굉장히 대답하기 어려운 질문이다. 왜냐하면 그 어떤 가족이 나 사업 상황도 똑같지 않기 때문이다. 당사자가 각기 다르고, 모든 가 족 구성원들은 그들만의 유일한 희망, 꿈 그리고 욕망을 가지고 있다.

더구나 가족 특유의 사랑이란 개념이 수익을 내고 효율적으로 운영해야 하는 사업과 한데 뒤섞여 있다.

나의 직업은 정말이지 반은 심리학자이고 반은 사업가이다. 사람들이 어떻게 가족기업들을 도와 상황을 해결하냐고 물어보면, 나는 종종 내 역할이 환자를 치료하는 심리학자의 역할과 비슷할 수 있다고 대답한다. 무엇이 잘못되었는지 분명히 말해줄 수는 없지만, 그들이 무엇을 하고 싶은지, 어떻게 해야 하는지 알아내는 과정을 안내할 수 있다. (유감스럽지만 정확히 당신만의 가족기업 문제를 해결할 수 있는 모바일 앱은 없다.).

하지만 모범 사례를 하나 공유하려고 한다. 비즈니스의 성공 비결은 매우 간단하다. 경쟁자보다 더 좋고, 더 빠르고, 더 저렴하면 당신이 이긴다. (시장 규모가 작다고 가정했을 때) 그러나, 이러한 접근법이 가족기업 내에 항상 적용되는 것은 아니다. 사업에 특정한 변화를 주려고 할 경우, 때로는 느리게 진행하는 것이 좋을 때도 있다.

고객사 가운데 동등한 권리를 가진 오너가 여러 명인 가족기업이 있었다. 안건은 주로 오랫동안 자리를 지켜왔던 리더의 교체, 새로운 리더를 결정하는 과정, 그리고 앞으로 사용할 관리 규칙을 중심으로 논의가 진행되었다. 그 미팅은 꽤 오랜 시간이 걸렸고, 많은 논의가 오갔다.

나는 모든 문제들이 확실히 드러날 수 있도록 어색하고, 때로는 불편한 질문들을 끊임없이 던졌다. 기나긴 대화 끝에 결국 모든 사람들이 정해진 시기, 과정, 지배 구조에 대해 합의를 보았다. 서로에게 언성을 높이지 않았고, 주먹질도 오가지 않았다. 그저 유익하고 정직한 토론이었다.

나중에 내가 주주들 중 한 명과 브리핑을 할 때, 그는 이 미팅에 대해 다음과 같은 불만을 표했다. "이 정도는 15분 안에 모든 대화를 마치고 다시 일로 돌아가도 됐을 것 같네요."

다른 가족기업의 오너도 비슷한 태도를 보였다. 우리는 많은 자료를 다루었고 며칠 동안 유익한 일을 했지만, 끝내 논의하지 못한 중요한 문제가 있었다. 바로 가족의 보상에 대한 것이다.

이 사업의 오너는 디테일에 집중하며 전체적으로는 알아서 굴러가도록 일하는 스타일이었다. 그에게 있어서는 속도가 가장 중요했다. 문제가 발생할 때마다 그는 즉시 해결하고 넘어갔다. 이러한 방식은 수년간 그 사업에서 큰 성과를 거두고 있었다. 그래서 내가 떠나기 한 시간 전에 그가 자녀들을 방으로 불러 모아서 빨리 보상 문제를 해결하자고 했을 때, 나는 망설였다.

그의 자녀들은 꽤 오랫동안 그 사업에 종사하고 있었지만, 급여 체계는 통제되고 있지 않았다. 보상 기준이 모호했고, 일부 혜택들은 성급하게 시행되곤 했다. 가족 구성원들에 대한 보상 패키지 전체를 어떤 기준에 맞춰 되돌리려면, 의견 충돌을 피할 수 없음이 분명했다. 그리고 몇몇 사람들은 원래 받고 있던 금액보다 적게 받는 상황이 발생하고, 그러면 그들은 사업에서 손을 떼려고 할 것이다.

가장 좋은 해답은, 누구나 급여에 대해 충분한 토론을 거쳐, 정보를 공유하고, 요구와 근거를 진술하며, 모든 당사자가 완전히 만족하고 이해할 수 있는 해결책을 만들 때까지 기다리는 것이었다. 이것이 우리가 한 일이며, 최종 결과는 모두가 지지하는 합리적인 급여 시스템을 구축하는 것이었다.

사업은 논리이고, 가족은 감정이다. 비즈니스에 관련된 가족의 문제를 해결하려 할 때, 특히 개인적인 문제라면 충분한 시간을 가지고 임해야 한다. 섣불리 지름길을 찾아 가려고 하면, 다른 가족들에게 지지받지 못하고 상처 받은 마음은 그대로 남은 채로 끝나게 된다. '얼마나 많은 시간을 들여야 하나?'라고 묻는다면 '필요한 만큼'이라고 답하겠다.

 비즈니스에 관련된 가족의 문제를 해결하려 할 때, 특히 개인적인 문제라면 충분한 시간을 가지고 임해야 한다.

도움이 필요한가?

가족기업 컨설턴트로서 "가족기업 컨설턴트는 무엇인가?"라는 질문을 자주 받는다. 간단한 대답은, 필요하게 되면 그때 알게 된다는 것이다! 하지만 이쯤에서 멈추지 않고 더 나아가보기로 한다. 컨설턴트란 특별한 문제가 생겼을 때, 해결할 시간이나 전문 지식이 없는 사람들에게 도움을 주는 직업이다. 기본적으로 컨설턴트에는 두 가지 유형이 있다.

- 전문 컨설턴트는 특별한 문제에 대한 해결 방법을 제공하거나 문제를 직접 해결해준다.
- 프로세스 컨설턴트는 문제를 정의하고 자신의 결론과 행동 과정에 도달할 수 있도록 도와준다.

그렇다면 좋은 컨설턴트는 어떻게 찾아야 할까? 첫 번째이자 가장 중요한 요소는 간단하다. '이 컨설턴트가 문제를 해결할 수 있는가?' 이다. 여기에 5단계 리트머스 테스트가 있다.

- 이런 유형의 문제를 해결한 경험이 얼마나 있는가?
- 트레이닝은 얼마나 포괄적이고 깊은가?
- 실제 사업 경험이 있는가?
- 적극적으로 주제에 관련된 전문 지식과 리더십을 발휘하고 있는가?
- 같은 문제를 가지고 있는 다른 사업자에게 성공적으로 도움을 주었는가?

몇몇 사람들은 문제에 대한 접근법이나 해결 과정을 이해하는 데에 집중한다. 나는 이것은 두 번째로 고려할 사항이라고 생각한다. 회사의 역사에는 좋은 모델을 잘못 구현한 예가 뒤죽박죽 섞여 있다. 만약 당신이 해결할 수만 있다면, 나는 당신이 그 문제를 어떻게 해결하는지에 대해선 크게 신경 쓰지 않는다.

다른 두 가지 기본 기준은 비용과 시간이다. 당신이 감당할 수 있는 선의 비용인지, 그리고 만약 시간이 제한적이라면 컨설턴트는 그 프로젝트를 제 시간 안에 끝낼 수 있는지 같은 것들 말이다.

이들은 의심할 여지없이 중요한 요소들이지만, 당신은 먼저 당신이 고용한 컨설턴트가 문제를 해결할 수 있다는 것을 확신해야 한다. 문제를 근본적으로 해결하지 못하는 저렴하고 빠른 해결책은 결과적으로 경제적이지도, 유용하지도 않다.

가족기업 컨설턴트는 특이한 유형에 속한다고 할 수 있다. 왜냐하면 그들의 고객은 다양하게 얽히고설킨 문제들을 가지고 있고, 만약 문제를 해결하지 못한다면 실패의 결과는 비즈니스상의 손해를 가져올 뿐만 아니라 가족 관계를 망칠 수도 있기 때문이다. 다면적인 가족기업 승계 문제가 가장 중요하지만 소유권 문제, 대화 및 갈등에 관한 문제, 그리고 지속적인 운영 관리에 관한 문제도 있다.

근본적인 문제를 해결하지 못하는 저렴하고 빠른 해결책은 결과적으로 경제적이지도 유용하지도 않다.

더군다나 가족기업은 가족 관계, 비즈니스, 그리고 소유권과 같이 본질적으로는 무관한 세 가지 요소가 합쳐져 있기 때문에 매우 복잡한 실체이다. 각각의 성공 요인은 완전히 다르지만 모두 조화롭게 공존되어야 한다.

따라서, 가족기업을 돕는 데에는 많은 기술들이 필요하다. 대표적인 두 가지 능력은 가족에 대한 요소와 사업에 대한 요소를 다루는 능력이다. 다시 말해, 전문 컨설턴트와 프로세스 컨설턴트가 결합된 것이라고 할 수 있다. 이외 분야로는 법률, 세금, 보험, 금융 및 기타 등등에 관한 지식을 포함한다.

변호사가 변호사 시험을 통과해야 하고 회계사가 회계 자격증을 받아야 하는 것처럼, 가족기업 컨설턴트들은 글로벌 관리 기관인 FFI(Family Firm Institute)를 통해 CFBA(Certified Family Business Advisors)로서 인정을 받아야 한다. 요즘은 특히 기업을 운영하는 것이 어려운 환경이다. 가족과 함께 수익성 있는 사업을 도모하면서 동시에 가정의 조화도 함께 유지하는 것은 특히나 더 어렵다. 다행히도 이 모든 것들에 대해 도움을 줄 수 있는 곳이 있으니, 전문가들의 도움을 받을 수 있다면 받는 게 좋다.

가족기업의 경영주들은 사업을 성공적으로 이끌기 위해 평생을 바쳤지만, 가족기업 승계의 복잡한 과정을 배우지 못했다. 어떤 종류의 도움이라도 가져오면 본질적으로 이해해야 하는 질문들이 생기나 문제를 해결하기 위해 노력을 기울일 수 있다. 많은 가족의 사업 실패

전문가들의 도움을 받을 수 있다면 받는 게 좋다.

는 일이 저절로 해결된다고 단순하게 생각하는 데 있다. 더 나쁜 건, 해결되어야 할 문제를 회피하는 것이다. 그러나 이러한 기업을 돕는 전문가들과의 대화를 통해, 자질과 경험을 갖춘 가족기업의 75% 이상이 한 세대에서 다음 세대로 성공적으로 세대 교체를 하는 데 도움이 될 것으로 추정한다.

다음 세대가 준비되지 않았다면 어떻게 할까?

현명한 가족기업은 성공적인 세대 교체를 위해 많은 시간과 노력을 투자한다. 이러한 일은 일찍 시작하고, 의사소통을 원활하게 하며 주변에서 좋은 조언을 듣는 것이 그 과정에 큰 도움이 된다.

그러나 만약 세대 간의 나이 차이가 너무 큰 탓에 때가 되어도 자녀들이 회사의 리더가 될 준비가 되어 있지 않다면 어떻게 해야 할까? 최악의 경우, 건강이나 다른 이유로 갑작스럽게 세대 교체가 이루어져야 하는데 그 누구도 준비된 사람이 없다면 어떻게 할까?

가급적 병원 침대가 아닌 호수가 내려다보이는 아름다운 현관에서 세대 교체가 이루어지길 바란다. 하지만 다음 세대가 준비되지 않았을 때 갑작스러운 승계를 어떻게 가장 잘 처리할 수 있을까?

몇 가지 전략을 살펴보자. 여기서 중요한 문제는 당신이 사업을 운영할 의지와 능력이 있는 시점과 다음 세대가 인계 받는 시점에는 차이가 있다는 것이다.

가족기업이든 아니든 모든 기업이 사전에 대책을 강구해야 할 두 가지 주요 안전망은, 좋은 중간 간부들과 비가족 임원진에게 인센티브를 주는 것이다. 필요하다면 언제든지 나설 수 있는 든든한 지지자를 구성하고, 당신의 그 스타들에게 그들의 가치를 금전적으로 지불하라.

훌륭한 중견간부를 두라

강력한 관리 부서를 만드는 것은 어느 기업이나 우선적으로 착수할 수 있는 최고의 전략 중 하나이다. 그들이 없다면 회사 안에 존재하는 모든 권력, 지식, 기술 등은 오로지 회사 대표에게 있다. 따라서 대표가 없어진다면, 아무것도 남지 않는다.

예를 들어, 사업을 매각할 경우, 구매자가 회사의 재정 상태 다음으로 가장 먼저 보게 되는 것은 경영진의 힘이다. 이에 대해 Transact Partners International의 비즈니스 세일즈 전문가인 데이비드 보킨(David Boykin)은 "총수 없이 사업을 운영할 수 있는 강력한 경영진을 갖추는 것이 그 기업의 매각 가격을 높이는 가장 큰 요인 중 하나이다."라고 말했다.

훌륭한 중견간부는 다음 세대가 준비될 때까지 그 틈새를 메울 수
있는 유연성을 제공한다. 가장 좋은 대안은 경영진 중 한 사람이 나서
서 리더십의 공백을 메우는 것이다. 다만 좋은 중견관리 후보들은 다
음과 같은 특성을 가질 필요가 있다. 즉 직원들을 존중하고, 리더십 역
할이 영구적이지 않다는 것을 이해해야 하며, 다음 세대를 적극적으
로 멘토링할 수 있는 역할에서 일하고 있어야 한다는 것이다.

마지막 부분은 특히나 더 중요하다. 왜냐하면 잘못된 생각을 가진
사람들은 다음 세대가 매력적이게 보이지 않기 위해 가능한 모든 것
을 하기도 하고, 더 나쁜 경우엔, 높은 직책을 유지하기 위해 다음 세
대를 깎아내릴 수 있기 때문이다.

==사업을 매각할 경우, 구매자가 회사의 재정 상태 다음으로
가장 먼저 보게 되는 것은 경영진의 힘이다.==

만약 리더의 자리에 적합한 후보가 없다면 경영진은 적어도 회사
가 계속 운영될 수 있도록 임시 리더를 채용할 수 있는 기회를 제공할
수 있을 것이다.

다음 세대가 꼭 지휘를 해야만 하는 상황이라면, 좋은 경영진은
아직 노련하지 않은 새로운 리더를 돕고 인도하는 데 가치를 두어야
한다.

대부분 가족기업의 장기적인 성공은 회사를 이끄는 가족뿐만 아니라 주요 경영 간부들에게도 달려 있다. 사업의 성장과 여러 세대의 개입에 따라, 지속적인 성공에 있어 중요한 핵심은 사업을 장기적으로 성장시킬 핵심 비가족 경영진들을 유치, 유지 및 보상할 수 있는 능력이다.

이제 핵심 비가족 경영진에게 인센티브를 제공할 때 수반되는 주요 이슈들에 대해 알아보자.

- 외부인이 주식을 소유하는 것을 가족들이 원치 않는다.
- 대부분 가족기업의 보상 시스템은 사업의 장기적인 성과와 무관하게 월급과 연간 보너스로 구성된다.
- 대부분의 가족 주주들은 사업 성공에 책임이 있는 주요 비가족 경영진들과 비즈니스의 보상을 공유하고 싶다는 의무감과 욕구를 느낀다.
- 일부 비가족 경영진들은 이전에 주식 공개 기업에서 일한 경

7 Information by Luther Lockwood, Managing Principal, MBL, Advisors, Inc., A McColl Bros. Lockwood Company, www.mbl-advisors.com.

험이 있으며, 보상의 형태로 사업 주식의 일부분을 소유하길 원한다.

전략적 계획을 성공적으로 달성하는 것과 관련된 인센티브 계획을 세우면 강력한 이해관계를 유연하게 조정할 수 있다. 다음 몇 가지 재정적 인센티브 예를 나열해 보겠다.

- 이연 보상 강화: 이연 보상(移延報償) 계획에 따라 일부 임원은 통상적인 수익의 일부를 이연 법인세(移延法人稅) 누적 계획에 할당할 수 있으며 종종 자기주도 투자계좌로 이체할 수 있다.
- 팬텀스톡: 회사는 향후 일정 시점에 현금 보상 이벤트를 설정하는 계획을 수립하고 선정된 임원에게 자료에 근거하여 인센티브를 지급한다.
- 주식증가차액청구권: 지표가 반드시 주가에 연동되지 않는 유령주식과 달리, 주식증가차액청구권(SAR)은 정해진 기간 동안 회사 주식의 감사에 연동되는 인센티브를 근로자가 지급받을 수 있는 권리이다.
- 스톡옵션: 스톡옵션은 지정된 날짜 또는 그 이전에 지정된 공시 가격으로 기본 주식을 구입할 수 있는 권리이다. 그 가치는 회사 주식의 가치에 직접적으로 묶여 있지만, 받는 사람이 감가상각을 해제하기 위해서는 행사가격을 지불해야 한다.

- 제한조건부주식: 제한조건부주식은 근무 시간이나 일부 미리 결정된 성과 목표 달성 등 일정 조건이 충족되기 전까지는 임원에게 양도할 수 없는 실제 회사 주식이다.
- 성과단위 계획: 성과단위 계획은 회사가 정한 목표를 달성하면 참여 임원을 대상으로 인센티브를 주기 때문에 유령주식 계획과 유사하다. 이러한 목표는 쉽게 측정할 수 있는 경영 성과에 따라 설정된다.

공백을 해소하라

방금 전 든든한 경영팀과 훌륭한 이사회를 만드는 것의 장점들을 알아보았지만, 많은 가족기업들은 이러한 조치를 취하는 것을 무시한다.

이 부분을 짚고 넘어가는 이유는, 만약 당신이 급박한 승계를 진행해야 하는 상황에 놓인다면 좋은 이사회나 경영진을 세울 시간이 부족할 것이라 생각하기 때문이다. 이를 위한 대안은 임시 대표를 고용하는 것이다.

좋은 임시 대표를 찾는 것은 어려울 수 있다. 자신이 임시 사장이나 CEO가 되겠다고 장점을 내세우는 사람들은 많겠지만, 실제로 일을 할 수 있고, 회사의 예산에 맞는 사람을 찾는 것은 매우 힘들다. 그렇더라도 훌륭한 임시 CEO의 역할은 매우 중요하다. 그들은 기본적으로 많은 사업을 보아왔고 사업 및 회사의 모든 기능에 대한 지식과 경험까지 갖추고 있기 때문에, 자리에 앉은 첫날부터 회사에 가치를 부여할 수 있다. 무엇보다 중요한 점은 그들이 임시직 리더가 되는 것에 경험이 있기 때문에, 그들은 회사에 임시 리더가 있는 이유를 이해하고 수용하며 가치를 더하기 때문이다.

예를 들어, 그들은 종종 뛰어난 멘토의 자질을 가지고 있다. 수년간 한 은행의 임시 CEO로 경험을 쌓은 임시 CEO 마이크 칼튼(Mike Carlton)은 "능력 있는 임시 CEO는 회사의 실적을 빠르게 평가하고, 핵심 원인이 무엇인지 이해하며, 단순히 회사의 잠재적인 리더와 협력할 뿐만 아니라 발전시킬 수 있다."라고 말했다.

또 다른 대안은 컨설턴트나 강력한 총괄 관리자를 고용하는 것이다. 그들은 일반적으로 회사를 이끌지 않고 현재의 경영진과 함께 일하기 때문에 임시 CEO와는 약간 다른 속성을 지니고 있다.

예시를 들자면, 나는 적절한 CEO를 찾는 데에 상당히 운이 없는 고객과 함께 일한 적이 있다. 그래서 우리는 새 임시 CEO를 찾는 것은 보류하고, 사무 관리자, 전도유망한 두 명의 다음 세대 리더들, 그리고 나를 포함해 경영 팀을 구성해보기로 했다. 그렇게 우리는 함께 의사 결정과 업무 보고를 하는 경영팀이 되었다.

모두와 정보를 공유하라

선택과 관계없이 행동 방침이 결정되면, 이 상황에서 살아남기 위해 가장 중요한 일은 모든 고객과 직원에게 비상 상황을 전달하는 것이다. 즉, 회사가 상황을 인지하고 있고, 문제를 해결 중이며 운영이 계속될 것이라는 의사소통이 이루어져야 한다.

그러나 모든 가족기업과 마찬가지로 사업 그 자체 외에도 고려해야 할 요소들이 있는데, 그것은 소유권과 가족이다.

소유권을 위해서는 미래의 비즈니스 리더에게 다수 권한을 부여하는 것이 가장 좋은 결정이다. 그러나 불행하게도, 한 명의 명확한 지도자가 항상 있는 것은 아니다. 그럼에도 불구하고, 가능하다면 한 사람을 최종 결정권자로 두는 것이 회사를 위해 더 나은 해답이다.

많은 회사들이 실패하는 이유는 그들이 잘못된 결정을 해서가 아니라 결정을 하지 못했거나, 너무 늦게 했기 때문이다.

50대 50의 소유권이 있는 경우, 의사 결정을 억누르거나, 심지어는 중단시킬 수도 있다. 어쨌든, 심사숙고 후 주식 매매 계약을 체결하여 어느 한쪽 당사자가 불만족스러우면 빠져나갈 수 있도록 해야 한다.

만약 당신이 회사를 매각할 필요가 있을 때, 실제 매수 가격에 동의하는 것은 매우 복잡하다. 정말 긴박한 상황이라면, 그 과정을 가족들에게 안내할 외부 자문을 구하라는 것이 나의 강력한 조언이다. 그

처음부터 열린 소통을 하는 것이 나중에 발생할 수 있는 의심과 불신을 막아주는 데에 도움이 된다.

렇지 않으면 협상이 결렬되어 더 이상 추수 감사절 가족 모임이 없을 수도 있다. 가족 구성 요소에 대해 말하자면, 회사에서 일하지 않는 가족 구성원까지 포함시키는 것이 중요하다.

리더십이 바뀌면 통제권도 바뀐다. 소유권, 즉 통제권과 돈은 관련되어 있다. 따라서, 모든 가족들이 관심을 가질 것이다.

처음부터 열린 소통을 하는 것이 나중에 발생할 수 있는 의심과 불신을 막아주는 데에 도움이 된다.

가족기업 내 리더십의 빠른 교체 혹은 급작스러운 중단을 다룰 때에는 치밀한 작전이 필요하다. 준비가 덜된 다음 세대에게 지나친 부담을 줄 경우, 주요 직원과 소중한 고객들을 잃어 결국 회사가 망할 수도 있다.

하지만, 만약 당신이 외부의 도움을 받고 그들의 충고에 귀를 기울인다면 기업은 실패를 피해 성공적인 또 다른 길로 나아갈 수 있다.

물론 모든 사람들은 이런 상황을 피하기 위해 보다 확실한 계획을 세우는 것을 선호한다. 이어지는 장에서는 승계를 계획하고 다음 세대로의 교체를 관리하는 방법을 안내하겠다.

통제권과 의사결정권

가족기업의 걱정, 불안, 갈등과 관련된 가장 큰 영역은 사업에 대한 통제이다. 주식(Stock), 지분(Shares), 보통주(Equity)와 소유권 (Ownership)은 모두 같은 의미를 가지고 있다. 그러나 이 하나의 개념은 매우 중요하고 완전히 다른 두 가지 권리를 부여한다. 1) 회사의 이익 중 일부를 가질 권리와 2) 회사의 결정을 통제할 권리이다.

예를 들어, 한 가정의 아버지가 생을 마감하고, 회사를 딸과 두 아들에게 똑같이 물려주었다. 그들 셋은 각각 3분의 1의 소유권을 가지고 있다. 회사가 연말에 수익을 정산할 때 각 형제들은 3분의 1씩을 받을 권리가 있고, 만약 그 회사가 매각되면 형제들은 매각 수익의 33%를 받게 될 것이다. 정말 간단하지 않은가? 그러나 성장과 운영을 위해 이익의 얼마를 투자해야 하며 얼마를 제한하여 받아야 하는가? 그리고 그 회사가 팔려야 하는지 그리고 팔려야 한다면, 얼마에 팔아야 하는지는 누가 결정하는가?

현재 상태로는 세 자녀 중 두 자녀가 동일하게 의사 결정을 하면 무엇이든지 실현할 수 있는 일이다. 두 자녀가 66%로 과반수를 차지하니까 말이 된다.

가상의 시나리오를 한번 그려보자. 두 아들이 회사에서 일하지 않고 있으며, 그들의 생활을 이어가기에 충분한 벌이를 못한다고 가정해보자. 회사로부터의 배당금은 그들의 경제적 필요를 해결해줄 수 있을 것이다. 그리고 딸이 콜롬비아 경영대학원을 졸업했고 매우 총명하며 업계에서 많은 경험을 쌓았다고 가정해보자. 게다가, 그녀는 지난 7년간 가족기업을 성공적으로 운영하여 현재 3천만 달러의 수익과 3백만 달러의 세후 이익을 창출하고 있다고 가정해보자.

회사는 명성이 좋고, 훌륭한 브랜드이며, 성장 잠재력도 높다. 그녀는 회사에 더 많은 투자를 하고 회사를 성장시키기 원하지만 그녀의 형제들은 그들의 생활을 유지하기 위해 당장 배당금을 원한다. 사실상 자신들보다 현명한 여동생의 항의에도 불구하고, 그들은 당장에 사업체를 팔고 더 많은 돈을 받고 싶어 할 것이다.

아버지가 창업을 위해 쏟아 부은 오랜 노력과 희생을 생각하면, 그는 지금 무덤 속에서 통곡을 하고 있을지도 모른다. 이런 상황을 피하기 위해 그는 생전에 무엇을 할 수 있었을까? 그는 의결권을 만들어 딸에게 주었을 수 있다. 이런 식으로 그의 딸은 완전한 통제권을 갖지만 아들들은 여전히 이익에 대한 주장을 할 수 있다.

모든 공통 지분을 가진 회사의 경우, 대부분의 규칙(가족 구성원을 해고하거나 회사를 매각하거나 X달러 이상을 투자하는 등 특정 의사 결정에 더 높은 비율을 요구하는 규약 외)이 제정되어 있다.

그러나 의결권과 보통주를 가진 회사의 경우, 의결권의 대다수는 결정권을 가지는 반면, 보통주는 이익에 대한 청구권만을 가진다. 하지만, 이 경우에도, 통제권을 넘기는 데 따른 불화는 여전히 완화되지 않을 것이다.

의결권을 만들지 않는 방법

당신에게는 의결 주식이 있고, 당신은 자녀들에게 보통주를 물려주었다고 가정해보자. 그렇다면 당신은 언제 자녀들에게 의결 주식을 양도할 것인가? 만약 아이들에게 의결권을 넘겨주었다면, 그들은 바로 당신의 은퇴에 영향을 끼칠 수 있는 행동을 취할지도 모른다. 그들은 회사를 팔아버릴 수도 있다. 그들은 현명하지 못한 일을 시작할 수도 있다. 도박, 마약에 빠져들 수도 있고, 자신들의 월급을 가파르게 인상시킬 수도 있다. 이런 일이 발생하지 않으리라고 누가 장담할 수 있겠는가? 일단 주식을 양도하고 나면 되돌릴 수 없다. 당연하지 않은가?

의결권이 있는 주식을 만드는 중요한 쟁점은 회사를 대신하여 운영에 관련된 결정을 내릴 수 있는 권한이 있는 사람들과 회사의 이익에 대한 청구권을 가진 사람들을 분리하는 것이다. 그렇다면 얼마나 많은 의결권을 만들어야 할까? 많이? 조금? 몇 퍼센트? 분명히 그룹이 주식을 분할할 수 있도록 하려면 충분한 주식이 필요하다. 예를 들어, 경영진에 3~4명의 사람이 있는 경우 각 사람이 동등한 비율을 가질 수 있도록 충분한 주식을 보장하기를 원할 것이다.

그러나 당신에게는 일어나지 않아야 할 일이 내 가족기업 고객 중 한 명에게 발생되었다. 의결권이 있는 주식을 상당히 많이 만든 것이다. 의결권이 있는 주식은 이익에 대한 권리와 통제권이 있기 때문에 본질적으로 보통주보다 개별적인 가치가 더 높다. 물론 의결권이 있는 주식을 가진 사람들도 많은 보통주를 가질 수 있다. 그러나 당신의 목표는 이익 청구를 통제권에서 분리하는 것이므로 주식의 상당 부분을 의결권으로 만들어야 한다. 내 고객의 경우 총 주식의 약 30%가 의결권을 가진 주식이었기 때문에, 그들은 많은 가치를 가지고 있었으며, 의결권을 가진 사람들은 상당한 청구권도 가지고 있었기 때문에 이것으로 이익 청구 주장을 분리할 수 없어 상황이 크게 복잡해졌다. (내가 변호사에게 다시 갔을 때 그가 죽었다는 사실을 알게 되었다.)

이처럼 의결권은 통제에 상당한 가치가 있으므로 통제권을 다음 세대에 넘기는 일에 방해를 줄 수 있다.

의결권을 물려줘야 하는 시기

일단 의결 주식이 양도되면 되돌릴 수 없다. 자세하게 설명할 필요 없이, 다음과 같은 4단계 과정에 대해 알아보자.

1. 잘 운영되는 이사회를 구성하라. 적어도 분기마다 한 번 이상 만나고, 재무 상태를 검토하고, 추진할 수 있는 실행 계획을 세우고, 이사회에 외부인을 포함하고, 이미 수년 동안 성공적으로 이 작업을 수행했는지 확인하라.
2. 리더십을 다음 세대로 넘겨라. 리더를 임명하고 그 리더의 경영 팀이 수년 동안 성공적으로 비즈니스를 운영하도록 하라.
3. 시간이 지남에 따라 의결권이 있는 주식을 전달하고 누가 무엇을 얻을 것인지에 대해 논의하라.

4. 은퇴하거나 휴가를 시작하거나 건강 문제가 발생하기 전에 의
   결권이 있는 주식을 넘겨주라. 당신은 의결권이 있는 주식을 넘
   겨준 후에 일정 기간 그 기업이 잘 운영되는지 지켜볼 필요가
   있고 그렇게 해야 한다.

의결 주식 양도 : 당신의 케이크를 만들고 먹어라

방금 설명한 바와 같은 딜레마를 직면한 한 고객이 있었다. 이 시
나리오에는 여러 공동 주주, 가족기업에서 일하는 일부 가족 구성원,
3대째 사장이 소유한 의결권이 있었다. 모든 주요 결정을 내리는 사장
이 의장을 맡는 잘 작동하는 이사회도 있었다. 그럼에도 불구하고 궁
극적인 결정과 통제는 그에게 달려 있었다. 상속인은 "능력이 쟁쟁한"
사위였다.

그는 실제로 경영권을 갖기에 훌륭한 후계자였던 것으로 밝혀졌
다. 그는 밝고 열심히 일했으며 수십년 동안 모든 직원들에게 능력 있
고 열정적이며 존경받는 사람이라는 것을 보여주었다. 그는 의결권을
받을 수 있는 완벽한 사람이었다. 그러나 질문은 그 시기가 언제인가?
하는 것이었다. 사장은 자신이 죽을 때까지 의결권을 넘겨줄 때를 기
다려야 할까? 그렇다면 그는 진정으로 은퇴하고 휴식할 시간이 없을
것이다. 또한 기업은 사장의 갑작스런 통제권 교체와 사장뿐만 아니
라 이사회 의장의 갑작스런 부재를 감안할 때 충격을 고스란히 안을
수밖에 없을 것이다. 또한 사장이 자신의 유언과 의지를 분명하게 밝

히는 데 성공했다 하더라도 그의 죽음 이후에 진정으로 상황이 어떻게 될지에 대한 보장은 없을 것이다.

이 시나리오에서 사장은 한발 물러서서 지금 당장 의결권을 넘겨주기를 원했고, 좋은 리더에게 통제권은 필요하다고 굳게 믿었다. 그는 변화를 겪는 동안 등대처럼 여전히 곁에 있을 수 있는 기회를 원했다.

그는 지금 의결권을 넘겨주고 싶었다. 그럼에도 불구하고 불안과 의문이 계속 생겼다. 어쨌든 모든 권력을 사위가 휘두르면 어쩌지? 갑자기 사위가 잘못된 결정을 내리기 시작하면 어쩌지? 그가 완전히 궤도를 벗어나면 어쩌지? 그리고 이 질문은 우려하지 않아도 될지 모르겠지만, 의결 주식을 넘겨준 후에 사위에게 사고가 발생하면 어쩌지?

아마 세상엔 변호사보다 변호사와 관련된 농담이 더 많을 테지만, 어쨌거나 그들의 직업 목표는 당신을 난장판에서 구해주거나, 적어도 한번은 당신이 포함되어 있던 상황을 정리하는 데 도움을 주는 것이다.

맥퍼슨의 빌 맥퍼슨(Bill McPherson)은 이 딜레마를 해결하기 위한 방법을 고안해냈다. 그는 내가 매우 존경하는 인물이기도 하다.

그는 사위에게 의결 주식을 즉시 양도할 수 있는 기발한 법적 문서를 만들어냈는데, 이에 담긴 조항은 현 회장이 원한다면 다시 그 특권과 권력을 되돌려 받을 수 있도록 설계되어 있다. 이로써 회장은 의결 주식을 넘겨주고 자리에서 물러날 수 있었다. 그리고 그는 회사가 자신을 필요로 할 때마다 이사회에 앉아 의견을 제시할 수 있었다. 그리고 그가 언젠가 세상을 떠날 때가 다가오면, 의결 주식은 이미 그들이 있어야 할 곳에 있게 될 것이다. 사위는 회사를 책임지고 4대째까지 대가족 사업을 이어가며 끊임없이 전진하고 있다.

나는 이 창의적인 해결책을 많은 고객들에게 추천했고, 이는 당신이 가족기업 내에서 지휘권을 넘겨줄 때 당신이 고려해야 할 사항일 수도 있을 것이다.

의결 주식을 가질 주주가 여러 명일 때

하지만 의결 주식을 갖게 될 사람이 한 사람이 아니라면? 이제 우리는 다시 다수결의 시나리오로 돌아왔다. 더 심각한 것은 '다음 세대가 권력을 위해 더 많은 의결 주식을 얻으려 하는 데에 시간을 낭비하지 않도록 할 수 있는가?'이다.

다른 가족기업이 상황을 반전시킬 수 있는 독특한 방법을 고안해 낸 부분이다.

여기 세 명의 2대째 형제가 있다고 가정해보자. 그들은 모두 조금의 의결 주식을 가지고 있고, 사실상 한 명이 지도자 역할을 담당하고 있으며, 모든 형제들의 의견이 대부분 만장일치로 모이는 상황을 상상해보자. 3대째로 넘어가야 하는 세대 교체의 시기가 임박했을 것이고, 또 다시 3명의 형제들이 회사를 이어가야 할 것이다. 이 시나리오에서는 의결 주식을 어떻게 넘겨주어야 하고 누가 얼마 만큼의 주식을 가져야 할까? 만약 그 형제들이 모두 다른 능력을 가진 리더들이라면, 어느 누구도 완전한 통제력을 얻을 수 없을 것이다. 그렇다면 그들은 주식을 3분의 1씩 나누어 가져야 할까? 다수결을 따라야 할까? 한 사람은 항상 회사 외부에 있다면, 가장 높은 입찰자에게 의결권을 팔아야 할까? 또 다른 고민투성이의 상황이다.

ESBT나 중소기업 신탁 선택하기

ESBT는 S법인*의 주주가 될 자격이 주어지는 몇 안 되는 신탁 중 하나이다. 이는 신탁 관리자와 함께 동등한 의사 결정자로서 S법인의 의결 주식을 보유할 수 있도록 신탁을 관리할 수 있다는 것을 의미한다. 신탁자는 교체될 수 있으며, 일정 한도 내에서 금액을 증가 또는 감소시키는 것도 가능하다. 수혜자는 일반적으로 모든 주주가 되겠지만, 주식이 적기 때문에 실제 가치는 상대적으로 작을 것이다.

그러나 이것이 정말로 하는 중요한 역할은 신탁자인 사람들 사이에 동등한 권리를 보장하고, 다른 사람들보다 더 많은 권력을 얻는 누군가의 능력을 무력화시키는 것이다. 그렇다, 시간이 흐르고 사업 내에 가족 구성원들의 수가 줄어듦에 따라 수혜자들과 가족 신탁 관리

● 역자 註 : 미국에서는 회사를 설립할 때 일반 주식회사인 C법인(C Corp)의 가장 큰 단점인 이중 과세의 대안으로 S법인(S Corp)을 많이 선택한다. S법인은 연방 세무 목적상 회사의 이익, 손실, 소득 공제 및 세액 공제를 주주들에게 전가하는 법인을 말한다. S법인의 주주들은 자신의 개인 세금 보고서에 해당 소득 및 손실을 보고하고 개인 소득 세율에 따라 세액이 산정된다. 이렇게 함으로써 S법인은 회사 소득에 대한 이중 과세를 피할 수 있다. S법인으로 선택되기 위해서는 Form 2553을 주식회사 설립일 혹은 회사 회계 기간이 시작한 지 75일 이내에 국세청(IRS)에 제출해야 한다. 만약 이 Form을 제출하지 않으면 자동으로 C법인이 된다.

자들은 서서히 통합될 것이다.

그러나 얼마나 많은 신탁 관리자가 있어야 하는지에 대해 고려해 보아야 하기 때문에, 그 회사의 경영 관리는 강력한 권한 아래에서 계속 진행되어야 한다.

의결권이 있는 주식의 이전

한 가족기업의 의뢰인과 함께 유산 플래닝을 짜고 있을 때, 창업자의 부인에 관한 금융 자산 관리 이야기를 나눈 적이 있다. 그녀는 똑똑하긴 했지만 지병을 가지고 있어 사업에 참여할 수는 없었다.

남편은 생명보험에 가입되어 있었고, 저축은 준비되어 있었으며, 그녀는 몇몇 보통 주식을 보유하고 있었다. 그러나 창업자와 그의 부인이 함께 회사를 소유하고 있었기 때문에, 그녀는 원칙적으로 의결 주식의 절반을 소유하고 있었다. 만약 남편이 주식을 다른 이에게 나눠주더라도 아내는 여전히 의결권 주식의 절반을 가질 것이다.

이것은 좋은 결과가 될 수 있는 많은 사례들이 있지만 이 경우에는 그러하지 않을 것이다. 아내는 건강상의 문제가 있었을 뿐만 아니라 비즈니스에 대해서도 아는 것이 거의 없었다.

이 경우, 기업과 다음 세대에 감독과 균형 대신 의결권이 있는 주식의 절반을 적극적으로 통제하게 하는 것은 그녀와 기업에게 큰 부담이 되었을 것이다. 그녀가 재정적으로 안정될 수 있도록 조치를 취했지만, 의결 주식은 결국 다음 세대에게로 넘어갈 것이다.

일부 가족기업은 위험을 최소한으로 줄이고, 메인 회사로부터 토지를 분리하거나, 세금을 최소화하기 위해 여러 자회사를 설립한다. 그러나 여러 개의 독립적인 크로스 홀딩(cross holding) 기업을 가지고 있는 회사는 특히 지휘권 전환과 관련하여 관리가 매우 까다로울 수 있다.

아버지와 세 자녀, 그리고 A, B, C사로 나누어져 이루어진 가족기업을 예로 들어보자. 세 자녀에게 A사에 대한 동등한 소유권을 주고, A사가 B사의 49%를 소유하며, 나머지는 아버지와 세 명의 자녀들에게 분배하고, 회사 C의 49%는 회사 A가, 25%는 회사 B가, 나머지는 아버지가 소유한다. 당신은 아마 아버지가 결국 생을 마감했을 때, 그의 유산이 아내에게 넘어가고, 최종적으로 아내가 거의 모든 것을 통제할 수 있는 사람이 될 거라는 걸 알게 됐을 것이다. 만약 이것이 처음부터 의도된 것이라면, 그 계획은 성공적이었다고 할 수 있다.

하지만 만약, 남편이 죽은 뒤에도, 아내는 단지 조금의 평화와 안전한 재정 상태를 원한다면, 이것은 또 다른 혼란으로 끝날 것이다.

이 상황에 대한 명쾌하고 쉬운 해답은 없다. 만약 서로 연계되어 있는 여러 개의 회사를 운영하는 누군가가 죽는다면 소유권이 어떻게 변할 수 있는지에 대한 모든 합리적인 시나리오를 생각하는 것 외에는 말이다.

가족기업은 우리에게 평화, 화합, 효과적인 비즈니스를 보장하기 위해 모든 것을 법으로 만들 수 없다는 것을 알려준다. 당신은 모든 상황을 예측하려고 하루 종일 규칙과 정책을 써내려 갈 수도 있지만, 항상 어딘가엔 틈이 있을 것이고, 지금은 아니어도 다음 세대에 분명히 그 틈은 드러날 것이다.

나에게는 한때 가족 철학을 그들의 주주 협약과 함께 문서화하고, 그리고 나서 모든 가족 구성원들이 그 문서에 서명하게 만든 고객이 있었다. 비록 이것이 완벽한 해결책을 제시하지는 못 하지만, 어느 정도 가족기업 운영 과정에 도움이 된다고 생각한다.

> Acme는 존 스미스에 의해 설립되었고, 그는 그의 모든 자녀들을 사업에 끌어들여 그들이 전문가가 될 수 있도록 훈련시켰다. 존 스미스는 그 분야의 리더였고, 사업을 성장시켰으며, 좋든 나쁘든 개인으로서, 그리고 사업가로서 그의 가족을 위해 최선을 다했다. 그 회사의 아젠다는 고객에게 최상의 서비스를 제공하기 위해 최선을 다하는 것이었다. 존과 그의 아이들은 사업을 계속함으로 가족들을 돌볼 수 있는 희망을 느꼈다. 이를 위해 기업 내 급여는 공정하게 시장을 기반으로 했으며, 합리적인 투자와 재투자가 이루어졌고, 배당 또한 공정하게 배분되었다.

이 사례는 무척이나 유용하고 모두가 따라야 할 만한 가치를 가지고 있다고 생각한다. 왜냐하면 궁극적으로는 안전한 미래를 위해 가족이 수많은 법률적 문서를 만들었겠지만, 모든 사람의 의사와 신념을 보장하기 위한 가족 철학의 필요성까지 엿보이는 좋은 예라고 할 수 있기 때문이다.

가족기업의 기업 정신

가족기업에 대한 통제는 사업의 성공과 가정의 화합을 좌우하는 중요한 관점 중 하나이다.

나는 가족기업으로서 통제에 관해 직면할 수 있는 시나리오들을 만들고, 몇 가지 가능성이 있는 해답을 제공하려 시도했다. 법적 문서는 당연히 유용하고 필요하다. 그리고 회사의 움직임에 대해 모든 관계자들과 좋은 의사소통을 함으로써 성공에 한걸음 더 다가갈 수 있다.

그러나 성공을 더 확실히 하려면 가족 철학을 한두 가지로 정리하고 그것을 가족기업의 취지와 정신이 알려지도록 길잡이로 사용할 것을 제안한다.

지배 구조

가족기업에 있어, 효과적인 지배 구조와 실행은 소유주가 몇 세대에 걸친 사업의 생존을 보존하기 위해 취할 수 있는 가장 중요한 조치 중 하나이다. 경쟁이 치열한 환경 속에서 번창하기 위해서 모든 사업은 효과적인 경영 구조를 필요로 한다.

강력함과 동시에 유연한 경영 구조는 특히나 가족기업에 있어 성공적인 미래를 불러오는 중요한 역할을 한다. 물론 이 과정은 효과적인 경계선이 요구되고 가족 간의 관계에서 오는 영향을 잘 관리해야 한다.

여기서, 나는 가족기업 경영 방식의 기본 형태를 제시하고, 다음 세대를 위한 사업의 생존을 보장할 활발한 이사회가 할 수 있는 중요한 역할에 대해 더 자세히 설명해보고자 한다.

가족기업 지배 구조의 기본형 세 가지

1. 이사회: 등록된 모든 기업은 그 규모와 상관없이 법적으로 최소한 명의 임원이 있어야 하며, 대부분의 정부에서 기업에게 요구하는 임원의 수는 회사의 주주 수와 직접적으로 비례한다. 합법적 독립체로서의 지위 때문에 이사회는 주로 회사의 관리를 감독하고, 주주들의 이익을 대변하는 고유의 책임을 맡게 된다. 이러한 법적 책임 외에도, 이사회의 각 임원들은 회사 내 신탁의 의무, 충성의 의무, 집중의 의무, 회사를 지지하며 이익을 위해 일할 의무 등 많은 책임을 가지게 된다. 앞서 나온 의무들 중 하나라도 충족시키지 못할 경우 개인적인 법적 책임을 끝내게 될 수도 있다.

2. 자문위원회: 이름에서 알 수 있듯이, 자문위원회는 CEO나 이사회가 특정 주제에 대한 지침이나 기초를 다지기 위해 소집한

자문 그룹이다. 자문위원회는 법적 독립체가 아니기 때문에, 기업의 주요 문제에 대해 투표할 권한이 없다. 따라서 이사들에게 적용되는 개인의 책임과 의무는 적용되지 않는다.

3. 가족평의회: 가족평의회는 가족을 위한 이사회의 역할을 하며 가족과 기업체를 이어주는 징검다리가 되어준다. 가족평의회는 많은 기능을 한다. 가족의 정서적 불안을 해소시키고, 회사에 대한 가족의 가치와 비전을 분명하게 성문화하며, 다음 세대 자녀들을 교육시키는 기회를 제공한다. 이 밖에도 가족의 화합과 회사를 위해 자선활동을 도모하며 가족의 역사와 유산을 보호하는 등 중요한 역할을 수행한다. 가족평의회의 규모는 제각기 다를 수 있지만, 가족 구성원(사업에 종사하고 있는 사람과 그렇지 않은 사람을 모두 포함)으로만 구성되어야 한다. 가족평의회는 법적 독립체가 아니며 일반적으로 일 년에 여러 번 소집되어 회의를 하는 것이 일반적이다.

이사회의 활동

거의 모든 가족기업은 이미 특정한 종류의 이사회를 갖추고 있다.

이 이사회들은 앞서 설명된 기본적인 법적 자격 조건을 달성해야 한다. 그러나 이러한 기본적인 법적 자격 조건 이상으로, 소액 주주로 이루어진 가족기업에서 이사회의 역할은 주주들이 원하는 대로 흘러가기도 한다.

독립이사(또는 사외이사라고도 함)는 회사에 고용되지 않고 소유권, 그리고 가족들과 관계가 없는 임원이다.

이사회에 일정 수의 독립이사를 포함해야 된다는 필요조건이 있는 대기업과는 달리, 현재 개인이 소유하는 기업에 대해서는 이와 같은 요구사항이 존재하진 않는다. 그렇기 때문에 가족 소유의, 특히 1,2세대 기업들 대다수는 CEO에게 충성스럽고 다루기 쉬운 가족 구성원들로 이사회를 구성한다.

이는 이사회를 구성할 때 요구되는 법적 요건을 충족시킬 수는 있지만, 결과적으로는 독립이사들이 제공하는 귀중한 경험, 지식, 객관성을 얻을 기회는 놓치게 된다.

만약 당신이 연륜 있는 개인 회사의 소유주라면, 지금이 단순히 법적 조건만을 채운 "법 준수 이사회"에서 회사 경영에 대한 객관적인 조언과 감독으로서 지속적인 관리를 제공할 수 있는 "효과적인 이사회"로 변화를 주기에 좋은 타이밍일 수 있다.

이러한 관리 구조의 발전은 회사 내의 의사 결정 과정에 전문성과 객관성을 더하고, 당신이 찾고 있는 몇 세대에 걸쳐 성공할 가족기업을 만드는 데에 큰 도움이 될 것이다.

사외이사 고용 시 좋은 점

효과적인 이사회를 구성하는 것은 회사의 관리 구조를 발전시킬 때 도움을 줄 수 있다. 다음에서 사외이사들이 당신과 당신의 가족기업에 줄 수 있는 이익들에 대해 살펴보자.

- 사외이사는 다양한 경험과 전문성을 제공할 수 있다. 능력 있는 사
외이사는 당신의 회사에 풍부한 비즈니스 기술과 경험을 제공
할 수 있다. 경영이나 사업가적 경험을 충분히 활용할 수 있는
이사를 선임하면 경영진이 직면한 문제를 해결하는 데 도움이
될 뿐만 아니라 과거의 실수를 반복하는 것을 막을 수 있다.
- 효과적인 이사회는 경영팀에게 더 큰 책임감을 부여할 수 있다. 성
공한 CEO들은 자신들에게 책임감을 불어넣을 수 있는 방법을
찾는다. 금융 전략 및 기타 재정 관련 보고를 해야 하는 정기적
인 이사회 회의를 가짐으로써 경영팀에게 더 큰 책임감과 규율
을 심어줄 수 있다.
- 효과적인 이사회/자문위원회는 CEO를 위한 자문 역할을 할 수 있
다. 최고의 자리는 매우 외로울 수 있다. 직원들은 어려운 선택
의 길에 직면하거나 새로운 전략에 대한 의견을 얻고자 할 때,
일반적으로 조언을 구하기 위해 찾아갈 수 있는 관리자나 상사
가 있다. 그러나 대부분의 창업자와 CEO들은 조언을 구할 관리
자나 동료가 부족하기 때문에 고립되어버리는 경험을 할 수 있
다. CEO들이 조언을 구하고 경험을 공유할 수 있는 동료 그룹
이 존재하긴 하지만(Vistage는 그러한 서비스를 제공하는 협회 중
하나임), 이사회/자문위원회는 CEO를 위한 내부 자문단의 역할

을 할 수 있으며, CEO가 선보이는 새로운 아이디어들을 평가해 주고 가치 있고 편견 없는 조언을 제공함으로써 CEO가 야심차게 새로운 프로젝트를 진행할 수 있도록 자신감을 심어주거나 더 심사숙고하고 보류할 수 있게 도움을 준다.

- 효과적인 이사회는 민감하고 감정적일 수 있는 문제를 객관적이고 솔직하게 접근할 수 있도록 도움을 준다. 효과적인 이사회는 가족기업에 있어 가장 중요한 요소들을 제공할 수 있다. 바로 이성적이고, 객관적이며, 솔직한 조언이다. 이러한 객관적인 관점은 감정적으로 부담이 되는 사업 문제, 특히 오너들이 서로 다른 의견과 감정을 가지고 있는 사업 문제를 다룰 수 있는 이상적인 시스템을 갖출 수 있게 해준다. 많은 가족기업들이 빈번히 마주하는 급여 문제를 예로 들어보자. 가족기업 소유자의 자녀들은 그들의 직책에 대해 시장가보다 훨씬 높은 급여를 받곤 한다. 창업주와 그 자녀들 사이의 가족 관계 때문에, 오너들이 종종 새로운 급여 정책을 만드는 시도를 하는 것은 무척이나 어렵다. 그러나 공정하고 객관적인 이사회는 앞으로 여러 세대에 걸쳐 지속 가능한 시스템을 보장하기 위해 몇몇 이들에게는 환영받지 못하겠지만 필수적으로 필요한 급여 정책 시스템을 만들어낼 수 있다.

- 능력 있는 이사회는 승계 계획 과정에 유용하게 쓰일 수 있다. 그 어떤 가족기업의 소유자도 영원히 사는 것은 불가능하기 때문에, 다음 세대를 위한 회사의 지속적인 생존을 위해 효과적이고 적

절한 후계 계획을 준비하는 것은 중요하다. 많은 소유주들이 회사를 그만두고 다음 세대에게 지휘권을 넘기려는 결정을 매우 어렵게 생각한다. 그 결과, 이러한 피할 수 없는 계획은 계속 미뤄지는 경우가 많다. 효과적인 이사회는 훗날 미래에 있을 승계를 계획하고 그 과정 전반에 걸쳐 지속적인 안정성을 유지할 수 있도록 도와줄 것이다. 첫째, 이사회는 CEO가 후계자와 승계 계획을 적절한 시기에 생각하기 시작하도록 요구할 수 있다. 둘째, 이사회는 CEO가 다양한 후계자들의 능력을 평가할 수 있도록 보좌하고, 회사를 위한 최고의 후계자를 선정할 수 있는 전략적 절차를 밟을 수 있도록 이끌 수 있다. 셋째, 후계자가 선정되면, 이사회는 후계자가 회사의 차기 리더로서 자립할 수 있도록 지속적인 트레이닝과 지원, 안정성을 제공할 수 있다. 마지막으로, 현 CEO가 갑작스런 사고, 질병, 또는 사망으로 인해 그 역할을 계속할 수 없는 경우, 이사회는 CEO의 공백을 대신할 수 있다. 가족이 겪을 감정적인 시간 동안 이사회는 배우자와 다른 이들에게 상담을 자처해줄 수 있고, 임시 CEO 선정에 있어 큰 버팀목이 되어줄 것이다.

사외이사들과 함께 효과적인 이사회를 추진하는 것은 가족기업의 관리 구조가 발전하도록 한 발짝 나아갈 수 있는 유익한 시스템이 되어준다.

사외이사들은 경험과 객관성을 가지고 가족기업 체제에 많은 이점들을 제시해줄 수 있고, 회사 내 그들의 존재는 오래도록 회사의 안정을 유지시킬 소유주들의 책무를 강화한다.

사외이사의 자격과 선택 방법

일단 당신이 사외이사와 함께 효과적인 이사회를 만들기로 결정했으면, 아마도 당신은 "이 이사회를 어떻게 구성해야 되고 누구를 초대해야 하지?"라는 질문에 직면하게 될 것이다.

시중에는 더 자세한 설명이 담겨 있는 책과 자료들이 많이 있다. 다음에서 그중 몇 가지 기본적인 가이드라인을 제시하려고 한다.

- **필요한 인원수** 앞서 말했던, 주주의 수에 근거하여 임원의 수가 필요하다는 법적 요건 외엔 이사회가 가져야 하는 특정 인원은 명시되어 있지 않다. 일반적으로, 관리하기 쉽고 효율적인 의사소통과 선택 및 결정을 빠르게 진행할 수 있도록 이사회를 비교적 작은 규모로 유지하는 것을 권장한다. 이상적인 이사회라면 최대 7명, 그중에 최소 3명은 사외이사여야 한다.
- **누구에게 참여를 요청해야 하는가?** 우선, 당신이 이사회에 포함시키지 말아야 할 사람부터 생각해보자. 급여 대상자 명단에 이미 이름이 올라가 있는 친한 친구나 조언자(즉, 당신 회사의 변호

사, 공인회계사(CPA), 컨설턴트 등)는 여러 가지 이유로 이사회에 참여시키면 안 된다. 당신의 가까운 친구들은 신뢰할 수 있지만, 회사의 성과 문제에 대한 책임을 다할 객관성과 의지가 부족할 수 있다. 또한 당신의 변호사, 공인회계사 및 다른 컨설턴트들은 다음과 같은 이유로 빈약한 이사회를 만들 수 있다. 1) 이미 그들이 제공하는 조언에 대가를 지불하고 있으므로, 그들이 이사회에 참여한다고 해도 그에 따른 보상을 더 지불할 이유가 없다. 2) 이들을 이사회에 올려놓으면 사리사욕에 따라 행동하고, 고객이 원하는 것들을 미리 제공함으로써 갈등 요소를 사전에 제거해 버릴 수 있다. 그렇다면, 당신은 누구를 이사회의 임원으로 만들어야 할까? 이사회의 정확한 구조는 회사가 속해 있는 산업군, 위치, 규모에 따라 크게 달라지겠지만, 현재와 전 CEO, 경영팀의 고위 간부, 그 외 사업가들과 같이 당신이 현재 대면하고 있는 문제들을 이미 헤쳐 나가본 경험이 있는 기업인들이 가장 적합한 후보일 것이다. 또한, 회사의 현 변호사나, 공인회계사들을 끌어들이는 것은 안 되지만, 은퇴한 변호사들이나 금융 전문가들을 추가하는 것은 사업을 운영하는 과정에 매우 유익한 시각을 보태줄 수 있다. 당신의 회사가 평범하지 않은 세금 문제에 직면하고 있다면 세무 변호사나 공인회계사를, 다른 회사를 인수하여 회사를 확장시키는 것을 고려하고 있다면 은퇴한 기업 인수 합병 변호사를 이사회에 포함하는 것이 현명하다.

• 능력 있는 이사회 임원 후보는 어떻게 찾아야 하는가? 이 과정
  은 마치 주요 직원을 고용할 때와 같은 접근법으로 접근해보
  아야 한다. 당신의 네트워크(컨설턴트, 변호사, 가까운 친구, 신뢰
  할 수 있는 고객 및 공급업체 포함) 안에서 후보를 찾거나, 마찬가
  지로 이사회 임원들을 찾을 때 쓰이는 데이터베이스를 소유한
  National Association for Corporate Governance(NACG)
  같은 협회에 가입하는 것을 고려해보는 것도 좋은 방법이다. 또
  다른 방법으로는 가능성 있는 임원들을 찾아 조사하는 것을 돕
  는 헤드헌터 회사와 계약할 수도 있지만, 이 옵션은 상당한 가격
  이 요구될 것이다.

이사회의 효율성을 높이는 방법

회사의 이사회가 자리를 잡는다 하더라도, 당신의 일이 끝난 것은
아니다. 당신은 이사회를 통한 회사의 관리 구조의 발전을 위해 많은
돈과 시간을 투자했다.

그 다음 단계는 이사회가 여전히 효율적이고 당신의 회사에 가치
를 더할 수 있도록 유지하는 것이다. 다음 단계들을 통해 이사회를 최
대한 활용해보자.

1. 이사회에 대한 확실한 기대치와 가이드라인을 설정하라. 이사회 회
   의는 1년에 몇 회 진행될 것인가? 임원들이 이 회의를 준비하는

데 얼마나 많은 시간을 할애할 것으로 예상하는가? 임원들이 스스로 공부하고 준비해야 하는 주제가 있는가? 당신이 더 많은 방향을 제시할수록, 그리고 이사들에 대한 당신의 기대가 더 명확할수록, 이사회는 그런 당신의 기대에 부응하는 것이 쉬워질 것이다.

2. **사업에 대한 정보를 전달해주자.** 신입 이사들은 당신의 사업에 대해, 그리고 당신의 사업이 속한 산업군에 대해 많은 것을 알 리가 없다. 그들이 현재의 진척 속도에 따라올 수 있게 회사 이력, 직원들, 경영진, 재정, 가족의 가치와 비전, 그리고 현재 추진하고 있는 프로젝트 등에 대해 알려주어야 한다. 그렇게 함으로써 이사들이 그들의 경험에서 우러나오는, 기업이 앞으로 나아가야 할 방향을 제시해줄 수 있다.

3. **이사회의 회의 준비에 충분한 시간을 할애하라.** 이사회를 위한 명확하고 중요한 안건을 만들고 그것을 모든 임원들이 숙지할 수 있도록 자료를 제공하고 충분한 시간을 주어야 한다. 안건이 기업 재정 검토나 전략 평가 등을 포함하는 경우, 회의가 진행되기 전에 관련 보고서를 받아, 이 주제에 대해 논의하고 중요한 문제들을 제기할 수 있도록 사전 준비에 시간을 할애해야 한다.

4. **이사회 성과를 정기적으로 평가하라.** 효과적인 이사회가 경영팀에게 책임감을 느끼게 하는 것과 마찬가지로 오너들도 이사회에게 책임감을 안겨주어야 한다. 이사회가 매년 자기 평가를 하

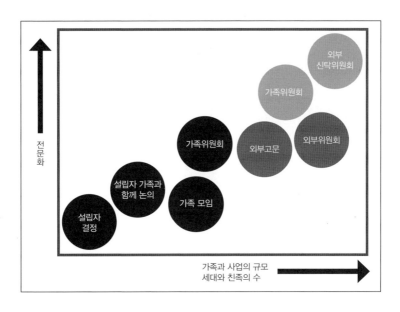

게 함으로써 이사들이 자신에게 걸려 있는 기대를 충족시킬 수
있도록 할 수 있다.

5. 이사회에 특권을 부여하라. 마지막으로 이사들이 중요한 사항들에
   대해 의미를 부여할 수 있고, 그에 걸맞은 조치를 취할 수 있도록,
   그들의 손에 충분한 특권을 부여해야 한다. 효과적인 이사회를 설
   립하고 지속적으로 운영하도록 투자한 후, 그들을 소유주나 다른
   이들이 원하는 대로 움직이는 꼭두각시로 만드는 것은 독립적인
   이사회를 갖는 것에 대한 가장 큰 이점을 약화시키는 것이다.

이사회가 중대한 책임감을 느끼게 하고, 소유주와 경영진 및 가족들에게 자신의 결정이 진지하게 받아들여지고 존중된다는 것을 알 수 있도록 노력해야 할 것이다.

효과적인 이사회를 만들고 유지하는 것은 하루아침에 이루어지는 일이 아니다. 당신의 회사가 이사회를 최대한 활용할 수 있도록 하기 위해서는 많은 시간과 자원, 그리고 인내를 투자해야 할 것이다.

그러나, 앞서 설명했듯이, 나는 효과적인 이사회를 구성하여 운영하는 것이 가족기업의 장기적인 수명을 보장하기 위해 당신이 할 수 있는 가장 값진 투자 중 하나라고 진심으로 믿는다.

이 경영 구조에 관한 섹션은 가족기업 거버넌스 전문가이자 Family Firm Institute의 이사, Family Business USA 소속 댄 프로시(Dan Frosh) 변호사에 의해 제공되었다.

제6장

가족기업의 후계자를 선택하고 양성하라

2013년 7월, 영국 국민들과 전 세계 기자들은 다소 특별한 한 아기의 탄생을 가슴 졸이며 기다렸다. 같은 해 7월 22일, 케임브리지의 조지 왕자는 그의 작은 어깨에 무거운 미래를 짊어지고 세상에 모습을 드러냈다. 의심할 여지도 없이 이 어린 왕자는 그의 증조할머니 엘리자베스 여왕, 할아버지 찰스 왕세자, 그리고 그의 아버지 윌리엄 왕자의 뒤를 이어 영국 왕실 내 계승 반열에 놓여 있다. 물론 그들이 먼저 세상을 떠나야 하지만 말이다.

영국의 통치자 취임 방식은 좋든 나쁘든 간에 1600년 이상 효과가 있었다. 죽음을 통해 왕위를 계승하는 것은 영국, 일본, 모나코와 같이 왕족들에게는 훌륭한 철학일 것이다. 그러나 가족기업의 경우, 책상에서 죽는 것은 좋은 승계 전략으로 여겨지지 않는다. 이런 식의 승계는 일반적으로 가족기업에 파멸을 초래한다.

당신이 아직 최고의 자리에 있는 동안 아들이나 딸에게 지휘권을 넘겨주고 컨설팅의 역할을 자처하는 것이 훨씬 더 좋은 계획이다. 자수성가한 억만장자 로스 페로(Ross Perot)는 이렇게 말했다.

"아들의 그림자 속에서 사는 것보다 더 살기 좋은 곳은 없소."

어디서부터 시작해야 할까?

한번은 시카고의 네이비 피어(Navy Pier)에서 열린 대규모 무역산업 박람회에서 가족기업의 대표들을 대상으로 가족 관계성 이론과 기업 관행에 대한 강연을 한 적이 있다. 그중 한 남자는 60대 초반의 나이에 꽤 복잡한 가족기업 상황을 가지고 있었지만 후계자 계획을 전혀 세우고 있지 않았다. 이렇게 다양한 이야기들을 듣고 나니 그는 약간 당황하는 것 같았다. 그는 이렇게 질문했다. "어디서부터 시작해야 합니까? 이럴 때 필요한 질문 목록 같은 게 있습니까?"

이것은 언제나 계획 수립 과정을 시작하지 않은 가족기업 리더의 관심사이다. 내 경험을 토대로 말해보자면, 가장 좋은 출발점은 가족들 앞에서 당신이 후계자 계획을 시작할 것이라고 선언하는 것이다.

가족회의를 소집하여 회사와 가족이 가족기업의 미래에 대한 생각과 준비를 시작할 때가 왔다고 모두에게 말해보자. 그렇다. 판도라의 상자를 여는 것이나 다름없겠지만, 다른 누군가가 여는 것보다 낫고, 나중에 여는 것보다 지금 당장 여는 것이 훨씬 낫다.

가장 중요한 부분은 가족들을 모두 포함시키는 것이다. 몇 년 전 어느 한 컨퍼런스에서 가족기업 사업가를 만났는데, 그는 자신의 기업을 위한 이상적인 후계 계획을 세웠다고 설명해주었다.

내가 그에게 다른 가족들과 같이 그 계획에 대해 상의한 것인가 질문을 했을 때, 그는 아직 가족들에게는 그 일에 대해 언급하지 않았다고 말했다. 그리고, 내가 가족들에게 계획에 대해 알리는 것을 제안했을 때, 그는 이미 완벽한 계획을 세웠기 때문에 그럴 필요가 없다고 답했다. (완벽하긴 했다. 영향을 받을 사람 중 그 누구도 계획에 대해 논의하거나 의견을 제시할 기회가 없다는 점을 제외하면!)

나는 그를 계속해서 지켜볼 기회가 없었지만, 그의 앞엔 험난한 길이 펼쳐질 거라는 건 확실히 알 수 있었다.

시카고에서 만난, 어떤 질문을 해야 하는지 의문을 내놓던 그 남자에게 답하기 위해, 나는 고전적인 하버드 경영대학원이 제시한 정답에 의지해야 했다. 모두 사업 나름이다. 사업의 규모가 크지만, 많은 가족 구성원들이 회사 외부에서 일하고 형편없는 성과를 보이는 가족기업과 규모는 작지만 회사의 성장력이 높고 숙련된 가족 구성원들이 회사에 종사하고 있는 가족기업이 다른 것처럼 말이다. 모든 회사에게 정답일 수 있는 해결책은 없다.

어디서부터 시작해야 할지 파악하려면, 실제 문제를 이해하고 모든 주요 인물들의 의견을 모으기 위해 더 깊게 파고들어야 한다. 이러한 정보로 무장해야만 당신의 가족기업 상황에 대해 유용한 해답을 찾을 수 있다.

가장 근본적인 출발점은 가족기업의 소유자(혹은 경영자) 자신이다. 많은 가족기업 경영자들, 특히 그들이 창업자일 경우 권력과 지휘권을 포기하는 데 큰 어려움을 겪는다. 여러 이유 중 한 가지는 그들이 너무나 많은 경험을 가지고 있기 때문이다.

공급업체와의 연결 고리, 주요 직원들과의 끈끈한 유대, 그리고 많은 고객들과의 관계 등을 쌓아오며 오랜 시간 동안 성공적으로 사업을 운영해왔다. 그렇게 오랜 세월 동안 경영을 해온 그들은 사업을 진전시키려면 어떤 버튼을 누르고 어떤 줄을 당길지 직감적으로 알고 있다는 뜻이기도 하다.

대부분의 경우, 가족기업 소유자들은 자신과 사업이 정신적으로 분리되는 것을 견디지 못하는 편이다. 사업이 그들 정체성의 일부가 되어버렸기 때문이다. 만약 자리에서 물러나게 된다면, 그들의 존재 가치는? 떠난다는 상상이 끔찍하게 느껴질 수도 있다.

제너럴 일렉트릭(GE)의 CEO, 잭 웰치(Jack Welch)는 역사상 가장 위대한 CEO 중 한 명으로 손꼽힐 것이다. 하지만 그가 안전하게 유산을 확보하는 데에 가장 큰 영향을 준 그의 눈부신 업적은 제프 이멜트(Jeff Immelt)에게 지휘권을 성공적으로 넘긴 점이다. 진정한 아름다움은 유능한 후계자를 고르는 것이 아니라 후계자를 충분히 준비시키고, 그를 안으로 들여보내고, 그 자리를 비켜주는 데에 있다. 가족기업이라고 해서 다를 필요가 있는가? 당신은 사업을 일으키기 위해 열심히 일했고, 그 사업은 당

신과 당신의 가족, 그리고 모든 직원들에게 좋은 삶을 제공했을 것이다. 그러니 당신이 떠난 후에도 사업이 계속 잘 운영되도록 그에 버금가는 노력을 기울여야 하지 않겠는가?

피아트(FIAT) 가족기업

컨설턴트로서, 나는 꽤 많이 움직이는데 고객이 비용을 부담하기 때문에 최대한 저렴하게 여행하려고 노력한다. 한번은 필라델피아를 경유하는 비행기를 타고 알라모로 간 적이 있다. (거기에는 당신을 약 1분 안에 원하는 장소에 데려다 줄 전자 키오스크가 있다.) 문득 정신을 차려 보니, 경제 분야에서는 전형적으로 형편없는 박스 모양의 미국 자동차 대신 멋진 엔진을 장착한 빨간 색의 작은 이탈리아 자동차가 내 앞에 서 있어서 나를 깜짝 놀라게 했다.

1984년, FIAT가 미국 시장을 떠났을 때 대부분의 사람들은 FIAT를 "다시 고쳐, 토니(Fix it again Tony)"의 줄임말 정도로 기억했다.

FIAT의 원래 이름은 Fabbrica Italiana Automobili Torino이며, 1899년 조반니 아녤리(Giovanni Agnelli)에 의해 설립되었다. 그의 리더십 아래, 회사는 상당한 성장을 이루며 이탈리아에서 3번째로 큰 회사가 되었다. 그의 아들이자 회사를 물려 받을 후계자였던 에도아르도 아녤리(Edoardo Agnelli)가 비행기 사고로 인해 비극적으로 사망하자 지휘권은 조반니의 손자인 지아니(Gianni)에게로 옮겨갔다.

지아니는 남자 중의 남자라는 타이틀과 함께 전 세계에 이름을 떨쳤다. 그는 속도가 빠른 자동차를 몰았고, 이탈리아 축구팀 유벤투스를 소유했으며, 플레이보이로 알려져 있었다. 그뿐만 아니라 종신 상원의원으로 임명되기도 하고, 에스콰이어 매거진에 의해 세계 역사상 가장 옷을 잘 입는 5명의 남자들 중 한 명으로 선정되기도 했다. 그 과정에서 그는 FIAT를 유럽에서 가장 큰 자동차 제조업체 중 하나로 성장시켰다. 아들 에도아르도가 가족기업에 관심을 보이지 않고 자살까지 시도하는 상황에서, 지아니는 조카 조반니를 찾기까지 시간을 오래 쓸 필요가 없었다.

처음부터 조반니는 어느 정도의 관심과 신뢰를 보여주었다. 그는 똑똑하고 재치 있었으며, 낙천적인 태도를 보였다. 그는 미국 고등학교에 다녔고, 그의 어머니는 이탈리아에서 흔히 볼 수 있는 작은 베스파 스쿠터 제조 회사인 피아지오(Piaggio)의 후계자였다. 트레이닝의 일환으로, 그는 가명을 가지고 FIAT 공장 밑바닥에서 일하도록 명령받았다. 나중에 그는 피아지오에 합류했고, FIAT로 복귀하기 전에 회장직에 올랐다.

아마도 그에게 가장 도움이 됐던 성격적 특징은 그의 겸손함이었을 것이다. 그가 테네시 주 차타누카(Chattanooga)에 위치한 맥칼리(McCallie) 고등학교에 재학 중일 때, 그의 가장 친한 친구 중 한 명은 그를 처음 알게 된 후 1년 동안 그가 FIAT 가족의 일원이었다는 사실조차 알지 못했다고 한다. 나도 잘 아는 사실이다. 내가 바로 그 친구였으니까 말이다.

지오(Gio)는 학창 시절 친구들이 그를 부르는 애칭이었다. 그는 훌륭한 축구 선수였고, 교내 최고의 우등생이었으며, 함께 어울리면 재미있는 인기 만점 학생이었다. 그에게서 그의 재산이나 미래에 대한 특별한 느낌은 받지 못했다. 졸업 무렵, 그에게 대학 졸업 후 무엇을 하고 싶냐고 물었던 기억이 난다. "우리 집안 사업에 합류하기 전에 밖에 나가서 스스로 돈을 한번 벌어보고 싶어."라는 그의 대답이 지금도 생생하게 떠오른다.

가족기업에 있어 성공적인 승계와 가장 큰 연관성을 가지는 것은 다음 세대가 회사 외부에서 얼마만큼의 시간을 보냈는가 하는 것이다. 이것은 후계자들이 독립심을 기르고 사회 안에서의 자신의 위치에 대한 이해도를 높이는 데에 도움을 준다. 지오는 18세의 나이에 이미 이 과정을 끝마쳤다.

그러나 지오는 FIAT의 회장이 되진 않았다. 회장 자리에 앉은 건 그의 사촌인 존 엘칸(John Elkann)이었다. 지아니의 손자인 존도 놀라울 정도로 우수한 교육을 받았다. 그는 포르투갈어, 프랑스어, 이탈리아어, 영어를 자유롭게 구사하며, 프랑스에서 대학 입학 시험을 보고, 이탈리아에서 엔지니어 석사 학위를 따냈으며, GE의 기업 감사 프로그램에서 일했다. 현재 그는 FIAT의 회장이자, 아녤리 가문이 경영하는 유럽 최대의 산업지주 투자회사인 EXOR의 회장 겸 CEO이다.

내 친구 지오는 왜 FIAT의 회장이 되지 않았을까? 그는 서른세 살의 나이에 희귀성 위암 때문에 비극적인 죽음을 맞이했다. 갓 결혼한 그는 와이프와 새로 태어난 아기, 그리고 그의 멋진 인생을 뒤로하고 세상을 떠났다.

언젠가 당신은 귀엽고 작은 이탈리아 자동차가 여기저기 돌아다니는 것을 보게 될 것이다. 그럴 때, 잠시 시간을 내어 아녤리 가족의 사업과 친구 조반니를 기억해주길 바란다.

그리고 나서 다시 한 번 자신에게 다음과 같은 질문을 던져보라. 당신은 당신의 가족기업의 미래를 준비하기 위해 현재 무엇을 하고 있는가?

유지와 승계를 위한 노력

최근 월스트리트 저널의 1면 기사는 슬프게도 미국 내 노동자와 기업들이 위험을 피하려는 방어적인 태도를 취하고 있다는 사실을 알렸다. 일자리는 더 느리게 늘어나고, 신규 벤처기업에 투자되는 돈의 액수는 줄어들고, 창업하는 회사의 수도 감소했으며, 근로자들이 일자리를 바꾸거나 새로운 기회를 찾아 떠나는 경향도 줄어들었다.[8]

이러한 위험 회피는 가족기업들 사이에서도 발견될 수 있다. 많은 다음 세대 자녀들이 부담감이 큰 가족기업을 인수받는 것을 꺼려 하며 안정적인 대기업을 택하는 추세를 보인다.

언젠가 다음 세대에게 사업을 물려주길 바라는 가족기업 소유주들은 분명 이런 사고방식을 깨트리기 위해 무엇을 할 수 있는지 찾고 싶을 것이다. 그러기 위해서, 우리는 먼저 무엇이 이 추세를 주도했는지에 대해 분명히 이해할 필요가 있다.

가족기업에는 다음 세대가 사업을 물려 받아야 한다는 여러 가지 압박과 부담이 있다.

그러한 부담감을 조성하는 첫 번째는 평생을 바친 일이 얼마나 지속되는지 보고자 하는 현 소유주의 욕망이다. 사업이 팔리게 되면 회사 자체가 재구성되거나, 이사하거나, 부득이 문을 닫아버리게 되는 경우가 많은데, 이 모든 경우의 수는 소유주들이 진심으로 바라지 않는 상황들이다.

그와 반대로, 사업을 다음 세대로 승계하면 소유주가 회사의 미래

8 Ben Casselman, "Risk-Averse Culture Infects U.S.Workers, Entrepreneurs," Wall Street Journal, June 2, 2013, http://www.wsj.com/articles/SB1000142412788732403140457848116 2903760052.

방향을 결정하는 데 상당한 영향력을 미칠 수 있다. 그런 맥락에서 사업을 매각하려고 하는 즈음에 현 세대에서 다음 세대로 세대 교체가 이루어지면 "이렇게 쪼개지는 걸 오직 너만이 막을 수 있어."라는 메시지를 주어 다음 세대를 불편하게 할 수 있다.

가족기업이 2대 이상 이어져 내려왔다면, 가족의 유산을 지키고자 하는 더 강한 욕구가 있기 때문에 압박감은 더욱 커진다. 그러나 자녀 입장에서는 자신의 어머니나 아버지 세대처럼 좁고 험난한 길을 걸을까 봐 덜컥 겁이 나는 사람들도 있을 것이다.

마지막으로, 사실 몇몇 사람들은 단순히 한 회사를 책임진다는 것이 부담스러워 회피하고 싶어 한다. 채플 힐(Chapel Hill)의 토니 레이니(Tony Raney)가 월스트리트 저널 기사에서 밝힌 것과 같은 맥락이다. "나는 사회에 나가서 한 회사의 회장이 되고 싶은 마음은 없습니다. 그냥 사회에 나가서 일을 하고 싶을 뿐입니다."[9]

성공적인 가족기업 승계를 향한 길을 만들어나가려면 어느 정도 노력이 필요하다. 당신은 지나치게 장밋빛으로 보여지길 원하지 않을 것이다. 사업을 운영하는 것은 쉽고, 가만히 앉아 돈을 세고 가끔씩 회사가 잘 돌아가고 있는지 직원들 앞에 모습을 보이면 그만이라고 생각하는, 뒤틀린 특권 의식을 불러일으킬 가능성이 있기 때문이다. 반면에, 사업 운영이 얼마나 어렵고 많은 스트레스를 유발하는지 보여주는 것

---

9 Ibid.

또한 당신의 아이들이 입사 지원서를 쓰는 걸 방해할지도 모른다.

연습과 실제 경험은 다음 세대를 발전시키는 가장 중요한 요소 중 하나이다. 그들이 고등학교나 대학교에 있을 때, 사업의 다양한 면을 배울 수 있도록 여름방학 일자리를 주라. 그들이 감당할 수 있을 만큼 책임을 지도록 허용하되, 자신의 능력 밖의 일을 맡도록 강요하면 안 된다. 그들이 발전을 보일 때, 그리고 마침내 가족기업에 풀타임으로 참여하게 됐을 때, 팀으로서 일하도록 그룹을 짜주는 게 좋다.

이것은 그들이 실제로 한 팀에서 일하고 팀의 관계성을 볼 수 있는 위치에 노출되기 때문에, 팀워크 개발을 위한 첫걸음이 될 수 있다. 동시에, 그들에게 결과에 대한 책임을 전적으로 질 수 있는 개인 프로젝트도 맡겨보도록 하라. 이는 소유 의식과 책임감을 만들어내고, 다른 사람들에게 정보와 도움을 구하는 방법을 배우도록 돕는다.

결론은, 그들이 기꺼이 갈 수 있는 한 최대한 빨리 사다리 위로 오르게 하면서 동시에 손이 닿지 않는 다른 사다리에도 노출시키라는 것이다.

 성공적인 가족기업 승계를 향한 길을 만들어나가려면 어느 정도 노력이 필요하다.

마지막으로, 솔직해져라. 기회를 일찍 말하되, 정확하게 그려내라. 당연히 이 일은 스트레스로 가득하겠지만, 당신이 했던 것보다 더 나은 훈련과 준비를 통해, 관리 가능하면서도 보람 있는 삶을 만들어낼 수 있다.

다음 세대 가족기업 리더를 선택하는 방법

그러면 다음 세대에는 누가 가족기업을 이끌 것인가? 이는 승계를 고려하는 가족기업 소유주가 직면하는 가장 성가신 질문일 것이다.

출산율은 여전히 부부당 2.2명 정도에 머무르고, 사촌과 시댁 식구들까지 섞여, 전형적인 가족기업은 다음 세대 리더 자리를 놓고 경쟁하게 된다. 게다가, 고위 직책을 맡고 있는 직원들 또한 회사의 지휘권을 잡으려 하거나 잡고 싶어 할 수도 있다.

첫 번째로 취해야 할 가장 기본적인 행동은 다음과 같은 결정을 내리지 않는 것이다. 그 다양한 방법이 여기에 있다.

- **회사의 부서들을 분할하여 각 형제에게 해당 부분을 맡긴다.** 유감스럽게도 회사가 분할할 수 있는 규모를 갖는 것은 드물며, 설사 가능하다고 해도 이것은 효율성에 부정적인 영향을 미치곤 한다. 그러나 이것은 여전히 회사 전체 의사 결정을 공동의 책임이 될 수 있게 한다.
- **리더십 역할을 교대로 책임지게 한다.** 매 6개월, 혹은 12개월마다 형제들이 교대로 회사를 운영해볼 수 있도록 한다. 이것은 이론적으로 꽤 그럴듯하게 들리지만, 전략 및 계획의 실행과 리더십 스타일의 일관성을 약화시켜 고객에게 혼란을 줄 수도 있다.
- **리더의 역할을 나누어 가지게 한다.** 리더가 선택되지 않은 디폴트

상황이다. 많은 회사들이 한 명의 리더 대신 여러 명의 위원회를 구성해 가족기업을 운영하기도 한다. 하지만 실패하는 경우가 더 많다. 성공의 비결은 서로를 존중하는 소통의 문화이다. 때로는 당신의 아이디어에 대한 열정에도 불구하고 가끔은 포기해야 할 수도 있다는 사실을 진정으로 이해하고 받아들여야 한다.

- **모든 형제들이 사업을 운영할 수 있도록 다른 사업을 인수한다.** 다시 말하지만, 모든 가족기업들이 다른 사업을 인수할 수 있는 금전적 여유가 있는 것은 아니다. 이보다 더 실용적인 방법은 다른 사업의 창업에 투자를 하는 것이다. 그러나, 이 방법은 단순히 그저 후계자들이 계속 일을 할 수 있도록 하거나 사업에 관여하지 않도록 하기 위해서가 아니라, 성공적일 수 있다는 의지와 신념을 가지고 전문적으로 진행해야 할 필요가 있다.
- **회사를 이끌 외부인을 데려오거나 선택한다.** 여기에는 올바른 방법과 잘못된 방법 두 가지가 있다. 올바른 방법은 업계와 가족들로부터 존경받는 전문가를 통해 회사를 이끌어가는 것이다. 잘못된 방법은, 리더라고 불리지만 실질적으로 형제자매 간의 이견 조율이 진짜 일인 사람을 자리에 두는 것이다.

가족기업의 성공적인 미래와 유지를 보장하려면 리더를 선택하는 게 좋다. 리더십의 중요성은 반드시 논의되어야 하고 모두가 이해할 수 있어야 한다. 도서관에 있는 책들에는 그 중요성에 대해 쓰여 있고,

회사가 잘 되면 모두가 잘되는 것이기 때문이다.

한 번쯤 되새겨봐야 할 무수히 많은 역사적 사례들이 존재한다.

그리고 우리는 CEO, 사업가, 코치들이 팀에 미치는 영향에 대해 매일 읽을 수 있다.

한 가지 명심할 점은 자녀들이 그들 자체만으로 충분히 사랑받고 있다는 것을 알 수 있게 하고, 단 한 사람이 지도자로서 선택된다고 하더라도, 이는 부모가 자식에게 주는 사랑과 아무런 관계가 없다는 것 또한 인지시켜 주어야 한다. 회사가 잘 되면 모두가 잘되는 것이기 때문이다.

그럼 어떻게 리더를 선택해야 할까? 가장 좋은 방법은 당신과 같은 회사의 리더를 위한 가이드를 작성하거나 찾아보는 것이다. 이는 인터뷰, 연구, 그리고 자신의 경험을 통해 만들어질 수 있지만, 외부 HR 전문가를 영입하면 더 큰 신뢰와 공정함을 인정받을 수 있다.

일단 이 일이 확정되면, 외부 비즈니스 전문가를 불러 평가 프로세스를 보완하는 것이 매우 중요하다. 이러한 노력을 뒷받침하기 위해 자문위원회를 준비시키는 것은 더 이상적이다.

마지막으로, 가족기업을 운영할 차기 오너를 선정하는 데 있어서 가장 중요한 요소는 누가 이끌 것인가에 대한 해답을 찾는 게 전부는 아니라는 걸 깨닫는 것이다. 아쉽게도 지휘권을 받지 못한 친척들이 새 리더의 결정을 지지하고 함께 팀으로 일할 수 있도록 만드는 것 또한 중요한 요소라고 할 수 있다. 어쩌면 최고의 리더는 가족 내에 있지 않을 수도 있다. 이 사실을 잊지 않길 바란다.

비가족 CEO의 기여

125년 전통의 가족기업 CEO로서, 나는 4대째 회장에게 보고를 했다. 내가 그 직책에 오른 첫 번째 외부인은 아니었지만, 몇 안 되는 나의 전임자들이 회장들과 함께 성장했다고 한다. 나는 외부에서 채용되었고, 십여 년의 준비 과정을 거쳤지만 여전히 많은 이들은 나를 시험하길 원했다. 나는 성공을 위한 몇 가지 중요한 특징들을 가지고 있었다.

나는 두 세대를 이어주는 중요한 연결 고리였다. 다음 세대는 중간 경영자였고, 나는 그들이 운명을 따르기에 필요한 기회를 제공할 수 있었다. 그들의 성장에 특히 신경 쓰면서 사업을 잘 운영하는 것이 전제 조건이었다고 할 수 있다.

내 행운은 여기서 끝나지 않았다. 오랫동안 매우 성공적으로 회사를 이끌었던 재임 기간 후, 회장은 나와 나의 핵심 경영팀에게 그 사업을 위임할 준비가 되어 있었다. 그는 새로운 아이디어나 비평을 말하는 것에 거리낌이 없었지만 나는 CEO였다. 회사의 설립자나 소유주가 비가족으로 임명된 책임자에게 얼마나 큰 권한을 줄 수 있다고 생각하는가? 나이키, 스타벅스를 참고하며 자신의 방식대로 하지 않고 한 발짝 물러서서 지켜보고자 하는 초심이 무너지는 많은 기업가들을 주목해 보라.

내가 몸 담고 있는 이 회사가 누구의 것인지 잊은 건 아니다. 어느 날 아침, 회장은 내 사무실에 나타나 한 가지 부탁을 했다. "자네가 이 재정 지출에 반대한다는 것은 알지만, 나는 이게 통과됐으면 하네. 만약 자네가 이사회에 그렇게 할 것을 제안해주기만 한다면, 다시 언급하진 않겠네." '그의 부탁'은 나를 인정하는 것 같아 내 기분을 좋게 만들었다. 하지만 그날 밤, 낮의 일을 곱씹어봤을 때, 그가 다시 '그렇게 하기'를 바라게 한다면 승낙할 다른 사람을 찾을 것이라는 걸 문득 깨달았다.

이러한 상황들이 있었지만 회장과 나는 매년 우리가 일하기 좋은 100대 기업으로 선정될 수 있었던 핵심 인적 가치를 공유했다. 우리 두 사람은 사회적으로나 신분적으로나 거리가 있었지만, 이러한 믿음은 양립성과 신뢰를 만들어냈다.

물론 거기엔 단점도 있었다. 업계에서의 내 지위는 없는 것과 마찬가지였다. 성공은 회사를 소유하고 있는 가족이 만들어낸 것이었다. 한 가족기업 내 비가족 CEO로 일하면서 힘들었던 부분은, 사업적 목적이 있는 조직적인 선택을 하면서도 다음 세대의 진로에 발맞

취가는 것이었다. 우리 사이의 소통이 이따금 불편한 감정을 주었지만, 가족과 조직의 긍정적인 연결 고리가 되는 것이 나에게는 중요했다. 나중에 후임자가 전화를 걸어 말하길, 내가 회장의 사무실에서 얼마나 많은 시간을 보냈는지 전혀 몰랐다고 했다.

은퇴 후 몇 년 동안, 가장 성공한 가족기업 중 하나인 회사에 내가 상당한 공헌을 했다는 사실에 큰 만족감을 느꼈다.

빌 조지(Bill George)

SC Johnson의 전 CEO

때에 따라선 약한 지도력이 더 나을 수 있다

당신이 가족기업을 이끄는 기성세대라면 다음과 같이 자문해 볼 수 있다. 이 과정을 어떻게 해야 헤쳐나갈 수 있을까? 정확하진 않아도 이런 비슷한 질문들일 것이다.

가족기업의 리더로서, 소유권과 통솔력에 변화를 가져다줄 승계와, 유산 및 유언, 그리고 재산을 유지할 계획을 세우고, 그와 동시에 가족의 화합을 유지하는 것은 엄연히 당신의 책임이다. 이것만으로도 충분히 중압감이 느껴지고 부담스럽겠지만 나는 기성세대에게 가장 어려운 후계 구도에 초점을 맞춰볼까 한다.

처음에 야후의 공동 창업자인 제리 양(Jerry Yang)이 자신의 회사 이사회에서 사직했다는 소식은 뜻밖이었다. 그는 겨우 마흔세 살이었고, 훌륭한 회사를 소유하고 있었다. 회사는 그가 아는 유일한 것이었다. 젠장, 그는 그 회사의 설립자였단 말이다! 그는 정말 매일 골프장에 가고 싶어 했을까? 당연히 아니다. 그는 해고되었다. 좀 더 우아한 말투로 표현하자면, 그는 은총을 받았다.

가족기업이 직면한 첫 번째 승계 문제는 현 리더가 다음 세대를 위한 공간을 마련하지 못하는 것이다. 문제의 일부는 매우 직관적이지 않다는 것이다. 승계를 통해 가족기업을 이어가는 방법은 주도적 행동을 멈추는 것이다. 가족 시스템 전문가인 재프 크렙스(Jeff Krepps)는 이렇게 설명했다. "아이가 집을 나서면, 육아 방식도 변해야 해요. 그렇지 않으면 관계가 무너질 수 있기 때문이죠. 이런 역학은 가족기업 내 승계에도 나타납니다. 다른 점이 있다면 부모가 변화에 반응하기만 하는 게 아니라 적극적으로 행동을 바꿔야 한다는 점이겠죠." 그들은 이제 조금 뒤로 물러설 필요가 있다.

그렇다. 이것은 매우 어려운 일이다. 당신은 문제 및 기회가 존재하기 전에 미리 예상하고, 시장에서 수년간 싸워온 고객, 공급업체 및 직원과 깊은 유대 관계를 맺는 일에 전문가이다. 하지만 내가 묻고 싶은 점은, 만약 당신이 전화도, 이메일도 없이 한 달 동안 휴가를 간다면, 당신의 사업은 어떻게 될까? 아니면 재수 없는 이야기지만 교통 사고를 당하게 된다면? 갖고 있는 것을 놓는 데엔 몇 가지 장애물들이 있다.

갖고 있는 것을 놓는 데엔 몇 가지 장애물들이 있다.

첫째, 많은 세월을 지나 당신은 자신이 하는 일에 상당히 능숙하고, 대부분의 해답을 즉시 알 수 있으며, 실수가 생길 수 있을 만한 일의 결정권은 넘겨주고 싶지 않을 것이다. 하지만 사람들이 무언가를 배우려면, 스스로 무언가를 해봐야 하고 약간의 실수도 거쳐야 한다는 것을 우리는 알고 있다. (아내와 나는 아이들에게 요리를 가르치려고 시도하고 있기 때문에, 어떤 프라이팬은 망가질 수 있다는 걸 받아들이고 있다.)

두 번째 문제는, 다음 세대가 어떤 식으로든 사업에 변화를 주고 싶어 할 것이라는 사실이다. 당신은 이런 아이디어들을 좋아하지 않을 것이다. 같은 작업을 이전에 시도했던 적이 있고, 제대로 된 효과가 있을 것이라고 생각하지 않기 때문일 수도 있고, 또는 다음 세대에 대한 기대나 신뢰감이 부족하기 때문일 수도 있다. 하지만, 당신은 아마도 자신이 예전보다 위험을 회피하려고 하는, 모험심이 없어진 사람이 되었다고 생각할 수도 있다.

한 세대에서 다음 세대로 세대 교체가 이뤄진 후에도 전 세대에게 도움의 손길을 받는 회사들은 이렇다 할 성장을 해내지 못한다. 그저 부모들이 마련해준 자리에 앉기만 했을 뿐이니 말이다. 그들에게 맡긴다면 그들은 변화를 줄 수 있다. 다음 세대가 새로운 아이디어를 시도하고 당신이 그걸 도울 준비만 되어 있다면 훨씬 더 좋은 상황을 만들어낼 것이다.

그러나 앞서 설명했던 바와 같이, 가장 큰 장애물은 당신이 그 사업과 일체화 되어 있다는 사실이다. 사람들은 당신을 회사 그 자체라고 생각하기도 한다. 따라서, 회사에 대한 컨트롤이나 책임을 포기하는 것은 다음과 같은 질문을 수면 위로 끌어올린다. 이 회사를 운영하지 않는다면 도대체 나는 누구인가? 이것은 무서운 생각일 수 있다.

다음 세대가 나설 공간을 마련하는 것이 항상 쉽거나 편한 것은 아니다. 회사가 잘 되고 있다면, 왜 일을 망치려고 하는가? 만약 회사가 잘 안 되고 있다면, 당신이 제공할 수 있는 것이 많겠지만, 어쩌면 당신이 회사가 더 발전하는 걸 막고 있는지도 모른다. 아마 야후의 누군가가 이런 맥락에서 제리 양에게 도움을 준 것일 수도 있다.

사업을 장악하기 위해 필요한 역량을 보여라

아마 당신은 가족기업의 미래를 생각하는 다음 세대 가족일지도 모른다. 그리고 아마도 당신은 지금까지 회사에서 일하는 것을 즐겼을 것이다. 어린 나이에 비즈니스의 실제 운영 상황들을 엿볼 수 있었고, 핵심 경영진(일명 어머니와 아버지)에 접근할 수 있는 특권이 있었고, 최고 경영진이 당신의 말을 듣는 삶을 살아왔다. 다음 세대가 사업을 해야 하는 만큼 계속 그 자리에 있다면, 언젠가 이 모든 것은 당신의 손 안에 들어올 것으로 보인다. 글쎄, 그럴지도 모르겠다.

후계자들은 현 경영진이 자리에서 물러날 때, 그들이 평생을 바쳐 잘 쌓아온 사업에서 어느 정도 보답을 받고 싶어 할 것이라는 심리를 이해해야 한다. 여기에 다양한 선택지들이 있다.

경쟁사에게 회사를 팔거나, 사모 투자 파트너를 영입하거나, 회사 내 비가족 관리자 그룹에게 매각할 수 있다. 특정 기업의 경우, 우리사주 신탁제도(ESOP) 계획을 세우는 것도 하나의 선택지가 될 수 있다.

만약 당신이 진정으로 가족기업을 물려 받는 것에 관심이 있다면, 부모가 당신을 선택하는 것이 최고의 선택이라는 것을 증명해보여야 한다. 이를 시작하려면 먼저 자신은 누구인지, 자신의 가치관은 무엇인지에 대한 자각이 있어야 하며 그 가치관을 일관되게 유지할 수 있어야 한다. 이는 의견 충돌, 갈등, 거부 심지어 인신공격까지 만연한 환경에서도 침착함을 유지할 수 있고, 감정적이 아닌 이성적으로 상황을 생각할 수 있다는 것을 의미한다.

타인이 주는 압력에 반응하지 않고, 신중한 생각과 스스로의 신념에 근거하여 행동하고 결정을 내린다. 타인의 인정을 얻으려고 그의 앞에서 무릎을 꿇지 않고, 자신의 신념을 다른 이에게 강요하지 않는다. 여기서 가장 핵심적인 것은 당신의 독립성과 당신이 따르고 있는 원칙이다.

가족기업 안에서 일하는 것은 독립심을 기를 수 없는 환경에 노출되는 것과 다름이 없다. 당신이 태어난 순간부터 어머니와 아버지는 당신이 어떻게 살아가야 하는지를 알려주고, 가족기업의 직원이 되었을 땐, 이제 어떻게 사업을 해야 하는지를 알려준다.

우리 모두는 성장하면서 학습 단계를 거친다. 이는 우리가 선생님들에게 의존하고 있다는 의미이기도 하다. 하지만 어느 순간부터 당신은 부모에게 의존하지 않고 사업의 일부, 또는 전부를 운영할 수 있는 능력이 있다고 자기 주장을 하기 시작한다.

올바른 기대치를 가지자. 가족이기 때문에 특별한 대우를 받길 원하거나 기대하지 마라. 당신의 가족 외의 직원들은 당신이 특별 대우를 받을 거라는 선입견을 가지고 있다. 그들이 틀렸다는 것을 증명해야 한다. 밑바닥부터 시작해서, 올라가는 길을 찾아내라. 일찍 출근하여 늦게 퇴근하고, 아무도 하고 싶어 하지 않지만 해야만 하는 일을 맡아라. 당신이 땅을 팠다는 걸 모두가 알게 되면, 당신은 앞으로 더 많은 존경과 협력을 얻을 것이고, 필요하다면 당장이라도 직원들이 함께 땅을 파게 될 것이다.

역량은 두 가지여야 한다. 즉 모두가 신뢰할 수 있어야 하고 필요한 작업을 잘 수행할 수 있어야 한다. 직업의 종류와 관계없이, 출근 시간을 지켜 일터에 나가야 하고, 적절하고 알맞은 옷차림으로 깔끔하게 단장해야 한다. 정직하고 부지런해야 하며 마감일을 준수하는 것도 잊으면 안 된다. 직원, 고객, 거래처에 존경과 예의를 보이라. 그와 동시에 자신이 할 수 있는 한 최고의 자리에 오르기 위해 끊임없이 노력해야 한다. 그 일이 판매든 구매든, 혹은 고객 서비스든 상관없이 말이다.

당신이 일을 잘 수행해내고 있는지, 그리고 어떻게 개선할 수 있는지에 대한 피드백과 조언을 구하라. 가능하다면 부서를 옮겨보는 것도 좋다. 만약 당신이 회계 부서에서 어느 정도 업무를 담당해보았다면, 마케팅 부서로 전환해 보는 것도 괜찮다. 업계 회의에 참석하고 일부 세션을 이끌어보도록 하라. 가능한 한 많은 정보를 얻기 위해 업계 매거진을 읽어보는 것도 좋다. 끊임없는 자기 계발(CPD)을 수행하기 바란다.

소통에 능한 사람이 되라. 쉬지 않고 말하라는 것이 아니라, 사람들에게 당신이 언제나 문제에 대해 말할 준비가 되어 있는 사람이라는 인상을 심어주고, 다른 사람들에게 자신의 행동과 의도를 계속해서 알릴 수 있도록 노력하라는 의미이다. 뿐만 아니라, 다른 사람들에게 당신이 좋은 경청자라는 것을 인식시켜야 한다. 그들이 말한 것을 다시 화자에게 바꾸어 말함으로써 능동적인 듣기를 연습하라. 회의를 개최하거나 적극적으로 참여하는 태도를 보이고, 대화에 언제나 자신의 입지를 보여라.

모두에게 자신의 독립성과 역량을 입증했다면, 비즈니스에 대한 참여 수준과 관점을 보다 전략적인 수준으로 높이도록 하라. 즉, 이 사업은 어디로 향해야 할까? 경쟁에 어떻게 반응해야 할까? 더 나은 회사가 되기 위해 무엇을 준비해야 할까? 등과 같은 문제를 제기해 보는 것이다. 또한 항상 자신에게 물어보자. 수익을 두 배로 늘리기 위해 어떤 조치를 취할 수 있을 것인가?라고 말이다.

각 영역에는 이들을 돕기 위한 대학 과정이 따로 있지만, 여기의 이 가이드라인은 가족기업의 성공적인 승계를 위해 신뢰할 만한 길을 제시한다.

당신의 부모가 은퇴할 시기가 다가오면, 당신이 그 회사를 미래로 이끌어갈 사람이라는 걸 기정사실화하라.

후에 가족기업을 매각할 계획은 지금 세워두라

당신은 아마 은퇴를 눈 빠지게 기다리는 나이 든 사업주일 수 있다. 아니면 한동안 가족기업을 매각할 준비를 했었지만, 경기가 다시 좋아지길 기다리고 있는 사업주일 지도 모른다.

어쨌든, 당신은 아마도 지금, 어쩌면 몇 년 후 미래에서라도 기업을 매각하는 걸 고려하고 있을 것이다. 그 준비를 하려면 지금 무엇을 해야 할까? 전문가들의 말에 따르면, 당신은 이미 매각에 대한 생각을 함으로써 꽤 많은 진도를 나갔다고 볼 수 있다. 당신은 사업과 이별하는 두려움을 극복해냈고, 가족 이외의 사람에게 팔 마음의 준비를 마쳤다는 것까지 유추해낼 수 있으니 말이다.

"이것은 실제로 모든 과정 중에서 가장 어려운 부분일 것입니다." 1976년부터 뉴욕에 기반을 두고 여러 개인 사업체를 평가해온 금융 연구가 월터 즈바이플러(Walter Zweifler)는 매각을 고려 중인 많은 가족기업 소유주들과 상담을 했었다고 한다.

"비즈니스 오너들은 자신이 죽을 거라는 생각은 하지 않으며, 사업을 소유하거나 운영하지 않는 것에 대한 엄청난 심리적 압박감을 겪는다고 합니다."

이제 그 부분을 무사히 넘겼으니, 준비를 위해 고려해야 할 다른 사항들이 있다.

- 가족 특권이 종료되었다. 즉, 더 이상 급여 명부에 일하지 않는 가족 구성원이 없다는 뜻이다.
- 수익을 보여주라. 높은 수익을 보여주는 것은 구매자들을 끌어 당긴다.
- 재고 정리를 정확하게, 그리고 언제나 현재에 맞춰라.
- 외부인에게 재무 감사를 받아 구매자가 당신의 회사를 신뢰할 수 있도록 하라.
- 경영팀을 강화시켜라. 당신 없이도 사업이 잘 운영될 수 있다는 것을 보여주는 것이다.
- 외부의 도움을 받아 사업을 판매하라. 심지어 변호사들도 자기 자신을 변호하진 않는다. 만약 당신의 회사의 규모가 작다면, 지역 상공회의소를 통해 비즈니스 브로커를 찾아라. 만약 규모가 더 큰 회사라면, 공인 M&A(merger & acquisition) 회사에 문의하여 사람들을 대신하여 비즈니스를 사고파는 데 경험이 있는 전문가를 찾는 게 좋다.

일단 당신의 회사에 관심을 보이는 상대를 찾으면, 구매자와 판매자가 양측의 거래를 최적화하기 위해 여전히 협상할 수 있다는 것을 깨달아야 한다.

예를 들어, 아마도 판매자는 향후 2년 동안, 천천히 시간을 가지며 지금 이 자리를 지키고 싶어 할 수 있지만, 구매자는 오늘 당장 구매할 준비가 된 사람처럼 굴 수 있다.

이 문제에 대한 해결책은, 판매자가 3년 급여 계약 하에 존속하는 대가로 회사 가격을 최대한 낮출 수 있다는 것이다. 이렇게 하면, 판매자는 기뻐하고 구매자는 선불로 그만큼의 금액을 지불할 필요가 없어진다.

모든 사업가들은 비슷한 꿈을 가지고 있다. 자신의 삶과도 같은 사업이 계속 지속되고 가족과 더불어 성장하는 것을 보는 것이다.

하지만 당신이 자신에게 솔직해지고, 감정적인 장벽을 이겨낼 수만 있다면, 당신은 사업 매각의 영리한 준비와 판매를 통해 앞으로 여러 세대에 걸쳐 당신의 가족에게 이득이 될 재정적 유산을 남길 수 있다는 것을 알게 될 것이다.

당신의 후계자는 기업을 잘 이끌어갈 준비가 되어 있는가?

가족기업 내 승계는 두말 할 것도 없이 가족기업 역학의 근본적인 문제이다. 그러나 우리가 말하는 승계는 무엇인가? 소유권, 리더십, 유산 계획을 뜻할까? 아니면 '내가 이 자리에서 물러나면 난 도대체 뭘 해야 하나?'에 대한 것인가?

예전에 한번, 고객 중 한 명이 개최한 파티에 참석한 적이 있다. 그의 직원들을 위한 의미 있는 파티였다. 의전에 따라 오너와 창업자는 한 해 동안 모든 직원들의 노고에 감사를 표한 뒤 잠시 시간을 내어 회사의 60년 역사를 되돌아봤다. 그리고 마지막으로 파티를 마무리하면서 그는 한 가지 최종 발표를 했다. 그의 아들을 즉시 회사의 회장으로 취임시키겠다는 선언이었다.

직원들의 반응이 어땠을 것 같은가? 대다수 가족기업의 이러한 일들을 당신은 어떻게 생각하는가? 좋을 수도 나쁠 수도 그리고 추하다고 생각할 수도 있다. 이런 발표가 모두로부터 긍정적인 반응을 불러일으킬 가능성은 굉장히 낮다. 그러나 이 회사의 경우, 직원들 사이에서 진심 어린 환호와 응원, 기립박수가 이어졌다. 왜 이 회사의 바톤터치는 이렇게도 순조롭게 이루어졌을까? 왜냐하면 그들의 다음 세대는 이미 준비가 되어 있었기 때문이다.

그렇다, 성공적인 가족기업 승계를 위해 대답해야 할 많은 질문들이 있다. 그러나 다음 세대 비즈니스 리더들을 육성하는 것은 아래와 같은 핵심에서부터 출발해야 한다.

- **자립성**: 다음 세대 리더들은 자신의 생각, 신념, 그리고 자기 자신에 대해서 자신감을 가져야 한다. 이중 상당 부분은 가족기업

에 종사하면서 중대한 프로젝트를 설계하거나 주도함으로써 개발될 수 있다. 내 고객의 경우, 부서를 하나 개설하고 대출을 받아 직원을 고용한 다음 회사 수익을 15% 이상 끌어올리기도 했다. 이러한 사고방식을 만드는 데에도 지름길은 존재한다. 가족기업이 아닌 다른 직장에서 사회생활을 시작하는 것이다. 이런 이유로 많은 다세대 가족기업체들은 자신들의 가족을 입사시킬 때 외부 경력을 필수 조건에 포함하기도 한다.

• **역량:** 이것은 단순히 특정한 일을 해낼 수 있는 것 이상의 것이다. 즉, 기초부터 탄탄하게 쌓아온 경험을 계발하는 것을 의미한다. 회계사라는 직책을 가지는 것뿐만 아니라 회계 조정과 분개(分介) 기입을 조화롭게 해낼 수 있는 능력, 그리고 세일즈맨이나 마케팅 매니저의 직책에 머무르는 데 그치지 않고 한 사람의 몫을 완벽히 해내며 무역 박람회까지 담당하는 것 등을 예로 들 수 있다. 원래 가족기업이었던 IBM에는 경영자가 되려면 영업 사원으로 일해야 한다는 불문율이 있었다. 이 외에도 또한 관련 자료를 읽거나 세미나 및 워크숍에 참석하는 등 자신이 해야 할 일에 대한 외부 지식과 교육을 어느 정도 쌓아야 한다.

• **협동력:** 똑똑하거나 자신감이 높은 것만으로는 부족하다. 다른 사람들과도 함께 일할 수 있는 능력이 있어야 한다. 〈감성 지능〉(Emotional Intelligence)의 저자 다니엘 골먼(Daniel Goleman)은 고등학교 졸업생들과 하버드 대학 졸업생들의 성

공을 측정할 두 가지 연구를 진행했다. 그는 다른 사람들의 감정을 이해하고 적절한 반응을 보이는 능력을 가진 사람들이 더 성공적인 커리어를 쌓는다는 사실을 발견했다. 앞서 말한 소통과 협동의 능력 또한 같은 범주에 속한다.

• 평등성: 제시간에 출근하고, 최대한 늦게까지 남고, 특별한 프로젝트를 맡으며, 다른 사람들과 같은 측정 기준에 의해 평가되는 것은 당신이 팀의 일원이며, 혈육이 아닌 업무 능력에 따라 평가받기를 원한다는 것을 보여준다. 이렇게 함으로써 동료들에게 존중받을 수 있다.

한걸음 물러서서 생각해보면, 이러한 자질들은 일반적인 리더들의 특성으로도 분류될 수 있다. 노스캐롤라이나 대학 패밀리 엔터프라이즈 센터(Family Enterprise Center)의 공동 설립자인 스티브 밀러(Steve Miller)는 이러한 내용들을 다음과 같이 요약했다. "가족기업의 성공 요인은 무수히 많지만, 그중에 리더십만큼 중요한 건 없을 거예요. 가족기업의 성공과 실패는 리더십의 질에 따라 몇 번이나 좌우된다고 할 수 있겠죠."

다음 장에서는 어떻게 하면 이 세대 교체가 순조롭게 진행될 수 있는지, 그리고 당신이 은퇴하기에 적당한 시기는 언제인지에 대해 이야기해보자.

제 7 장

가족기업의 오너가 원하는 미래와
가족의 의견이 서로 맞지 않는다면?

대부분의 가족기업 소유주들은 자신들의 사업이 대대로 이어지기를 바라며 자녀들에게 사업을 물려주기를 꿈꾼다. 가능한 한 그들이 그 꿈을 이룰 수 있도록 돕는 것이 내 목표이다.

하지만 애석하게도, 어떤 가족기업은 다음 세대로 이어지지 않아야 하는 경우도 있다. 슬프거나 억울하게 느낄 수도 있겠지만, 사각형의 못을 둥근 구멍에 억지로 밀어 넣으려고 하는 것처럼 엄청난 피해와 아픔만이 남을 뿐이다. 인간관계는 너덜너덜해지고, 재산은 부정적인 영향을 받을 것이며, 인생을 낭비할 수도 있다.

==어떤 가족기업은 다음 세대로 이어지지 않아야 한다.==

기본 계획이 바뀌면, 사업주들은 후속 계획을 수립하는 것에 대해 큰 충격을 받는 경우가 있다. 그러나 항상 그럴 필요는 없다. 실제로 많은 가족기업들이 다음 세대로 이어질 수 있도록 설계되어 있지 않다.

만약 한 부모가 작은 소매업을 운영하고 있고, 그 사업이 그들의 자녀에게 최고의 교육을 제공해줄 만큼 충분한 돈을 벌어주었다면, 대부분의 자녀들은 다시 돌아와 가족기업을 운영하고 싶어 하지 않을 것이다. 그와 동시에, 많은 1세대 기업들은 빠르게 변해가는 과학기술이나 특별한 창의성에 의존하는 분야에 분포되어 있다.

이러한 기업은 회사를 이끌 수 있는 다음 세대 리더를 찾기가 어렵기 때문에 다음 세대가 사업을 잇기 위해 꼭 필요한 희귀한 기술이나 타고난 능력을 갖추지 못할 확률이 높다. 나에게 이 마지막 카테고리에 속하는 고객이 한 명 있었다.

그 회사의 설립자는 명문 대학에서 공학 학위를 받았으며, 록웰 인터내셔널(Rockwell International)에서 수년간 수석 엔지니어로 일한 경력이 있었다. 그는 현재 고객 맞춤형 엔지니어링 솔루션을 제공하는 자신만의 회사를 운영하고 있다. 그의 자녀들은 총명하고 의욕이 넘치고 사업에 어느 정도 관심을 보이지만, 공학계통을 공부하거나 일해본 경력이 있는 사람은 아무도 없었다. 회사의 제품이나 서비스가 가지고 있는 고도의 기술력과 변화무쌍한 특성을 감안해 보았을 때, 다음 세대인 자녀들이 회사를 이끌 수 있을 것 같지가 않았다.

그리고 경제적 제약이 있다. 한 오너의 순자산이 거의 전적으로 가족기업에 달려 있다고 생각해보자. 자녀들 중 한 명은 그 사업에 종사하고 있고, 나머지 세 명은 종사하지 않는다. 부모는 합리적으로 한 자녀에게만 전 재산을 상속할 수 있을까? 그렇진 않을 것이다. 그리고 만약 다른 형제들을 공동 소유주로 만들어버린다면, 그들은 사업을 운영한다는 부담감을 견딜 수 없을 것이고, 급기야 그 사업을 팔아버릴 기회를 잡으려 할지도 모른다.

다른 시나리오는 다세대 가족기업의 소유주 수가 증가하여 그들을 감당할 가족기업 내 일자리나 배당의 규모가 회사의 능력을 능가해버렸을 경우이다. 이러한 문제에 직면한다면 사업 매각 문제가 불거질 수밖에 없다.

그러나 많은 가족기업이 한 세대에서 다음 세대로 이어지지 않는 가장 분명하고 흔한 이유는 단순히 다음 세대가 가족기업을 잇는 것이 아닌 다른 진로를 선택했기 때문이다. 만약 회사가 엔지니어계통 사업체인데 후계자여야 하는 딸이 심리학 석사 학위를 가지고 있다면 그녀는 아마도 회사와 잘 맞지 않을 것이다.

이 모든 '자연 현상'은 승계를 위해 힘써야 하는 가족기업의 수를 줄어들게 한다. 물론 '부자연스러운 현상'에는 다음 세대 자녀들이 확실하게 능력 또는 관심이 없거나, 지나치게 열정적이고 숙련된 나머지 당신이 가능성을 의심했던 게 무안할 정도로 사업을 잘 인수하고 성장시키는 경우들이 있을 것이다.

위에서 본 모든 것들을 제외하면, 후계 계획을 세우고 실행하기 위

해 진정으로 노력을 기울여야 할
가족기업들만 남게 된다. 그리고
이를 위해, 가족기업 소유자들은
후계 승계의 궁극적인 목적을 이

 승계의 궁극적 목적은 사업을 통해 쌓아온 재산을 지키고, 모든 가족의 화합을 유지하는 것이다.

해해야 한다. 그것은 바로 사업을 통해 쌓아온 재산을 지키고, 모든 가족의 화합을 유지하는 것이다.

사업을 통한 수익이 줄어들면 그 누구도 행복하지 않을 것이다. 재산은 유지됐으나 가족 관계가 엉망이 된다면, 그것 또한 성공이라고 부를 수 없다. 많은 경우 우리는 금전적인 측면에 집착하지만, 가족 관계를 유지하는 것의 중요성을 스스로에게 항상 상기시켜야 한다.

가족기업과 가족을 분리하여 생각할 때

나는 종종 가족기업에서 가족과 사업 중 무엇이 더 중요한지에 대한 질문을 받는다. 가족인가, 사업인가? 이 질문을 들었을 때 나의 본능적인 반응은 이것이 적절한 질문이 아니라는 것을 설명하는 것이다. 왜냐하면 이 질문을 하는 당신은 오직 둘 중 한 가지만 성공할 수 있다고 이미 결론을 내버린 상태이기 때문이다.

많은 어려움이 따르겠지만, 가정의 화합과 성공적인 사업을 동시에 지키는 건 결코 불가능한 일이 아니다.

이 질문은 가족 간의 다툼이 너무 격렬하거나 손을 쓸 수 없어지고 누군가가 "우리 그냥 포기하고, 사업을 팔아버립시다."라고 선언할 때 생긴다. 때로는 단순히 그 문제를 다룰 힘이 더 이상 없어지고 포기하고 싶을 때 나오기도 한다.

사업을 팔아버리겠다며 종종 그것으로 사람들을 위협하는 고객이 한 명 있었다. 그는 자신이 별로 기분 좋은 하루를 보내지 못했거나, 사람들이 그의 형편없는 아이디어에 반응을 보이지 않거나, 자신이 생각하기에 마땅히 받아야 할 존경심을 받지 못한 느낌이 들 때마다 사업 매각을 들먹였다.

그는 문제가 자기 자신에게 있다는 걸 알지 못했다. 회사는 그의 능력 이상으로 성장한 상태였다. 그의 간섭과 훼방을 멈추게 하는 것은 불가능해 보였기 때문에, 그의 가족들은 사업을 파는 것만이 답이라는 결론을 내려버렸다.

다른 경우, 가족들은 서로의 감정을 상하게 하고 싶지 않기 때문에 명백한 문제에 대해 논의하거나 문제와 직면하는 것을 피한다. 예를 들면, 월급이 지나치게 높거나, 실적이나 기여도가 적정치의 반도 못 미치거나, 누군가가 일을 그만두지 않고 버티고 있거나 하는 문제들 말이다. 많은 가족기업들은 가정의 조화를 유지하기 위해 저조한 실적을 못 본 체하고 넘어가기도 한다.

어린 자녀들을 키우고 있는 여느 부모들이 입을 모아 말하듯, 당신은 때때로 전투를 선택해야 한다.
그 무엇도 완벽할 수는 없다. 그러
나 가족 구성원이 가치를 더하지
못해 사업 실적이 하락할 때, 당신

 가족기업에 관한 한 '전체'가 각 '부분들의 합'보다 얼마든지 클 수 있다.

은 그것을 계속 허용할 것인가? 더 흔히 볼 수 있는 상황은 회사가 어려움에 처했을 때가 아닌, 잠재성에 도달하지 못하고 있을 때이다. 모두가 월급을 받고 있고, 휴가도 많고, 사업도 2%의 순수익을 내고 있다. 다들 '괜찮다'고 하기 때문에, 사업을 인질로 잡고 있는 가족과의 대화를 유도하는 것이 더 어렵다.

이 질문에 대답하는 것은 생각만큼 쉽지 않다. 그렇다면 다른 방법으로 질문해보자. 사업이 실패하고 가족이 성공한다면 어떻게 될까?

만약 가족기업이 가족 구성원의 지나친 개입이나 참여 부족과 같이 직접적인 영향으로 결국 무너졌다면, 가정의 화목함을 되찾을 유일한 방법은 '용서'뿐이다. 그 사업은 다시 시도할 수 없다. 그것은 이미 사라졌다.

그 대신에, 사업이 성공하고 가족이 실패하면 어떻게 될까? 모두가 많은 돈을 벌었지만, 추수감사절 저녁 식사를 함께하는 사람은 아무도 없다. 누구도 가족이라는 울타리 안에서 행복하지 않다. 하지만 상황을 바로잡기 위한 기회는 여전히 존재한다.

가장 성공적인 비즈니스는 기업답게 운영되는 사업이라는 건 모두가 아는 사실이다. 그러나, 신뢰도가 높고 개방적이고 정직한 소통을 하는 가족기업이 모든 기업들 중에서 가장 높은 성과를 낸다는 사실도 분명히 알고 있다. 가족기업에 관한 한 '전체'가 각 '부분들의 합'보다 얼마든지 클 수 있다.

매각 시기를 알리는 신호

아마 당신은 당신의 사업을 자식들에게 물려주기보다는 팔아야 할지도 모른다. 다음은 가족기업의 매각을 고려해야 하는 몇 가지 지표이다.

- **자녀가 사업을 원하지 않을 때:** 만약 당신이 자녀들의 학비를 벌수 있게 해준 작은 가게를 운영했다면, 그들이 대학을 졸업할 때 그들은 더 큰 목표를 잡을 가능성이 높다. 더 골치 아픈 상황은, 부모의 회사가 그들의 입사를 보증할 만큼 충분히 크더라도 그들이 관심을 보이지 않을 때이다. 이를 지켜보는 건 고통스러운 일이다. 자녀에게 가족기업이 줄 수 있는 기회를 열어놓는 건 문제가 아니지만, 그들에게 가족기업을 강요하는 것은 원망이나 실적 부진을 초래할 뿐이다.
- **자녀가 능력이 없을 때:** 유감스럽게도 부모들의 간절한 소망과

꿈에도 불구하고 가족기업을 운영할 수 없는 자녀를 가진 고객들이 많다. 내 임무는 그 소유주들을 올바른 생각으로 이끌어주는 것이다. 때로는 외부에서 리더가 되어줄 만한 사람을 찾는 경우도 있다. 하지만, 그 시나리오에서는 자녀들이 좋은 오너 혹은 매니저가 될 수 있느냐 없느냐에 대한 의문이 생긴다.

• **오너십이 약해졌을 때:** 회사가 항상 꾸준히 성장하지 않는 이상, 점점 더 많아지는 소유주들을 지원하기에는 어려움이 따른다. 이는 그들이 사업에 종사하든 말든 상관이 없다. 왜냐하면 결국 회사는 사업에 종사하지 않는 오너들에게도 배당금을 지불해야 하기 때문이다. 그렇게 되면 많은 수의 활동적인 소유주들에게 충분한 수입을 제공하기 위해 고군분투해야 하고, 여러 소유주들 간의 업무 관리 어려움도 커진다.

• **거절할 수 없는 제안을 받았을 때:** 2008년 벨기에의 음료 대기업인 인베브(InBev)가 520억 달러에 안호이저-부시(Anheuser-Busch)를 인수한 상황과 같다. 그 제의는 당시 안호이저-부시사의 현실적 가치를 훨씬 뛰어넘었다. 노장의 리더가 사업을 유지하는 것을 합리화하려고 노력했지만, 현 세대는 그 제의를 거절하는 것은 어리석은 일이라고 생각했다. 자녀들이 돈에 대한 높은 이해력을 가지고 있고, 자신의 신념과 바람에 따라 사업하기를 갈망하고, 경제적인 관점에서 믿을 만한 계획을 세우고 있다면, 소유주 자신이 자녀들을 위해 회사를 유지하고 있다고 납

득시키려 해서는 안 된다.

- **자녀들이 함께 일하는 것을 좋아하지 않을 때:** 당신의 자녀들은 모두 능력이 있지만, 서로 함께 잘 지내는 것은 힘들 수도 있다. 지금 형제들이 사이좋게 지내지 못한다면, 함께 사업을 했을 땐 더 관계가 나빠질 것이다. 이대로 그들에게 사업을 넘겨주면 당신의 은퇴 계획에 영향을 미칠 것이다. 그뿐만 아니라 그들의 삶에도 영향을 미칠 것이며, 그들이 맺어온 여러 관계도 파괴시킬 가능성이 있다.
- **사업이 속한 업계에 큰 변화가 있었을 때:** 시장과 기술의 변화는 회사의 포지션을 재조정하기 위해 대규모 재투자가 요구될 정도로 사업의 환경을 바꿀 수 있다. 그것은 상황에 따라 투자할 가치가 없을 수도 있다.

이것이 나의 가족기업인 올란 밀스에게 일어난 일이다. 사람들은 항상 멋진 가족사진을 원하겠지만, 모든 사람들이 휴대폰에 고해상도 카메라를 장착하면서, 그 수요는 사실상 무너졌다.

당신은 사업을 위해 열심히 살아왔다. 다음 세대에게 성공적으로 물려줄 수만 있다면 정말 멋진 일일 것이다. 하지만 때때로 사업 매각처럼 어렵지만 현명한 결정을 내려야 할 때도 있다.

 때때로 사업 매각처럼 어렵지만 현명한 결정을 내려야 할 때도 있다.

80년 만에 매각된 가족기업 올란 밀스

몇 년 전, 올란 밀스의 회장인 나의 삼촌으로부터 뜻밖의 전화를 받았다. 우리의 가족기업이 곧 팔릴 거라는 소식이었다. 당신이 30세 미만이라면, 올란 밀스에 대해 들어보지 못했을 것이다. 하지만 만약 당신이 교회나 학교에 다녔거나, 자녀가 있거나, 60, 70, 80년대 생이라면, 올란 밀스 소속 사진 작가에게 사진을 찍힌 경험이 있을 가능성이 높다.

이때 나에게 다가온 첫 번째 감정은 슬픔이었다. 회사는 항상 우리 가족의 중심에 있었고 여러 면에서 우리 각자의 일부를 규정했다. 하지만 회사를 인수한 구매자가 사진 산업을 잘 이해하고 있고, 올란 밀스가 그랬던 것처럼 질 좋은 사진을 제공하고 직원들을 소중하게 여긴다는 것을 알기 때문에 잘 팔려서 다행이라는 생각으로 위안을 삼았다.

나의 조부 올란 밀스(Olan Mills)와 그의 아내 메리(Mary Mills)가 회사를 차렸다. 열한 명의 형제들 중 막내로, 어려운 시기에 농장에서 살아가다가 그는 자신만의 길을 걷기 시작한 것이다. 가족들 사이에 전해져 내려오는 이야기에 따르면, 그는 친구에게 카메라를 빌려 길 모퉁이에 표지판을 세우고 사람들에게 사진을 찍어주었다고 한다. 찍을 때 5센트, 찾을 때 5센트!

사실, 그는 무일푼 신세가 된 이후로 카메라에 넣을 필름이 없었다. 필름을 사기 위해선 선불로 받은 5센트가 필요했던 것이다. 나는 이것을 미국의 독창성이라고 부른다.

그는 자신이 정체되어 있다는 것을 깨닫고 집집마다 돌아다니며 사진을 찍어 주기 시작했다. 사업은 빠른 속도로 성장했고, 그는 찾을 수 있는 한 많은 영업 사원들을 고용했다. 그리고 해질 녘에는 모든 사원들이 저녁 식사를 하러 그의 집으로 돌아오곤 했는데, 많은 사람들이 그 집에서 밤을 지새웠다. 지금과는 정말 다른 시대였다.

사람들이 집에서 전화기로 다른 사람들에게 전화를 걸기 시작했을 때, 사업에 가속도가 붙었다. 올란 밀스가 사실상 텔레마케팅(전화 판매)을 창안했다는 건 잘 알려지지 않은 사실이다. (죄송, 여러분!) 그러나 오늘날 우리가 알고 있는 것과는 다른 모델이었다.

올란 밀스는 인구 통계학적 자료를 통해 점점 사람들이 몰리고 있는 주택가를 찾아 스튜디오를 만들곤 했다. 그런 다음 현지 직원들을 고용해 스튜디오에서 일하게 하면서 적당한 시간에 아주머니들에게 전화를 걸게 했다.

이런 사업 모델이 자리 잡은 올란 밀스는 베이비부머 세대의 혜택을 받을 수 있었다. 스튜디오를 정식으로 세팅하기엔 너무 오랜 시간이 걸렸다. 본사는 테네시 주 채터누가에, 제조 시설은 오하이오 주 스프링필드와 텍사스 주 댈러스에 두고 있었다.

나의 조부모는 네 명의 아이가 있었다. 그들의 두 아들, Olan과

CG는 회사에 입사했고, 두 딸(그중 한 명이 나의 어머니)은 입사하지 않았다. 장남인 올란 밀스 2세가 가장 긴 시간 동안 가족기업에 종사했다.

나의 삼촌인 올란은 대학을 졸업한 후 회사의 일부를 경영하기 시작했다. "가족기업에 종사하는 것의 가장 큰 장점 중 하나는 남들보다 빨리, 특히 경력적인 면에서 큰 책임을 질 기회가 있다는 것이에요." 삼촌이 말했다.

이 회사는 전국적으로 1,000개 이상의 스튜디오를 가진 대기업으로 성장했고, 영국과 캐나다까지 지역을 넓혀나갔다. 하지만 80년대 후반으로 들어오면서 회사의 운명은 바뀌기 시작했다. 당시 미국에 부절적한 텔레마케팅의 사용이 만연해지자 결국 통신 소비자 보호법이 만들어진 것이다. 이로써 올란 밀스가 새로운 고객을 직접적으로 타깃팅을 할 수 있는 능력이 축소되었다. 그 후 디지털 사진은 나날이 발전을 거듭했고, 소형화도 이에 따라 진행되기 시작했다.

전문적인 고급 카메라를 가진 숙련된 사진작가는 결코 아마추어 디지털 사진작가로 대체될 수 없겠지만, 사람들의 손에 들려 있는 수백만 대의 휴대폰 카메라가 수요에 영향을 미치는 건 피할 수 없었다.

나에게 첫 월급을 준 회사는 더 이상 세상에 없지만, 우리 회사는 가족과 수천 명의 직원들에게 좋은 삶을 주었고, 80년의 세월 동안 수백만 명의 사람들에게 소중한 추억을 안겨주었다. 그래서 나는 슬프지 않다.

피, 눈물, 그리고 매각의 기로

2008년, 인베브(InBev)가 버드와이저의 맥주 제조업체인 안호이저-부시 (Anhuer-Busch)를 인수하기 위해 520억 달러를 제안했을 때 가족기업의 5대 회장인 어거스트 부시 4세(August Busch IV)는 자신의 아버지에게 회사를 팔고 싶지는 않지만 그렇게 높은 제안을 받아들이지 않는 건 미친 짓이라고 말했다는 소문이 있었다.

금요일에 회의가 취소되었을 때 해변으로 놀러나가는 속도보다 더 빠르게 그 제안을 받아들일 것이라고 대부분의 사람들이 확신했다. 하지만 대부분의 가족기업은 수백억, 심지어는 수천억 달러의 가치를 가지고 있지 않다.

그럼에도 불구하고, 많은 사업주들은 그들이 사업을 매각하려 내놓았을 때 깊은 실망감과 죄책감으로 고통 받는다. 사업을 일으키기 위해 당신과 부모, 조부모들이 흘린 모든 피, 땀, 눈물에 대한 기억들을 돈다발과 바꾸어 내다버리는 죄인이 된 것처럼 여기기 때문이다.

그리고 어떤 사람들은 사업과 자신을 분리시키고 절대 뒤돌아보지 않을 수도 있지만, 또 다른 많은 사람들은 싼 가격에 팔아버린 후, 매각 후의 삶이 그들이 예상했던 모습과 많이 다르다는 걸 알아차리기도 한다.

Family Business USA의 목표는 가족기업을 다음 세대로 이어가는 것이지만, 일부 가족기업은 지속되면 안 되거나, 지속될 수 없다.

몇 년 전 남아프리카에 위치한 케이프타운에 있을 때, 나는 가족 농장에서 포도원을 운영하던 한 신사를 만났다. 그와 그의 아내는 아이가 없고 친척들은 모두 그 나라를 떠났다고 했다. 그는 백 년 이상 집안에 가족기업으로 이어져온 농장을 운영해 줄 사람이 더 이상 없다는 사실에 마음 아파했다.

만약 당신의 아이들이 가족기업이 아닌 다른 직업을 가져 행복하고 성공한 삶을 살 수 있다면, 그것을 방해해야 할까? 물론 더 어려운 문제는 '자녀들이 그 사업을 하고 싶어 하는가' 하는 문제이다. 당신은 마음속으로는 그들의 답을 이미 알고 있을 것이다.

사업을 한시라도 빨리 매각하도록 권장하는 독특한 상황이 있기도 하다. 오너가 사업의 심장, 영혼, 그리고 정신적 지주의 역할을 모두 맡고 있을 정도로 비중이 큰 회사에서 갑자기 사망하거나 심각한 장애를 안게 됐을 때가 그러한 상황이다. 이러한 경우는 만일의 상황을 대비해 예비 대표로 지정되거나 준비된 사람이 없을 뿐더러 강력한 경영진도 없는 것이 일반적이다.

비즈니스에 대해 잘 모르거나 아무 지식이 없는 아내, 혹은 자식에게 소유권이 옮겨가면 그들은 모든 상황에 압도되어 휩쓸려버린다. 매각을 미루면 미룰수록 사업은 더 많이 쇠퇴하고 가치는 점점 더 떨어질 것이다. 사전에 들어둔 보험이 있기를 바랄 뿐이다.

하지만 동시에, 다음과 같은 좌절감 때문에 반사적으로 가족기업을 매각하는 것은 무모한 결정이다.

- 사업의 힘든 상황들에 넌더리가 나고 지친다.
- 아이들이 계획에 따라와 주지 않는다.
- 형제와 사업에 대한 의견이 엇갈린다.

보다시피 모두 고통스러운 문제들이지만, 근본적인 원인이 사업이 아닐 수도 있고, 다른 문제를 피하기 위해 이 문제를 겪고 있을 수도 있다.

사업을 파는 것은 단순한 수학 방정식이 아니다. 돌이킬 수 없는 삶의 선택이다. Primarity Resources의 오너인 리치 코너(Rich Conners)는 이렇게 말했다. "최고의 커리어, 최고의 인생, 그리고 최고의 사업 선택은 이성적인 정신과 감정적이 마음 사이에 균형과 조화가 있을 때 이루어집니다."

사업의 가치를 수치상으로 관리하는 것뿐만 아니라 자기 자신과 가족들에게 가장 중요한 가치를 찾고, 정의하고, 순위를 매기는 과정 또한 매우 중요하다.

 사업을 파는 것은 단순한 수학 방정식이 아니다. 돌이킬 수 없는 삶의 선택이다.

프린스턴대는 최근 연간 7만 5000달러의 추가 수입이 개인의 행복지수를 증가시킬 수 있다는 연구 결과를 발표했다. 그리고 나면 행복지수는 더 이상 증가하지 못하고 정체기에 들어간다.[10] 따라서 이런 맥락에선 돈으로 행복을 살 수 없다는 말이 사실이 된다. 만약 당신이 사업을 팔 의향이 있다면, 재무적인 측면에서 실사를 하고 좋은 조언을 얻는 게 우선이다.

돈으로 행복을 살 수 없다는 경험적인 증거가 있다.

하지만 내가 당신에게 주고 싶은 조언은 다음과 같다. 가족기업 이후의 삶을 이해하고 편안해지는 데 시간과 에너지를 바쳐라. 가족기업을 매각하는 것은 인생을 바꾸는 사건이다. 그것은 많은 사람들에게 영향을 미치고, 되돌릴 수 없다.

다음 세대가 승계를 원치 않을 때

혹시 당신이 다음 세대의 일원이고 회사를 인수하는 데엔 전혀 관심이 없다. 이럴 땐 어떻게 해야 하는가? 가족기업 소유주들은 대개 그들의 회사에 애착을 가지고 있는 경우가 많다. 어머니와 아버지가 사업에서 물러날 생각을 할 때가 되면, 그것은 어려울 수 있다.

10　Belinda Luscombe, "Do We Need $75,000 a Year to Be Happy?" Time, September 6, 2010, http://content.time.com/time/magazine/article/0,9171,2019628,00.html.

많은 소유주들이 원하는 최적의 선택은 가족 구성원, 특히 그 사업에 종사해온 사람에게 사업을 넘겨주는 것이다. 경제적인 측면에서도, 강제적으로 매각을 당하는 것보다 다음 세대에게 사업을 물려줌으로써 상속을 진행하는 편이 훨씬 쉽다.

그런데 이게 부모에게 당신이 그들의 사업을 원하지 않는다는 소식을 전하는 것과 무슨 상관일까? 전부 다 상관이 있다!

누군가와 욕망의 차이에 대해 대화하는 가장 좋은 방법은 서로의 관점을 이해하고 그것을 상대방에게 명확히 표현하는 것이다. 그러니 부모에게 그 문제에 대해 깊이 생각해 보았고, 그 결정을 가볍게 여기지 않는다고 확실히 전달하라.

회사 인수를 거부하는 데엔 타당한 이유가 있어야 한다. 하지만 만약 수년간 가족기업 내에서 일하고, 각 부서들을 순환하며 경험을 쌓고, 직원들의 신임과 함께 성공적인 회사 생활을 보내고 있는 상태에서 갑자기 이 길이 자신의 길이 아니라고 결정한다면, 당신은 부모 발밑의 카펫을 잡아당기는 일을 저지른 것과 다름이 없다.

가장 이상적인 시나리오는 처음부터 마음을 열고 대화를 갖는 것이다. 자신이 사업을 하고 싶은 확신이 들지 않는다는 것을 최대한 빨리 부모에게 알려라.

부모에게 당신이 가족기업 안에서 일하고 싶고, 자신이 회사에 기여하는 만큼의 급여와 승진을 얻고 싶다고 얘기하라. 회사를 승계하는 것에 관심이 있다는 것도 말하라. 하지만 회사 밖에 있는 기회에도 관심이 있다고 말해두어야 한다. 이 것은 다른 말로, 지금으로서는 아 직 결정하지 못했다는 의미이다.

 가장 이상적인 시나리오는 처음부터 마음을 열고 대화를 갖는 것이다.

1년에 한 번씩 모여 토론을 다시 진행하면 모두가 공감할 수 있다. 당신의 관심사에 대해 무엇이든 털어놓으라. 그러고 나서 준비하라. 당신의 부모는 당신의 걱정을 반박하는 논쟁을 벌일지도 모르기 때문이다.

당신의 부모가 당신에게 억지로 사업을 운영하도록 강요해도 이를 거부할 수 있게 자신에게 솔직하고 굳건해야 한다. 만약 그럴 수 없다면 당신과 당신의 부모에겐 불행만이 찾아올 것이다.

부모의 곤란한 상황을 이해하고, 그것이 고통스럽지 않기를 바란다는 것을 분명히 전하라. 전환 지원을 제안하는 것도 좋다. 당신이 왜 떠나려고 하는지, 그들에게 상처를 주려는 게 아님을 이해시켜라. 마지막으로, 그들에게 시간을 주라. 이것은 지극히 감정적인 상황이다. 이 세상의 어떤 논리도 상처 받은 감정을 하룻밤 사이에 달래는 것은 불가능하다.

어쩌면 당신의 꿈은 가족기업을 이미 벗어난 것 같다. 정말로 그렇다면, 부모를 난처하게 만들어서는 안 된다. 떠나기 전에 자신이 만들 빈자리를 확실히 메꿔주고 가는 것이 옳다. 누군가를 고용하고, 훈련시키고, 떠나기 전까지 그가 자리 잡을 수 있게 도움을 주라.

만약 당신이 한동안 사업에 종사해왔고, 비즈니스에 대한 이해도가 높으며 어느 정도 존경을 받고 있다면, 이사회에 참여하거나 새로운 회사를 설립하는 것을 고려해보라.

회사의 현황을 보고하고 그에 대한 의견을 제공하기 위해 1년에 4번씩 공식 회의를 가질 수 있도록 계획을 짜보는 것이다. 부모는 당신의 의견을 고맙게 생각할 것이고, 당신이 여전히 그 사업에 연결되어 있다는 사실에 기뻐할 것이다. 부모는 당신이 돌아올 거라는 작은 희망을 가질지도 모른다. (훗날 당신이 돌아가게 될지 누가 알겠는가.)

당신이 떠나려는 시기와 부모가 은퇴를 고려하는 시기가 겹친다면, 대안들을 통해 그들에게 적극적으로 도움을 주라.

예를 들면, 그 사업을 매수할 구매자를 찾는 것이다. 그 과정이 다 끝날 때까지 곁을 떠나지 않고 자리를 지켜라. 지금은 사업과 가족 중에서 가족 쪽으로 기울 때이다. 부모가 잘 은퇴하도록 돕기 위해 당신은 무엇을 할 수 있는가?

마지막으로 논의해야 할 부분은 그 사업에 대한 당신의 지분이다. 만약 당신과 당신의 형제자매들이 모두 같은 양의 지분을 가지고 있다면 문제가 없을지도 모른다. 그러나 만약 당신이 훗날 사업을 인수할 거라 예상하여 본래 주어졌어야 할 지분보다 더 많은 양의 지분을 가지고 있다면, 당신은 그 주식을 팔거나 다시 회사에 돌려주어야 할 수도 있다. 좋은 조건으로 떠나고 싶다면 당신 쪽에서 금전적인 이득을 챙기거나 회사에 금전적인 영향을 미치는 일이 없도록 착실히 준비해야 한다.

떠난다는 것을 말하는 가장 좋은 방법 중 하나는 이렇게 말하는 것이다.

"나는 무슨 일이 있어도 어머니, 아버지의 자식이에요. 두 분을 정말 사랑하니까, 내가 할 수 있는 모든 걸 다해서 도울 거예요. 하지만 이건 내 인생이고, 내 꿈을 좇으며 살고 싶어요."

제8장
가족기업의 경영 바톤을 넘겨라

졸업식 날, 첫 번째 직장 출근 날, 결혼식 날, 첫 아이가 태어난 날, 그리고 성과에 대해 많은 보상을 받은 날, 이것들은 많은 사람들에게 삶의 이정표가 되어준다.

가족기업에서는, 회사의 리더십이 한 세대에서 다음 세대로 넘어가는 날이 중대한 기로가 된다. 리더십을 다음 세대에게 넘겨줄 수 있는 방법은 여러 가지가 있다. 그 과정은 잘 계획되거나 놀라울 수도, 또는 험난하거나 부드러울 수도 있다. 당신은 아마 멋진 오케스트라의 연주와 불꽃놀이 속에서 진행되는 취임식을 상상했을 수도 있다. 몇몇 경우에는 이것이 실현되기도 한다. 하지만 승계의 가장 좋은 방법은 당사자가 거의 알아채지 못하게 자연스럽게 넘어가는 것이다.

보다 전형적인 리더십 이임 스타일은 제프리 소넨펠드(Jeffrey Sonnenfeld)와 P.L.스펜스(P. L. Spence)의 Family Business Review

1989년 기사에 요약되어 있다. (216쪽 참조) 내가 가장 좋아하는 예시는 '군주'이다. 왕이 죽으면, 자동적으로 다음 세대가 지배권을 물려받는다. 보통 이 과정은 재앙에 가깝다. 상속자들끼리 서로 피를 튀기며 싸워 결국 끝까지 살아남은 리더가 책상을 차지하고 앉아 적응하기 위해 애쓴다.

때로는 비상 상황이 변화를 재촉한다. 예전에 맡았던 한 고객은 기성세대가 심각하게 몰락하는 상황에 처했고, 그 당시 최선의 해결책은 지휘권을 다음 세대에게 넘겨주는 것이 유일했다. 다소 빠르게 일어난 일이었지만, 다음 세대는 이미 승계를 준비하는 과정에 있었다. 계획보다는 이르게 이루어졌지만, 시스템에 큰 충격을 가져다 줄 정도는 아니었다.

멋진 승계 사례들은 여전히 당신이 상상하는 것처럼, 부드럽고 자연스럽고 아름답다. 내가 가장 좋아했던 사례 중 하나는, 각 부서들을 관리하고, 은행, 소매점, 그리고 고객들과 함께 일했던 아들을 둔 한 가족의 이야기였다. 그는 중요한 사업 문제를 떠맡았고, 완전히 새로운 시장 개척의 길을 열어나갔다. 그는 책을 많이 읽었으며 컨퍼런스에도 참여하곤 했다.

그때 든 생각은, 확실히 어느 순간에는 변화가 일어날 거라는 예상이었다. 그러나 그의 아버지가 여전히 최고의 자리를 지키고 있는 상황에서 긴박감은 찾아볼 수 없었다. 그것은 어느 화창한 날, 아들과 아버지가 모두 참석한 조직 개편 회의 도중 일어났다. 어떤 직원들은 회사를 떠나야 했고, 어떤 직원들은 승진할 필요가 있었으며, 어떤 직원들은 부서를 옮겨야 했다. 폭풍처럼 밀어닥친 대규모 조직 개편 속에서 한 의문이 떠올랐다.

"그렇다면 앨런은?" 앨런은 함께 있으면 힘들지만 그가 없으면 사업이 곤란한 독특한 직원이었다. 아버지는 그를 감당하기 힘들어했다. 질문은 "우리가 그를 새 직책으로 옮기면, 그는 누구에게 보고를 해야 하는가?"였다.

"저는 그와 잘 맞는 것 같아요." 아들이 나섰다. "저한테 보고하면 될 거예요."

그때, 내가 끼어들었다. "글쎄요, 그렇다면 우리는 당신을 회장으로 만들어야 할 텐데요." 그 자리엔 잠시 침묵이 흘렀다. 그리고 아들은 말했다. "음, 그런 것 같네요."

그의 아버지는 긴 침묵 끝에 말문을 열었다. "괜찮은 생각이구나."

그것이 그 회사의 지휘권이 그 자리에서 바로 바뀐 것이다.

사람들은 종종 나에게 리더십을 바꾸기 가장 좋은 시기가 언제인지 어떻게 알 수 있냐고 묻는다. 답은 아주 간단하다. 모두가 준비됐을 때이다.

이제 우리는 이 리더십의 변화를 어떻게 해야 잘 받아들일 수 있는지, 그리고 그 변화가 제대로 이루어지게 할 수 있는 비결은 무엇인지 이야기해보려고 한다.

Family Business

출구로 한 걸음 나아가는 방법들

앞서 언급했듯이, 사업에 있어 리더십 교체에 대한 많은 관심은 다음 세대가 도전에 나설 수 있는지, 그리고 한 걸음 앞으로 나아갈 수 있는지에 쏠리기 마련이다. 이는 중요한 사항이다. 만약 당신이 그 사업에서 물러나는데 당신의 빈자리를 대신할 사람이 없다면, 그동안 쌓아온 모든 것이 수포로 돌아갈 수 있는 일이니 말이다.

그렇다면 먼저 다음 세대가 사업을 물려받을 의지와 능력이 있다고 가정해 보자. 이 경우, 길을 막는 걸림돌이 되는 것은 현재의 오너인 당신뿐이다. 내가 기성세대들에게 듣는 가장 흔한 주장은 "그래, 이제 좀 쉬고 싶긴 하지만, 그래도 여전히 사업에 관여하고 싶기도 하고, 참여해야 할 필요가 있기도 하고. 그냥 쫓겨나고 싶진 않아." 와 같은 것이다. 많은 경우에, 현 오너의 갑작스러운 이탈은 사업의 미래에 좋지 않은 영향을 미친다.

사업에서 물러날 수 있는, 아주 간단하고도 효과적인 전략이 하나 있다. 매주 금요일마다 쉬기 시작하라.

그렇게 하면 당신은 3일간의 주말을 가질 수 있고, 다음 세대는 그들의 리더십을 발휘해 볼 수 있는 약간의 시간을 확보할 수 있을 것이다. 그런 생활을 어느 정도 지속한 다음, 목요일도 휴일로 만들어라. 이런 식으로 계속해서 자신만의 휴일을 늘려가야 한다. 매주 월요일, 늦은 아침에 커피를 마시기 위해 사무실에 잠깐 들르는 것이 일 사업에서 물러날 수 있는, 아주 간단하고도 효과적인 전략이 하나 있다ー 매주 금요일마다 쉬기 시작하라.

의 전부가 될 때까지 이 방향으로 계속 하는 것이 좋다.

당신이 은퇴 계획을 세우고 있다면 제프리 소넨펠드와 P.L 스펜스의 'The Parting Patriarch of a Family Firm'[11] 기사에 서술되어 있는 다섯 가지 은퇴 전략을 참고하기 바란다.

1. 군주(The Monarch) 전략: 한 나라의 왕은 어떻게 다음 세대에게 왕위를 계승하는가? 그의 죽음으로 세대 교체가 이루어진다. 이것은 확실히 가장 위험도가 높은 가족기업 승계 방식이다. 신중하게 능동적으로 선택하는 방법이 아니기 때문이다. 이러한 방식은 주로 좋지 않은 파장을 불러일으킬 거라는 걸 알고는 있지만, 권력을 놓지 않으려는 현 오너의 고집에서 비롯된다. 다음 세대가 사업을 물려 받을 능력이 없는 경우엔, 회사 내에서 능력 있는 사람을 승진시키거나, 외부에서 이에 걸맞은 사람을 데려오거나, 아니면 사업을 매각해야 한다.

2. 장군(The General) 전략: 장군들은 그들이 선택한 날짜가 아닌, 예정된 날짜에 은퇴한다. 그러나, 그들은 개인적으로 은퇴할 준

---

11 Jeffrey Sonnenfeld and Padraic L.Spence, "The Parting Patriarch of a Family Firm," Family Business Review, December 1989, vol.2 no.4, 355~375, doi:10.1111/j.1741-6248.1989. tb00004.x

비가 되어 있지 않을 수도 있고, 여전히 그들이 해야 할 일이 남아 있다고 믿을 수도 있고, 더 안 좋은 경우, 자신이 아니면 그 누구도 그 자리를 대신 할 수 없다고 믿을 수도 있다. 이것은 가족기업에서도 흔한 일이다. 어머니나 아버지는 여행을 다니며 골프를 치다가 마지막엔 지루해지거나 누구에게서든 자식들이 사업을 제대로 운영하지 못하고 있다는 얘기를 들으면, 지원이라는 구실로 그들이 다시 사업에 돌아올 발판을 마련하기도 한다. 그렇게 그들은 떠났다가 돌아오기를 반복하며 다음 세대가 제대로 리더십을 손에 쥘 기회를 서서히 지워나갈지도 모른다.

3. 대사(The Ambassador) 전략: 이 은퇴 방식은 일반적으로 성공한 가족기업과 관련이 있다. 아버지는 계속해서 휴일을 늘려 월요일 아침에만 커피를 마시러 나오지만, 큰돈이 오가는 중요한 거래, 회사 내 중요한 이슈, 과거 관계에 근거한 기회나 문제가 있을 때, 필요하다면 정장과 넥타이를 챙겨 입고 회사에 나타나 회사의 신용을 대표해주고, 그 길을 닦아줄 것이다.

4. 주지사(The Governor) 전략: 이 방법은 큰 기업에서 더 큰 효과를 보인다. 기성세대가 진정으로 사업에서 벗어나고 싶을 때, 또는 사업의 항상성을 깨뜨리고 싶을 때 쓸 수 있고, 다음 세대가 한 단계 더 높은 곳으로 올라갈 수 있게 발판이 되어준다. 은퇴할 날짜를 정확히 정하고, 그날이 오기 전까지 모든 일을 끝낼 수 있도록 작업을 시작한다. GE는 가족기업이 아니지만, 이것은

GE의 오너인 잭 웰치(Jack Welch)가 사용한 유명한 은퇴 전략이다.

5. 발명가(The Inventor) 전략: 이 방법은 리더가 사업의 주도권을 포기하지만, 특별한 기술이나 지식, 경험 등을 살려 특정 분야에 전문성으로 기여하는 것이다.

 가족 기업의 65% 이상이 다음 세대로 사업을 이어가는 것에 실패한다.

가족기업의 65% 이상이 다음 세대로 사업을 이어가는 것에 실패한다. 이것은 우리 모두에게 실패에 대한 잘못과 책임이 전적으로 다음 세대에게 있다는 믿음을 갖게 만든다. 하지만 이것은 사실이 아니다! 기성세대에게도 최소한 50%의 책임이 있다. 기성세대가 시간을 너무 오래 끈 나머지, 다음 세대가 운전석에 앉아볼 충분한 기회와 시간을 갖지 못했거나, 회사에 타격을 주는 나쁜 결정을 내리게 되었기 때문이다.

지금이 당신의 은퇴 계획을 짤 시간

두 형제와 그중 한 명의 아내가 함께 가족기업을 운영하고 있고, 모두 은퇴할 준비가 되어 있다고 치자. 다음 세대가 회사에 자리 잡게 되면, 세 사람은 어떻게 떠날 때와 방법을 알 수 있을까?

첫 번째 난관은 재정 문제다. 회사가 그들에게 퇴직금을 줄 수 있을 만큼 충분한 이윤을 만들고 있거나 자산을 보유하고 있는가? 이는 당신이 꿈꾸는 여생을 보내기 위해 필요한 재산이 얼마인지에 달려 있다. 만약 사업이 수익을 창출하지 못하고, 팔거나 다운사이즈할 수 있는 자산이 없으며, 많지 않은 월급을 받고 있다면, 퇴직금을 위해 누군가에게 사업을 팔아야 한다는 압박을 받게 될 것이다.

일단 이 난관을 지나게 되면, 자기 자신과 다른 오너들에게 "다음 세대까지 사업을 지속하고 싶은가?"라고 물어보자. 이 질문은 "다음 세대가 사업을 소유해도 괜찮은가?"와 다르다. 진심으로 이 사업이 다음 세대로 이어지는 것을 보고자 하는 기성세대의 의지가 있어야 한다. 우리는 당연히 다음 세대가 사업을 인수할 준비가 되어 있고, 의지가 있으며 능력 또한 가지고 있다고 전제한다. 따라서 은퇴 자금을 마련하기 위해 회사에서 일부 가치를 추출해내야 할 재정적 필요성이 있을 때는 이 질문을 해 보아야 한다.

당신의 금전적 꿈은 배우자나 형제들과 꽤 다를 것이다. 그렇다면 어떻게 해야 하는가? 원활한 소통과 재무 계획이 필수로 여겨지는 부분이다. 예를 들어, 남편과 아내가 한 팀이라면 수수료만 받는 재정 계획 전문가에게 함께 가는 것이 필요하다. 이들은 현 시점의 개인 재산, 사업 자산, 그리고 생활을 통한 수입과 지출을 계산하는 분야의 베테랑들이다. 파트너와의 계획을 통해 당신은 사업을 떠난 후에도 충분한 재산을 확보할 수 있을 것이다. 같은 데이터를 가지고 어떤 방식의 은퇴를 원하는지 정확하게 논의하기 위해 함께 컨설턴트에게 가는 것이 중요하다.

허점은 바로 세 번째 파트너에 있다. 그의 재정 목표는 당신과 다를 수도 있기 때문에, 협상과 타협, 그리고 존중을 바탕으로 한 소통이 요구되는 부분이다.

돈과 관련되지 않은 관점들도 있다. 그중 가장 큰 것은 당신이 책임자 자리에서 내려오면서 어떤 영향을 받게 될 것인가?이다. 회사를 운영할 때에는 엄청난 자부심과 활기가 넘친다.

만약 그 회사를 직접 설립한 것이 당신이라면 더더욱 그렇다. 많은 사업주들이 재정적인 독립을 위해 사업을 팔지만, 무언가의 일부가 되어야 한다는 심리적 욕구를 충족하지는 못 하는 편이다.

Primarity Resources의 설립자인 리치 코너(Rich Conners)는 사업주들이 사업을 매각시킬 수 있도록 도움을 주는 전문가다. 코너는 "사업을 매각시킬 때 고려해야 할 네 가지 측면이 있습니다. 당신의 인생 목표, 남은 인생, 회사의 유산, 그리고 은퇴 준비입니다."라고 조언한다.

당신은 사업에 관련된 모든 이들이 경영권 이전이나 사업 매각에 대해 만족하길 바란다. 사업의 변화가 직원들, 특히 오랫동안 같이 일해 온 직원들에게 어떤 영향을 미칠 것인가? 커뮤니티에는? 가족들에게는 어떤 영향을 미치게 될 것인가? 등을 고려해야 한다.

둘 이상의 오너가 있을 경우, 은퇴는 더욱 까다로워질 수 있다.

둘 이상의 오너가 있을 경우, 은퇴는 더욱 까다로워질 수 있다. 만약 둘 다 자리에서 물러나고 싶다면 누가 먼저 떠나야 할까?

보통 이 문제는 다음과 같은 상황에 의해 해결되곤 한다. 오너들 중 한 명이 즉시 떠나길 원하거나 떠나야 하고, 그럴 수 있다.

통상적인 순서의 관점에서 봤을 때, 핵심 리더를 제외한 모든 리더들이 먼저 물러나야 한다. 이로써 기업의 나머지 조직은 실질적 핵심 리더의 은퇴 전에 안정될 수 있다.

가족기업에서 이따금 마주치는 골치 아픈 상황은 사업 내부에 두 명 이상의 형제자매가 있고, 리더는 은퇴할 준비가 되어 있을 때이다. 이런 상황에서 형제들 중 한 명이 회사 경영을 시도해보고 싶어 하는 건 흔한 일이다.

하지만, '한번 해보는 것'은 누군가를 최고의 자리에 앉히기에 충분한 명분이 될 수 없다. 사촌이나 형제에게 차를 운전할 기회를 주는 것은 유혹적이다. 당신은 물러나고, 대신 그 사람이 회사의 정상에서 변화를 일으키고, 화려한 명성을 얻을 기회이다. 그러나 이 부분은 많은 가족기업들이 사업적 논리 대신 가족의 감정에 따라 결정을 내리는 실수를 하는 지점이다.

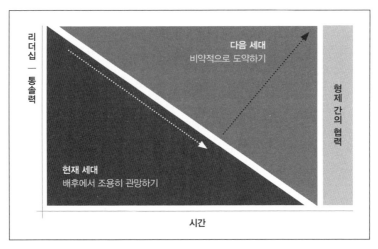

<표 8.1> 숨겨진 지뢰 - 형제 간의 협력

사업적으로 타당하다면 한번 해보는 것도 나쁘지 않다. 하지만 그렇지 않다면, 당신은 일단 다음 세대를 준비시키는 게 더 나을 것이다. (당신의 형제를 자녀의 멘토로 만들어보는 것도 좋다.)

더 좋은 방법은 다음 세대가 회사를 경영할 준비가 되어 있다면, 다른 형제들이 계속해서 일하는 동안 자녀에게 경영권을 맡기는 것이다. 이는 사람들에게 찾아올 변화와 혼란을 최소화하고 다음 세대 리더십에 큰 도움을 줌으로써 장기적인 성공을 가능하게 한다. (하지만 실제로 형제자매나 배우자 한쪽이 떠나면 다른 한쪽이 쉽게 승계 받을 수 있을 정도로 높은 수준의 기량과 리더십을 가진 가족기업도 많이 존재한다.)

가족기업이 큰 문제에 직면하게 만드는 한 가지 상황이 있다. 여러 형제들이 각자 자신의 아이들을 가족기업에 두고 있는 경우이다.

부모로서 자식이 잘되고 성공하기를 바라는 것은 지극히 당연한 일이다. 그리고 부모라면 누구나 자녀의 취직을 위해 친구나 지인에게 일자리를 요청해서라도 도움을 주려고 할 것이다.

그렇기에, 가족기업에 종사하는 형제자매들이 각자의 자녀들을 위해 최선을 다할 때, 그들 사이에 이해 충돌이 일어날 가능성이 다분하다. 형제들마다 각자의 자녀들에게 쉬운 업무를 맡기고, 월급을 인상하고, 승진을 추진하며 업무 성과 평가에 손을 쓰려고 한다면, 다음 세대 중 누가 회사를 운영할지 고민할 때 한바탕 전쟁이 일어날 것이다.

기업을 다음 세대에게 넘겨주기

자신에게 물어볼 첫 번째 질문 : 나는 내 사업을 다음 세대에게 팔려고 하는가, 아니면 물려주려고 하는 것인가? 이는 파는 것일 가능성이 크다. 물론 좋은 할인 가격에 말이다.

비즈니스에서 실행하는 평가에는 두 가지 유형이 있다. 하나는 다음 세대에게 (가격을 낮춰서) 주는 것이고, 다른 하나는 전략적 구매자에게 (가격을 올려서) 넘기는 것이다.

한 명 이상의 후계자에게 가족기업을 물려주는 경우, 상황이 순조롭지 않을 수 있다. 승계를 제대로 해내지 못하면 고의는 아니지만 다음 세대가 실패의 길로 들어서게 만들 수도 있다.

가족기업의 오너가 과반수 소유권을 갖는 것이 가장 좋은 관례이다. 특히 분명하고 확실한 리더가 있는 경우는 더욱 그렇다. 공유 리더십은 결정이 느리고 관리하기 어렵다. 확실한 리더가 아닌 사람들이 많을 경우에는 더더욱 그러하다.

재정적인 관점으로 봤을 때는 문제가 되지 않을 수도 있지만, 경영적인 관점에서 보면 이러한 리더십의 분할은 가족기업의 성패를 좌우할 수 있다. 많은 부모들은 잠재적으로 소액 주주가 될 형제들에게 이런 구조에 대해 설명하는 것이 불편한 일이라는 것을 알기에, 분명한 리더를 세우는 구조를 꺼려 하기도 한다.

그러나 한 명의 확실한 리더가 조금 더 큰 권력을 가지고 있지 않으면 사업이 위축되는 결과를 불러와 모든 소유주들이 좌절하게 될 것이다.

승계 계획을 진행할 때, 그리고 일상적인 경영을 할 때도 가족기업 밖에서 일하고 있는 가족들에게 관심을 기울이지 않거나 방치하는 것은 큰 실수다.

상속과 유산 계획을 설계하는 중이라면 가족기업과 상관없이 가족 구성원 모두에게 미칠 영향을 충분히 고려해야 한다. 만약 사업을 매각하고, 은행에 현금만 있다면 재산은 상속자들 사이에 균등하게 분배되는 것이 기본이다.

사업 내에 큰 자산이 있다면 상황은 또 다르게 흘러가겠지만, 가족기업 외부에서 일하는 가족들의 재정적, 심리적 요구를 충분히 들어주지 못한다면 가족기업은 언젠가 벽에 부딪히게 될 것이다. 때때로, 회사의 오너 중 한 명이지만 다른 곳에서도 일하는 가족 구성원들이 가족기업을 운영하는 가족에게 조

 상속과 유산 계획을 설계하는 중이라면 당신은 가족기업에 종사하고 있는지에 상관없이 모든 가족 구성원들에게 미치는 영향을 충분히 고려해야 한다.

언을 가장한 외압을 넣거나 불합리한 수익을 요구할 수도 있다.

모든 상속자들이 의지와 능력이 있을 뿐만 아니라 회사에 충분히 협조적이라면, 소유권을 공평하게 나누어주거나 사업의 재산을 나누어주는 것이 그들에게 동등한 부를 제공하는 방법이다. 어떤 상황이든 좋은 매수-매도 계약이 성립되어야 한다.

좋은 매수-매도 계약은 불만족한 비즈니스 파트너들이 회사를 빠져나갈 때 그들의 주식에 걸맞은 정당한 대가를 받을 수 있도록 해야 한다. 또한 회사의 소유권이 공개적으로 시장에서 팔리지 않도록 지켜주며, 오너가 사망할 경우 다른 소유주가 그의 아내나 상속자와 운영하게 되는 불상사를 막기도 한다. 사망 시 생명보험이 좋은 유동성 쿠션을 제공할 수 있다.

매수-매도 계약이 제공하는 가장 큰 혜택은 일이 잘못되면 안전하게 사업을 끝낼 수 있을 거라는 마음의 안정이다. 형제들이 이러한 지식들을 숙지하고 있는 것은 장기간에 걸쳐 협업을 성공적으로 할 수 있게 한다.

다음 고려사항은 누구에게 사업을 물려주고, 누구에게 물려주지

않을 것인가? 가장 현명한 대답은 항상 이미 그 사업에 종사하고 있는 사람들의 손에 맡기려고 하는 것이다.

다음 세대 리더가 빠른 성공을 이루기 위해서는 그가 그 사업에 대한 경영권을 확실히 갖도록 해야 한다.

나의 고객 중 한 명은 회사의 주식 일부를 가진 총괄 매니저를 두고 있었고, 그의 다른 가족 주주들은 그 사업에 종사하지 않았다. 이런 환경이라면, 회사가 주주들이 원하는 수준의 성과를 내지 못하는 경우, 외부 주주들은 사업에 대해 전혀 알지 못함에도 불구하고 이를 개선한다는 명목으로 사업에 참견하기 시작할지도 모른다.

그리고 당신이 법인이라면 더 어려운 상황이 될 수도 있다. 왜냐하면 배당금만이 다른 주주들에게 보상할 수 있는 유일한 방법이기 때문이다. 소유주들도 배당금을 받겠지만, 배당금은 이중으로 세금이 부가되고 오너는 급여만으로 충분하고도 남을 것이다.

다음 세대 리더가 빠른 성공을 이루기 위해서는 그들이 그 사업에 대한 경영권을 확실히 갖도록 해야 한다.

만약 당신이 충분한 재산을 가지고 있다면, 가족기업에 종사하지 않는 가족들에게도 똑같이 회사의 주식 자본을 현금이나 다른 자산의 형태로 나누어주는 것이 가장 좋다. 그만큼의 부를 쌓지 못했다면, 생명보험을 통해 당신이 세상을 떠난 뒤에 가족기업에 종사했던 사람들과 외부에서 일했던 사람들이 동등한 금액의 현금을 받도록 할 수 있다. 이러한 유동성이 없다면, 사업 종사자들은 심각한 재정적 압박에 처하기 때문에 자칫 공황 상태에서 매각을 강요받을 수도 있다.

그 회사에 일하는 가족들에게 회사를 팔려고 하는 경우, 시장가보다 더 낮은 가격으로 회사를 팔지 않는 한 그들의 형제들에게 동일한 배분을 할 필요는 없다.

여기서 제일 중요한 것은 모든 가족들이 현재 무슨 일이 일어나고 있는가에 대해 명확히 알고 있어야 한다는 것이다. 그 누구도 나중에 충격을 받거나 당황하는 일이 없어야 한다. 가족 모임을 갖는 것은 위의 모든 문제들을 완화시킬 수 있다.

자금 마련하기

당신은 지금 리더십과 소유권의 이임 측면으로 어느 정도 준비가 되어 있다. 당신이 생각할 다음 질문은 '그 과정을 위한 자금을 어디서 조달할까?'이다. 여기에는 다양한 옵션들이 존재한다.

• 레버리지 자본 재조정: 회사는 회사의 자산을 담보로 대출 기관으로부터 대출을 받을 수 있으며, 소유주 지분의 일부를 사들일 수 있다. 사모펀드를 소유하고 있는 회사라면, 펀드를 재판매하기

위해 가치를 높이는 것에 관심을 둔다. 하지만, 다음 세대 상속 자들 또한 그것들을 사들일 수 있다.

- **공동 벤처**: 사업 파트너를 새로 데려온다. 만약 새로운 파트너 가 기술과 비전, 그리고 자금을 가져다준다면 좋은 선택이 될 것이다.

- **비지배 지분**: 회사의 소액 주주 지분을 판매한다. 당신의 사업이 많은 현금을 불러들인 실적을 가지고 있다면, 당신의 회사에 투 자할 투자자들이 대기해 있을 것이다. 하지만 그들은 타이트한 계약을 원할 것이고, 당신도 그래야 한다.

- **기간별 판매**: 시간이 지남에 따라 다음 세대가 인수해나가는 것 이 가장 일반적인 방법이다. 물론 회사나 주식을 매수하기 위한 돈을 마련해야 하기 때문에 회사를 잘 운영하는 것도 필수이다. 대부분의 경우, 이 방법을 실현하기 위해 대출을 받을 수밖에 없 는 상황이 되기도 한다.

어떤 재정적인 선택이든, 가능한 한 회계장부를 빨리, 그리고 정확 하게 정리해야 한다. 확실한 재무 담당자를 두고 꾸준한 회계장부 검 사를 받으며, 일하지 않는 자녀들은 모두 급여 대상자 명단에서 제외 시키도록 한다.

오너들의 특별한 유산 계획, 'ABIL(자산담보 보험대출)'

많은 가족기업의 오너들은 무엇인가를 팔기 위해, 그리고 그에 따라오는 세금을 내기 위해 특별한 것들을 만들며 일생을 보낸다. 세금을 납부한 후에는 현재 재산의 15%도 남지 않을 수 있다. 동시에, 일부 오너들은 생명보험에 가입한 다음 자신의 유동 자산을 사용하여 보험료를 납부한다. 이 과정에서 종종 증여세가 생기며 상당한 기회비용을 발생시킨다. 그리고 많은 경우에 보험 투자 수익률은 피보험자가 조기에 사망하는 경우에만 긍정적일 뿐 매력적인 선택지는 아니다.

하지만, 일부 오너들이 이용할 수 있는 특별한 자금 마련 도구가 있다. 바로 ABIL, 자산담보 보험대출이다. 이것은 사업주 오너나 상당한 부를 가진 사람들이 평생 쌓아온 자산을 청산하지 않고도 세금 부채를 해결할 수 있게 해준다. 추가적으로 이 방법을 통해 당신이 세상을 떠날 때, 자산의 처리를 정부가 아닌 자신이 미리 컨트롤할 수 있다. ABIL을 이용하면 계획을 짤 수 있고 비용을 최소화하는 동시에 대부분의 자산을 자신의 통제 하에 놓을 수 있다.

자신의 능력을 보여라

승계 과정의 일환으로 다음 세대는 기성세대가 여전히 회사를 운영하는 동안 회사 내에서 자신의 입지를 확립하는 것이 일반적이다. 가까운 미래에 가족기업을 물려 받을 생각이 있는가?

성공적인 사업 운영을 위한 중요한 요소 중 하나는 고객, 거래처, 직원 및 파트너들을 사로잡을 수 있는 능력이다. 당신은 상품과 서비스에 대해서 잘 알고 있을 것이다. 사업의 핵심 기능을 마스터한 것과 다름없다. 중요한 프로젝트와 계획을 주도적으로 끝내고, 누군가로부터 멘토링을 받는 데에도 많은 시간을 보냈으며, 해당 산업에 대한 교육과 트레이닝을 받았을 것이다. 그리고 최상의 조건이라고 할 수 있는, 가족기업 외부에서 일한 경험까지도 갖추었을 것이다. 하지만 이중 그 어떤 것도 당신이 성공하기 위해 끈끈한 관계를 가져야 하는 사람들의 모임과는 연결시켜주지 않는다.

나의 고객 중엔 이런 사람이 있었다. 그의 회사는 2대째 이어져 온 건설업계 가족기업이었고, 최고라는 평판도 가지고 있었다. 사업에 종사하고 있는 두 자녀는 회사의 리더가 되기에 적합한 기술과 지식, 동기가 있었다. 그러나 이 사업의 진정한 성공 비결, 말하자면 '비밀 소스'는 기성세대와 그 이전 세대 리더들이 그들의 파트너 및 거래처들과 쌓아온 강한 유대 관계였다. 여러 면에서 사업은 이러한 관계, 즉 비즈니스 네트워크에 따라 성공 여부가 달라진다. 다음 세대가 성공하기 위해서는 좋은 관계가 주는 이점을 얻기 위해 네트워크로부터 신뢰를 얻기 시작해야 한다.

관계를 발전시키는 가장 좋은 방법은 서로의 의향을 파악하는 것이다. 회사의 프로젝트의 작은 한 부분을 맡거나 덜 중요한 기능을 수행하면서 어머니나 아버지를 통해 당신이 이 부분을 책임질 거라는 사실을 고객이나 거래처들에게 알려야 한다.

이를 통해 고객이나 거래처들은 위험을 감수할 필요 없이 당신의 능력에 대한 판단을 내놓을 수 있기 때문이다. 이러한 변화는 직접 전달하지 않는 것이 중요하다. 기성세대를 통하지 않고 직접 전한다는 건, 고객이나 거래처들에게 현 소유주와의 관계가 신뢰성, 혹은 네트워크를 보증할 만큼 중요하지 않다는 의미를 전하게 될 수도 있기 때문이다. 자신의 회사 인수 소식을 직접 발표하는 건 오만하고 자신감을 과시하는 것처럼 보일 위험이 있다.

고객과 거래처들은 당신이 얼마나 알고 있는지에 대해 신경쓰지 않는다. 당신이 그들에게 얼마나 관심을 갖고 있는지 알 때까지는 말이다. 당신의 능력은 우수할 수 있으나, 세상엔 우수한 능력을 갖고 있으면서도 다른 이들과 관계를 연결시키지 못한 사람들이 많다.

자신의 일에 능숙하다는 것만으로는 고객이나 거래처들과의 관계를 발전시키기에 충분하지 않다. 업무 방식에 대한 평판을 입증, 확립 및 개발하는 것이 더 중요하다. 즉, 신뢰할 수 있고 소통이 가능하며 배려심이 깊다는 것을 그들이 알 수 있도록 해야 한다.

고객과 거래처들은 당신이 얼마나 알고 있는지에 대해 신경쓰지 않는다. 당신이 그들에게 얼마나 관심을 갖고 있는지 알 때까지는 말이다.

가슴에 새겨두어야 할 것은 첫인상에 기회는 딱 한 번뿐이라는 사실이다. 만약 당신이 소규모 프로젝트 등에 조금씩 참여하면서 고객과 거래처들에게 좋은 인상을 남길 수 있다면, 훗날 더 큰 프로젝트를 책임지게 될 때 훨씬 더 편안해질 것이고, 설령 어떠한 일이 잘못된다 하더라도 그들은 당신을 가혹하게 대하지 않을 것이다. 왜냐하면 당신은 이미 그들에게 신뢰를 쌓았기 때문이다.

부모가 당신에게 책임을 나눠주기 시작할 때, 당신을 사람들에게 소개하는 시기가 분명 찾아올 것이다. 하지만 당신은 아버지의 조수처럼 보이고 싶진 않을 것이다. 두 발로 단단히 서서 스스로 생각할 수 있는 능력이 있다는 걸 증명하라. 고객 및 거래처들과 관련 주제를 논의하기 위한 일대일 미팅을 설정해보자. 맡은 일의 심각성보다 자신이 단순히 부모의 연장선이 아니라는 걸 보여주는 것이 훨씬 더 중요하다.

같은 이유에서 몇몇 산업 컨퍼런스에 단독으로 참여하는 계획을 세워보는 것도 좋다. 동종업계가 관심을 갖는 주제에 대한 글을 써보고, 산업 관련 프로젝트에 참여하게 될 그룹과 대화를 나눌 기회를 찾아보자. 당신이 한 가지만 잘 하는 게 아니므로, 이러한 활동은 자신의 다재다능한 능력을 사람들에게 알리는 데 도움이 될 것이다.

당신의 고객과 거래처들에게 미래의 리더라는 인상을 남길 수 있는 가장 좋은 방법은 그들에게 직접적인 관심을 보이며 다가가는 것이다. 거래처들의 경우, 먼저 그들에게 연락을 취하여 점심이나 티타임에 초대하는 쉽고 간단한 방법이 있다. 고객들을 위한 것이라면, 그들이 들어올 때마다 문 앞에 서서 반갑게 맞이하며 인사를 건네면 된다. 자신을 소개하고, 자신이 도와줄 것은 없는지 질문을 던져본다. 이는 그들에게 관심을 가짐으로써 좋은 평판을 얻는 검증된 방법이다. 어떻게 하면 고객에게 더 나은 제공자로서 다가갈 수 있는지 직접 자문을 구하는 것도 효과적이다. 물론 당신의 손길을 필요로 하는 무수한 프로젝트, 해결해야 할 인사문제, 피할 수 없는 위기들이 있겠지만, 고객을 만나기 위해 며칠을 투자하는 것은 그만한 가치가 있을 것이다. 모든 사람들을 만나서 도울 수는 없지만, 당신이 만난 사람들에게는 의미 있는 영향을 미치고, 그들의 입을 통해 평판이 퍼져나갈 것이다.

마지막으로, 훗날 회사의 리더가 될 사람으로서 자신이 명성을 떨치기 시작했다면, 이 한 가지를 기억하라. 당신의 부모는 고객과 거래처들에게 높이 평가되고 사랑받는 스타일이었지만, 그 누구도 당신이 그들의 복제품이 되기를 기대하지 않는다. 모든 사람들은 믿을 수 있는 양질의 제품과 서비스를 원하지만 신뢰와 진정성 또한 중요시한다. 자기 자신 그대로면 된다. 자신만의 스타일을 갖고, 자신의 장점을 두 배로 키워라. 이것이 그들에게 새로운 리더가 탄생했음을 알리는 가장 좋은 방법이다.

달릴 준비가 되었는가?

가족기업의 유망한 다음 세대 리더로서 원활한 경영권 이전을 위해서는 해야 할 일이 많다. 그중 어떤 것들은 그렇게 명백하게 보이지 않는다.

우선 '경영권 이전'이라는 말의 의미에 대해 이야기해보자. 사업적인 관점에서 봤을 때, 사람들은 사업과 현재 자리에 앉아 있는 오너를 주시하는 경향이 있다. 이는 당연한 반응이다. 왜냐하면, 그 사업은 세대 교체가 이루어지기 전에 이미 훌륭하고 능력 있는 모습을 보여주었기 때문이다. 자, 그럼 받는 이, 즉 다음 세대 오너를 잠깐 살펴보자.

릴레이 경기에서처럼, 바톤을 든 주자들은 다음 주자가 잘 잡을 수 있다는 확신이 들 때까지 바톤을 손에서 놓지 않는다. 기성 세대들이 갖고 있는 생각도 이것과 똑같다. 그러나 사업에 있어서는, 그 바톤 전달이 수년에 걸쳐 일어난다. 그렇기 때문에 전 주자가 손을 놓기 전에 당신이 그 사업을 운영할 능력이 있다는 걸 증명해야 한다.

바톤을 받을 준비가 되었는지 확인하기 위해 답해야 할 몇 가지 질문이 있다.

• 자립을 견뎌낼 수 있는가? 정상에 도달하면 외로움만이 남는다는 말이 있다. 유감스럽지만, 이 말은 사실이다. 당신이 내리는 결정

에 대해 이야기할 사람이 없고, 당신의 밑에서 많은 의견이 오가겠지만 결국 최종 결정은 당신의 손에 달려 있다. 강한 반대에도 불구하고 당신은 "안 돼."라고 할 수 있는가? 당신은 당신의 가치관을 알고 있는가? 어머니, 아버지 아니면 사업을 하고 있는 누군가의 말에 반대한 적이 있는가? 리더가 되기 위해선 이 모든 질문에 답이 필요하다.

• **맡은 일을 잘 할 수 있는가?** 당신이 금융업에 종사하고 있는데 숫자에 약하다면, 그 가족기업은 당신과 맞지 않을 것이다. 그러나 만약 자기 스스로가 인정할 만한 능력을 갖고 있으면서 동시에 약점들도 가지고 있다면, 그런 측면들을 이해하고 커버하기 위해 노력하라.

• **소통에 능한가?** 자신의 의견을 분명히 말하고 글로 쓸 수 있는가? 대화에 자신이 있는가? 사람들이 듣고 싶지 않아 하는 것을 말할 수 있는가? 동시에, 의사소통의 중요성을 이해하고, 언제나 대화를 기초로 사람들과 소통할 자신이 있는가?

• **미래를 생각하고 있는가?** 3년 후, 5년 후, 10년 후에 이 사업은 어떻게 되어야 하는가? 어떻게 해야 그 예상에 도달할 수 있고, 무엇이 바뀌어야 하는가? 우리가 서 있는 사업의 발판은 언제나 변한다. 그 위에서 넘어지지 않게 균형을 유지하고 앞서나가 성공할 수 있는가?

• **당신은 발전하고 있는가?** 더 나은 자신이 되기 위해, 더 나은 경

영자, 지도자가 되기 위해 끊임없이 노력하고 있는가? 사람들의 말을 잘 들어주는가? 조언을 구하는 것은? 중요한 프로젝트의 시작과 끝을 경험하며 좌절을 맛보고, 그것을 극복해 보았는가?

이 목록은 계속 이어지겠지만, 그보다 중요한 것이 있다. 바로 기성세대가 항상 당신의 특성과 행동을 주시하며 회사를 인수 받을 준비가 되었는지 가늠하기 위해 당신을 평가하고 있다는 점이다.

다음 영역은 부모와 자신 외에 여러 사람들을 포함한다. 당신의 형제자매 및 기타 주요 직원들은 당신의 인수인계를 전적으로 지원해주고 있는가? 당신은 그들이 무엇을 지지하고 어떤 걱정을 하고 있는지 알아야 할 필요가 있다. 어떤 사업에서든 기성세대 리더와 돈독한 관계로 이어져 있는 뛰어난 경영진들이 있을 것이다. 가족기업에서 일하거나 일정 수입을 얻고 있는 형제자매가 있을 수도 있다. 그들은 당신이 사장직에 앉았을 때 자신들의 상황이 괜찮을지 알고 싶어 할 것이다. 다음 세대가 성공하기 위해 그들 중 누군가가 자리에서 물러나야 한다면 그 일 또한 해결할 필요가 있다.

이 모든 일에서 가장 중요한 쟁점은 어머니나 아버지를 어떻게 할 것인가?이다. 당신의 관점에서 보면, "아버지/어머니의 사무실을 제게 주세요."라고 말하는 것만큼이나 간단해 보일 수도 있다. 하지만 당신은 물러나는 어려움에 진심으로 감사해야 한다. 따라서 시간이 지남에 따라 부모가 회사에서 완전히 물러나야 할 때 그들 자신이 이제 무엇을 할 것인지를 정의하는 것은 중요하다. 여기서 다음과 같은 세 가지 질문이 생긴다.

그들은 지금 가족기업에서 어떤 역할을 맡고 있는가?
바톤이 넘겨진 뒤에 그들의 손에는 얼마만큼의 권한이 남게 되는가?
그들은 앞으로 가족기업 외에 무엇을 할 계획인가?

이 질문들은 쉬워 보일 수 있지만, 그렇지 않다. 앞서 우리가 논의했던 리더들의 다양한 은퇴 방법을 되새겨보면 이해가 될 것이다.

승계의 마지막 단계는 은퇴 계획과 소유권 인수인계에 관한 것이다. 말할 필요도 없이, 부모가 그들 자신을 돌볼 충분한 대책을 가지고 있다는 걸 확인하는 것이 중요하다. 아버지에게 낮춘 임금을 계속 지불하거나 일정한 돈을 내어줌으로써 해결할 수 있다. 부동산과 관련된 많은 가족기업자의 경우, 시설에 대한 임대료를 지불해야 할 수도 있다.

그러나, 인수인계의 가장 중요한 관점은, 인수인계에 대한 계획이나 타당성이 확정이 되면 모두와 함께 이야기할 주제로 삼는 것이다. 많은 가족기업 소유주들은 감정적으로 너무 얽매여 가족기업을 떠날 때 힘겨워한다. 그들은 자녀들이 사업을 운영하는 것을 지켜보는 데 어려움을 겪으며, 특히 마음을 내려놓고 사업에 필요한 변화를 일으키는 것을 보는 건 더더욱 어려워한다.

경영권 이전에 관한 문제는 이것이다. 함께 가족기업에서 일하는 다른 형제자매들이 현금으로 된 급여를 받을 때, 사업을 물려 받은 후계자는 충분한 재산이나 생명보험을 보장받을 수 있는가? 만약 그렇지 않다면, 가족기업에 종사하고 있지 않은 형제자매가 일정 정도의 소유권만 가지도록 계획을 세워야 한다. 가장 좋은 방법은, 부모가 없는 자리에서 형제자매들끼리 만나 모두의 관점을 공유하고 논의해보는 것이다. 앞으로 어떤 관계성을 가지고, 어떻게 관리할 것인지 합의를 보고, 그 결과를 부모에게 전달할 수 있도록 노력하라.

이 결과를 도출한 과정이 개인적, 감정적, 사업적, 가족적 차원에서 이루어졌다는 것을 부모에게 잘 어필할수록, 모두가 쉽게 이 인수인계 계획에 참여할 수 있다.

경영(소유)권 이전 : 재정적 관점

경영권 이전을 실행할 때가 되면, 가장 기본으로 여겨지는 방법은 단순히 사업의 가치를 측정하고 다음 세대가 회사를 사들이도록 하는 것이지만, 이는 말처럼 쉽지 않다. 사업의 가치는 다음 세대가 감당할 수 있을 정도를 훨씬 넘어서는 경우가 대다수다. 이쯤에선 이런 질문이 튀어나올 것이다. 회사를 다음 세대에게 넘기기 위해서는 실제로 얼마만큼의 돈이 필요한가? 이 질문에 대한 답은 "내가 필요한 건 돈이야. 이걸 토대로 노후 자금을 준비하고 있는데, 만약 다음 세대에게 자금을 받지 못한다면 매각하는 걸 생각해봐야겠지."부터 "나는 그 돈이 필요 없어. 엄청난 세금을 떠안지 않는 선에서 최대한 나눠줄 거야."까지 다양할 것이다. 대부분의 회사들은 그 사이 어딘가에 머물러 있다.

사업의 가치는 다음 세대가 감당할 수 있을 정도를 훨씬 넘어서는 경우가 대다수다.

한 고객의 경험에 의하면, 기성세대가 그 전 세대인 창업자로부터 사업의 실제 가치보다 적은 돈을 지불하고 사업의 경영권을 사들인 사례가 있다. 창업자는 자신이 일궈낸 사업이 다음 세대로 이어지길 원했다. 그가 필요한 것은 적당한 퇴직금이었고, 실제 사업 가치를 담고 있는 금액까지는 바라지 않는다는 의사 표시를 했다. 결정적으로, 둘 사이에 오간 거래는 국세청에 세금 신고를 하지 않아도 될 만큼 최소한의 가치액으로 이루어졌다고 한다.

여기서 중요한 점은 자산을 양도할 때 지불해야 하는 양도소득세와 그 자산을 이용해 수익을 창출할 때 지불해야 하는 소득세의 차이점을 이해하는 것이다. 양도소득세율은 소득세율보다 훨씬 낮기 때문에, 만약 회사를 매각한 후에 그 주위를 맴돌며 수입을 뽑아낼 생각이었다면, 그 생각은 접는 것이 좋다. 회사 주식 가격을 대폭 올리고, 향

자산을 양도할 때 지불해야 하는 양도소득세와 그 자산을 이용해 수익을 창출할 때 지불해야 하는 소득세의 차이점을 이해해야 한다.

후 손에 들어올 수입의 액수를 낮추는 것이 현명하다. 물론 그 수입은 0에 수렴할 가능성이 높다.

어떤 산업에서는, 기업이 자리 잡고 있는 토지와 관련된 부수적인 문제가 따른다. 이런 경우에는 흔히 토지가 사업 자체보다 더 큰 가치를 갖고 있거나, 적어도 비슷한 가치를 가지고 있다.

사업의 종류에 따라 몇몇 사업은 장소를 옮김으로써 회사에 피해를 줄 수도 있다. 이것은 많은 가족기업에서 흔히 볼 수 있는 문제인데, 매각할 경우 은퇴 자금을 두둑하게 챙길 수 있지만 사업에서 마음이 떠날 수도 있다. 이 경우 찾아볼 수 있는 방법은 시차를 두면서 사업과 토지를 구매하는 것이다.

사업에 종사하지 않는 자녀들에게는 무엇을 남기고 갈 것인가? 이 질문은 상당히 중요하다. 만약 다음 세대가 사업의 모든 자산을 실질적인 시장 가치로 매입한다면 굳이 논의할 것이 없다. 하지만, 자산의 가치 액수를 낮추거나 일부분을 양도하는 경우라면, 당신은 다른 사업에 종사하는 자녀들과 그렇지 않은 자녀들 사이에서 어떻게 균형을 맞출 것인지 고려해야 한다. 이때 생명보험증권이 좋은 해답이 되어 다른 가족들에게 유동성을 보장해 줄 수 있다.

대다수의 가족기업에서 다음 세대는 주로 한 명 이상의 자녀들로 구성되어 있다. 똑같이 사업에 기여하고, 갖추고 있는 능력도 비슷한 두 자녀를 어떻게 다뤄야 할까? 물론 정답은 50대 50으로 나누는 것이다. 그러나 두 사람이 모든 전략적 결정에 동의하여야 하는 경우, 이는 비즈니스 운영을 최적화하지 못할 수 있다.

또 다른 대안으로, 한 명에게 조금 더 많은 지분을 주되, 적게 받은 자녀가 원할 경우 공정한 가격에 빠져나올 수 있도록 좋은 매수세를 보장하는 것이다. 지분을 적게 받은 자녀에게 보상의 의미로 특별히 현금을 증여해주는 방법도 있다.

여기서 중요한 것은 한 자녀를 다른 자녀보다 더 사랑한다는 것이 아니라 철저하게 사업적으로 생각해봤을 때 한 명의 의사 결정자를 가질 때 보다 효과적인 운영을 할 수 있다는 사실이다. 이러한 체계는 회사 내 모든 사람들에게도 더 나은 삶을 가져다 줄 것이다.

내가 알고 있는 한 회사는 창업자가 경영권의 100%를 한 아들에게 전부 내어주었다. 다른 두 아들들이 같은 회사에서 일하고 있음에도 불구하고 말이다. 사업은 순조롭고, 삼 형제 역시 잘 지내고 있다. 오너가 된 아들은 운영에 탁월한 소질이 있었고 나머지 두 형제는 그의 뒤에서 일한다면 자신들 또한 각자의 위치에서 잘 해낼 수 있다는 걸 깨달았던 것이다. 실제로 그들은 잘 해내고 있다.

그렇다면 사업을 인수하기 위한 돈은 어디서 나오는 걸까? 일반적으로 시간이 지남에 따라 매수세가 발생하며, 인수 초반에 더 많이 필요할 수 있다. 때때로 인수 자금을 마련하기 위해 사업이 약간 축소되기도 한다. 그러나 은행이나 사모펀드 등 다른 선택권이 있다. 당신의 회사가 수년간 상대적으로 적은 빚을 가지고 있고, 안정적인 수입을 가지고 있으며 다음 세대가 이미 그 사업을 운영해왔다는 것을 증명해낼 수만 있다면, 당신은 은행으로부터 대출 서비스를 받을 수 있다. 사모펀드는 어떠할까? 만약 회사가 획기적인 사업 성장 계획을 가지고 있다면, 사모펀드를 확보하는 것도 좋은 대안이다. 이 방법은 확실히 보다 높은 투자금 회수 임계값을 가지겠지만, 회사의 전망이 양호하다면 재정적으로 문제는 없을 것이다. 시장에는 전문적으로 가족기업들에게 대출 서비스를 제공하는 사모펀드 회사들이 있다. 최종적으로 그 사업을 본래 가족들의 손에 돌려준다는 조건을 전제로 한 안전한 회사들이기도 하다.

또 다른 옵션에는 우리사주신탁제도(ESOP)가 있다. 본질적으로 이 제도는 직원들이 퇴직할 때 회사 주식의 일부를 할당 받을 수 있는 시스템이라고 할 수 있다. ESOP 제도의 장점은 주주들이 ESOP 제도를 통해 주식을 팔고 세금을 최소화할 수 있게 해주며, 회사는 ESOP 제도를 통해 대출을 받은 뒤, 훗날 세금 공제가 가능한 기여금으로 대출금을 상환할 수 있다는 점이다. ESOP 제도를 통한 세금 절감 효과는 상당하다. 그러나 현실적으로 ESOP 제도를 시행하는 데에는 많은 비용이 요구되기 때문에, 회사의 크기와 자본이 충분히 받쳐줄 수 있어야 가능하다. 그와 동시에 세금 절감을 통해 이익을 얻으려면 회사는 수익성이 있어야 한다. 마지막으로 이익에 관한 넓은 시각을 가지고 있어야 한다.

다음 세대 오너가 알고 있어야 할 재정적 고려사항

다음 세대 리더가 필수적으로 고려해야 할 재정 관련 사항들이 있다. 첫 번째 세대에서 그 다음 세대로 최대한 잡음 없이 경영권을 이전하기 위해 어떤 조치들을 취해야 할까?

첫 번째로, 가족기업의 가치를 정확히 이해하기 위해 전문가에게 평가를 받아야 한다. 그것은 회사를 위해 당신이 지불해야 할 금액이 아니라 대외적으로 가늠할 수 있는 공정한 가치를 말한다. 전문가의 평가가 중요한 이유는 이뿐만이 아니다.

국세청 또한 이 평가를 원할 것이다. 가족기업의 가치는 천만 달러지만, 어머니와 아버지가 당신에게 청구한 금액은 7백만 달러라고 가정해보자. 국세청은 3백만 달러의 차액을 세금이 부가될 수도 있는 증여로 볼 것이다. 그리고, 어느 날 부모가 갑작스러운 죽음을 맞이했다고 가정해보자. 국세청은 거래 내용을 다시 검토해볼 것이고, 3백만 달러의 문제를 발견할 것이다. 이에 대한 세금은 누가 내게 될까? 바로 당신이다. 현재 유동성이 없는 사람은? 당신이다. 그 사업의 급매를 강요받는 건 누구일까? 이미 짐작했을 것이다. 바로 당신이다!

좋은 소식은 인정된 평가 범위가 있다는 것이다.

예를 들어, 전략적 구매자에게 비즈니스의 가치는 가장 높은 가치를 가져다 줄 것이다. 전략적 구매자는 사업의 포트폴리오를 완성하거나, 새로운 시장에 진입하기 위해서, 또는 경쟁사가 시장에 진입하는 것을 막기 위해 다른 사업을 필요로 한다.

마이크로소프트가 스카이프를 85억 달러에 사들인 사례를 생각해보자. 스카이프는 거래 기준 전 해에 7백만 달러의 손실을 입었고 부채도 거의 같은 금액이었다. 그럼에도 불구하고 마이크로소프트사는 이 회사를 인수했다. 구글이나 페이스북이 스카이프를 손에 넣는걸 원치 않았기 때문이다.

전략적 구매자가 대기하고 있지 않은 상태에서 보다 간단한 재정분석을 통해 계산해봤을 때, 사업의 가치는 얼마나 될까? 공인된 전문가에게 세대 교체를 위한 사업 가치 평가가 필요하다는 것을 확실히 알리고, 사업을 물려 받게 될 다음 세대, 바로 당신을 위해 평가를 구해야 한다. 이렇게 한다면, 국세청이 책정한 가치 금액에 의문을 품게 되었을 때, 가격에 대한 정당화는 직접 평가를 내린 전문가가 책임진다.

앞서 말한 바와 같이, 형제자매나 그 밖에 다른 사람과 공동 소유자가 되는 것이 계획의 일부라면, 평가 과정을 포함한 매수 계약을 수립하는 것이 현명하다. 이렇게 하면 누군가가 회사를 떠나고자 하더라도 회사로부터의 분리 과정이 더 수월해질 것이고 이해관계도 한발빠르게 성립될 것이다.

1세대로부터 회사를 인수하는 과정에서 생기는 재정적 파급 효과를 이해하는 또 다른 단계는 새로운 오너로서 자신만의 탄탄한 재정 관리 능력을 개발하는 것이다.

이러한 기술을 습득하는 가장 좋은 방법은 회계 책임자의 직책을 맡아 월별 재무제표를 작성해보는 것이다. 직책을 맡는 것이 불가능하다면 한 달에 한 번 CFO와 함께 재무제표를 검토하고 분석 회의에 참여해보는 것도 좋다. 당연히 금융 전문가들에게도 많은 조언을 구해야 하지만, 목적성이나 중요성을 고려해봤을 때, 자신만의 방식으로 이해하는 것도 필요하다.

이 과정의 일부로서, 당신은 모든 형제자매들이 앞으로 어떤 대우를 받을 것인가를 조율할 필요가 있다. 그들이 모두 가족기업에 종사하고 있다면 소유권은 어떻게 나누어져야 하는가를 그 예로 들 수 있다. 공평이 항상 최고로 나은 것은 아니라는 점을 기억하기 바란다.

또한 소유자가 회사의 주식을 팔 수 있는 조건이 포함된 좋은 매수-매도 계약이 있는지도 확인해야 한다. 사업과 인간관계를 동시에 살릴 수 있는 방법이기 때문이다. 만약 형제자매가 가족기업에 종사하지 않는다면, 소유권을 주는 것은 피해야 한다. 그 대신 증여로 균형을 잘 잡을 수 있는 충분한 유동성이 요구될 것이다.

이미 여러 번 언급된 바와 같이, 기성세대가 적절한 생명보험을 가입해두는 것은 효과적으로 이 과정에 힘을 실어줄 수 있다.

가족기업 인수 준비의 다음 단계는 부모의 유산 계획에 어느 정도 관여하는 것이다. 여러 면으로 봤을 때 이것은 이 과정의 마지막 단계로 여겨진다.

이것이 순조롭게 진행되기 위해서는 두 가지 요소가 필요하다. 바로 신뢰를 바탕으로 한 좋은 관계성, 그리고 원활한 의사소통과 이 과정을 도울 지식이다. 관계에 있어서는, 부모가 은퇴하거나 세상을 떠났을 때 그들의 필요와 요구에 관한 의견이 당신과 맞지 않을 수도 있다는 걸 이해해야 한다. 굉장히 미묘한 상황이 될 수도 있다.

부모의 유산 계획 과정에 관여해야만 하는 관계라면, 가능한 한 빨리 보험, 투자, 세금, 그리고 법률적 지식을 쌓길 바란다.

이 과정에 다른 가족 구성원들도 관여할 수 있다. 가족기업에 종사하든 종사하지 않든 모든 형제자매가 포함된다. 유산 계획은 모든 형제들을 공정하고 공평하게 대할 필요가 있다.

사업의 경영권은 특히나 더 심혈을 기울여서 고려해야 하는 영역이다. 만약 가족 구성원들이 가족기업 내에서 일하고 있지 않는데, 그들이 가족이라는 이유로 반드시 가족기업에 대한 지분을 나눠 받아야 하는 건 아니다. 이 부분은 다른 유동성이 없거나, 이용 가능한 유동성이 사업의 성장에 있어 중요한 경우에만 논의된다.

이 모든 일이 있은 후, 당신은 여전히 부모로부터 가족기업을 인수해야 할 것이다. 만약 그들이 재정적으로 안정적이라면, 법의 테두리 안에서 가능한 한 낮은 금액으로 구입하는 것이 최선의 이익을 가져다준다. 그리고 면세가 되는 선에서 증여를 하고, 이후에 증여세를 내는 등 순차적으로 진행할 수 있다. 하지만, 당신의 부모가 경제적으로 독립하지 못한 상태라면, 당신은 사업의 일부, 또는 전부를 구매해야 할 것이다.

앞서 펀딩 가능성에 대해 언급했지만, 또 다른 이국적인 펀딩 메커니즘으로는 캡티브(captive)가 있다. 이는 회사의 보험에 필요한 자금을 조달하기 위해 자신의 보험회사를 설립하는 것을 말한다. 즉, 당신은 보험회사 전체 또는 일부를 소유할 수 있는데, 일정 기간이 지나면 설립된 보험회사는 문을 닫고 소유주들에게 수익금과 세금 절감을 안겨줄 수 있다. 단, 이 작업은 굉장히 복잡해서 가볍게 들어가서는 안 된다.

마지막으로, 자문위원회가 없다면 하나 설립하는 게 좋다. 회사와는 관계없이 독립적이지만 비즈니스에 도움이 될 수 있는 지식과 전문성을 가진 3~5명의 고문을 확보해두자.

재무 경험이 풍부한 멤버를 최소 한 명 이상 두는 것이 현명하다. 이 자문위원회는 세대 교체 과정을 거칠 때 비즈니스, 가족, 그리고 재정적인 관점에서 좋은 의견을 제시하는 나침반 역할을 할 것이다.

제 9 장

가족기업의 성공을 위해
새로운 다음 세대 리더를 세워라

정상의 자리가 바뀔 때가 왔다. 아마도 부모가 서로 다른 역할을 맡고 가족기업 운영에서 자연스럽게 물러나는 시나리오가 가장 순조로운 경영권 이전일 것이다. 아니면 슬프거나 불행한 상황을 맞닥뜨린 탓에 갑작스럽게 진행된 일일 수도 있다.

세대 교체가 자연스럽게 일어났든, 갑작스럽게 일어났든, 회사가 앞으로 나아가고 번창하기 위해서는 한시라도 빨리 취해야 할 행동들이 있다.

이 장에서는 다음 세대 소유주들이 가족기업을 성공적으로 이어받기 위해 사용할 수 있는 전략들을 살펴보겠다.

Family Business

상황과 역할 이해하기

꼭 알아야 할 금융 정보를 얻고 그것을 이해하라. 당신은 1달러라도 벌기 위해 사업을 하고 있고, 사업의 수익성을 가늠하는 지표는 회사의 재무제표다. 만약 지금 회사에 일을 잘 아는 회계사와 좋은 재정 시스템이 없다면 지금 당장 고쳐야 한다. 부실한 재정 시스템을 토대로 사업을 세우는 것은 모래 위에 집을 짓는 것이나 다름없다. 집이 얼마나 호화롭고 좋은지는 중요하지 않다. 그곳엔 항상 문제가 있을 것이다. 동시에, 재무제표를 분석할 줄 있고, 이에 따른 정확한 결정을 내릴 줄 알아야 한다. 그 흐름은 회사의 제어판이다. 이를 이해하지 못한다면 경영 회계 수업을 받아라.

사내 교육, 그 첫 번째 단계는 회사의 모든 부서들을 교대로 돌며 일을 해보는 것이다. 이것은 흡수해야 할 책을 공부하는 것과 같다. 아무 생각 없이 페이지를 넘기지 말고 각 페이지의 모든 부분을 꼼꼼히 읽어라. 이것은 어떻게 사업이 시스템으로 돌아가는지 볼 수 있는 기회를 줄 것이다.

그러나 이 모든 것들은 단지 사업 과정일 뿐만 아니라, 함께 일하는 동료들, 거래처 파트너들, 그리고 가장 중요한 고객들에 대해 알아가기 위한 과정이기도 하다. 이러한 그룹에 대해 알아가고 이해하면서 그들에게 진정으로 중요한 것이 무엇인지 생각해보라.

그 다음 단계는 당신이 속한 산업계에 더 깊이 들어가는 것이다.

학습 차원에서, 되도록이면 많은 무역 박람회와 컨퍼런스에 참석하라. 동종 기업 행사에는 세 가지 학습 기회들이 있다.

첫째, 거래처 사람들과의 만남은 모든 제품과 서비스에 대한 이해를 돕고 여러 옵션들을 비교할 수 있게 해준다. 둘째, 비즈니스 관련 연설과 세미나는 다양한 사업 측면과 관점에 대한 지식을 쌓게 해준다. 마지막으로, 다른 회사 운영자와 당신이 사업에서 직면할 수 있는 문제들과 당신의 사업에서 계획할 수 있는 새로운 도전에 대한 논의를 하는 것이다.

지속적인 발전을 위해 노력을 쏟아 부어라. 사업에 오래도록 몸담고 있으면 모든 걸 보고, 모든 것을 알고 있다는 생각이 들 수도 있다. 하지만 지속적인 교육은 필수이다.

쉽고 간단한 방법에는 독서도 포함된다. 잡지는 빠르고 쉽게 정보를 전달해주기 때문에 많은 이들에게 추천한다. 블룸버그 비즈니스 위크(Bloomberg Business Week)와 같은 통상적인 비즈니스 잡지뿐만 아니라 자신의 가족기업이 속한 산업별 출판물도 읽어보는 것이 좋다. 이 외에도 비즈니스 전략, 마케팅, 기타 산업 및 사업에 관련된 서적들을 찾아 읽어보자. 이는 회사를 운영할 때 더 넓고 전략적인 사고를 할 수 있도록 지식을 뒷받침해줄 것이다.

학사/석사 과정은 지식을 쌓을 수 있는 또 다른 길을 제시한다. 회사를 성공적으로 운영하기 위해서는 경영 관련 교육을 받는 것이 필수적인 시대가 왔다. 당신이 경영학 학사 학위를 가지고 있다면 그걸

로 충분하겠지만, 혹시나 그렇지 않다면 MBA 프로그램을 고려해 보는 것도 좋은 전략이다. 만약 이

 지속적인 발전을 위해 노력을 쏟아부어라.

것이 불가능하다면, 적어도 회계, 금융, 운영 관리, 마케팅, 경제 등 이 다섯 개의 수업을 듣는 걸 추천하고 싶다. 자신이 없는 영역이거나 자신의 사업과 특별히 관련된 분야라면 공부를 소홀히 해서는 안 된다.

**자신이 없는 영역이거나
자신의 사업과 특별히 관련된 분야라면
공부를 소홀히 해서는 안 된다.**

네트워킹 그룹은 직장 동료, 사업 파트너, 지인들과 귀중한 정보를 공유할 수 있는 유용한 리소스이다. 예를 들어, 당신이 45세 미만이라면, 해당 지역에 있을 청년 회장 단체(YPO)를 찾아볼 수 있는 것처럼 말이다. 아니면 비스타 경영진 코칭 그룹(Vistage Executive Coaching Group)에 가입하는 것을 고려해보는 것도 좋다.

두 그룹 다 어느 정도 비용이 들지만, 이들은 당신이 다른 리더들과 정보를 공유할 수 있는 중요한 네트워크가 될 것이다. 로터리(Rotary)나 상공회의소(Chamber of Commerce)와 같은 기본적인 네트워킹 그룹도 있다. 토스트마스터즈(Toastmasters) 또한 스피킹 능력을 향상시킬 수 있는 기회를 제공한다.

또 외부에서 조언을 구하라. 네트워킹 그룹은 먼 길을 안내해주지만, 특정 상황에만 깊이 관여할 수 있다. 많은 비즈니스 리더, 특히 신임 리더들은 비즈니스 코치, 컨설턴트, 멘토들에게 도움을 구함으로써 혜택을 얻을 수 있다.

모두에게 존경받는 전 GE사의 회장인 잭 웰치에게는 상당히 예리한 개인 비즈니스 코치가 있었는데, 그는 잭 웰치의 밑에서 일하는 사람이 아니었다. 그렇기에 언제나 직설적인 조언을 얻을 수 있었다고 한다.

새로운 역할 인정하기

이제는 당신이 리더라는 것을 깨달아라. 이는 많은 것을 의미한다. 축하할 일이지만, 지금은 그 영예에 안주할 때가 아니다. 어떻게 보면 이 부분이 가장 어려울 수도 있다. 지금까지의 당신은 그저 차 안에 탄 승객이었지만, 이제 운전대는 당신의 손 안에 있고, 이에 대한 책임이 따라온다.

다시 말하지만, 언제나 정상은 외로운 법이다. 똑똑하고 노련한 사람들이 당신에게 아낌없이 조언을 주겠지만, 마지막에 어려운 결정을 내리는 건 결국 당신이다. 신뢰할 수 있는 충고에는 어떤 것들이 있는지 살펴보자.

- 실수해도 괜찮다는 걸 인정하라. 많은 리더들은 완벽해지거나, 완벽해 보이려고 애를 쓴다. 이러한 성향은 다른 사람들도 그들이 완벽해야 한다는 생각을 갖게 할 수 있다. 하지만 다른 관점에서 보면 그들은 자신의 실수를 은폐하기 위한 조치를 취할 수도 있다는 것이다. 비즈니스의 목표는 돈을 버는 것이고, 비즈니스 환경은 늘 변화를 거듭한다. 따라서 약간의 실수가 동반되어도 언제나 개선을 해나가야 한다.

- 자신만의 인맥과 관계를 형성해 나가라. 당신의 부모와 그 전 세대는 지금의 회사를 만들기 위해 CPA, 변호사, 보험 중개사, 업계 안팎의 사람들처럼 의지할 수 있는 그들만의 네트워크를 가지고 있었다. 이런 관계들을 버릴 필요는 없다. 사실상, 당신은 그들을 모두 안고가야 하지만, 누구에게 정보와 조언을 얻고 누구를 의지할지는 스스로 결정해야 한다.

- 좋은 직원을 고용하라. 가장 유명한 비즈니스계의 조언 중 하나는 자신보다 더 똑똑하고 현명한 사람을 고용하는 것이다. 실수를 할 수 있는 것과 비슷하게, 당신의 자존심을 잠시 내려놓아야 할 때가 필요하다.

- 시간을 현명하게 써라. 시간은 그 무엇보다도 귀중하기 때문에 효과적으로 관리해야 한다는 것을 명심하기 바란다. 사람들을 교육시키고 훈련시킬 시간도 확보해 두는 것이 좋다. 정해진 시간 내에 특정 활동에 집중할 수 있도록 하루를 체계화하라. 한 시간

은 이메일 보내기, 한 시간은 전화 회신하기 등과 같이 말이다. 멀티태스킹은 많은 것들을 대충 건드리기만 할 뿐이다. 순차적으로 한 가지 일에 집중하는 것은 더 높은 퀄리티의 업무 수행력을 만들어주고 더 효율적으로 시간을 사용할 수 있게 한다.

- 사람을 위하는 회사를 만들어라. 사업은 결국 사람을 위한 것이라는 걸 명심하고 팀 의식을 형성하라. 사람들에게 동기를 부여하고, 격려하며, 그들이 목소리를 내고 그들의 생각과 의견을 표출할 수 있는 기회를 선사해야 한다. 사람들이 더 많은 소속감을 느낄수록 더 많은 일을 수행할 것이다. 감성지능을 되새겨보자. 다른 사람들의 감정을 파악하고, 자신의 감정을 인식하며 반드시 사람들의 말을 들을 준비가 되어 있어야 한다.

당신의 회사는 당신이 알고 있는 최고의 회사처럼 변화될 수 있다. 이제 당신의 회사는 서서히 과거의 방식을 탈피하고, 향후 사업 성공을 도모해야 한다.

당신은 운전석에 앉아 있다. 자, 이제 차를 운전할 시간이다.

새로운 리더십

이제 기어를 바꿔보겠다. 지금부터 나는 당신에게 사업하는 방법이 아니라, 좋은 오너가 되는 방법을 가르쳐주려고 한다. 차이점이라고 하면, 회사와 회사의 모든 것에 대해 오너가 특별히 책임을 진다는 것이다.

리더십을 기르는 방법에 대해서는 무수히 많은 이론, 책, 강의가 있지만, 나는 리더십과 소유 심리를 다음과 같이 9가지 요소들로 압축해보려고 한다.

1. **소통하라.** 먼저 듣고, 이해한 다음 당신이 신뢰하고, 당신을 신뢰하는 모든 사람과 같은 주파수, 같은 깊이로 대화하고 있는지 확인해야 한다. 연설 능력과 리더십을 향상시키고 싶다면 비영리 단체인 국제 토스트마스터즈(Toastmasters International)에게 연락해보는 것도 고려해보길 바란다.

2. **질타를 수용하고 실수를 인정하라.** 사람들은 당신이 듣고 싶어 하지 않는 것들을 말할 것이다. 하지만 당신은 그런 그들의 말에 귀를 기울여야만 한다. 오만함은 당신과 당신의 사업에 아무런 도움이 되지 않는다.

3. **미리 계획을 세우고, 우선순위를 정하고, 중요한 일에 집중하라.** 비즈니스는 언제나 빠르게 다가온다. 앞으로 어떤 일이 벌어질지 살펴보고, 지금 무엇을 해야 할지, 나중을 위해 무엇을 남겨야 할지에 대한 틀을 세우라.

4. **대인관계 능력을 향상시켜라.** 비즈니스는 결국 사람에 관한 것이다. 사람들에게 자신을 도와줄 동기를 부여할 줄 알아야 한다.

5. 마음, 육체, 정신, 사업 등 다방면에서 끊임없이 성장하라. 항상 논픽션 책을 읽어라. 또한 타임즈처럼 다양한 관심사를 포괄적으로 게재하는 잡지나 비즈니스 위크, 월스트리트 저널 같은 비즈니스 잡지를 정기적으로 읽는 걸 권장한다.

6. 광범위한 네트워크를 구축하고 리더십 기회를 모색하라. 네트워크를 확보할 곳은 회사가 속한 업계뿐만이 아니다. 상공회의소(Chamber of commerce), 교회, 라이온스 클럽(Lions clubs), 로터리 클럽(Rotary clubs) 및 기타 비영리 단체들을 통해 네트워크를 넓혀보자.

7. 사업의 일부를 잘라내게 되더라도 손익 책임을 다하며 회사 전체를 관리하라. 책임이 어디에 있는지는 책임을 지는 것만큼 중요하지 않다.

8. 적극적인 자세를 가지되 그에 걸맞은 인내심을 발휘하라. 행동을 취하는 것과 지나치게 타인에게 강요하거나 요구하는 것 사이에는 큰 차이가 있다. 같은 맥락으로, 신경을 끄는 것과 무언가가 발전하길 기다리는 것 사이에도 차이가 있다. 섬세한 균형 감각을 가지고 있어야 한다.

9. 현 세대(또는 그 이전 세대) 리더들과 열린 마음으로 대화를 이어가라. 그들은 이미 인생의 다른 단계에 돌입했고, 당신과는 우선순위가 다르다. 그렇기 때문에 그들의 목표와 당신의 목표에 대해, 그리고 각자가 어떻게 변화하고 성장해가고 있는지에 대해 솔직한 대화를 나누는 것이 중요하다.

성공적인 오너가 되는 과정의 끝은 존재하지 않는다. 올바른 훈련과 교육, 경험을 통해 배워나가다 보면 언젠가 그곳에 도달하게 될 것이다.

계속 다음 세대의 아이디어에 귀 기울이기

다수의 가족기업들이 창업할 때, 그 사업이 어떻게 다음 세대로 이어질지까지는 생각하지 않는다. 사업을 시작하고 자리 잡은 다음 안정적인 수익을 창출하는 데 초점이 맞춰져 있다.

한 연구에 따르면 새로 창업하는 사업 중 50%는 5년 안에 실패를 겪고, 70%는 10년 안에 실패를 겪는다고 한다. 꽤나 위협적인 수치라고 할 수 있다.[12]

수년에 걸쳐 성공의 비결이었던 창의적이고 집요하고 때로는 위험할 수 있는 해결책들이 사업이 성장함에 따라 버려지게 된다. 더 많은 성공을 거둘수록 오너가 떠맡는 위험이 줄어드는 건 사실이다.

하지만 문제가 생겼을 때 제대로 된 조치를 취하지 않고, 오너가 유연성을 잃는다면 사업의 정체, 경직, 심지어는 퇴보로 이어질 수 있다.

---

12 Small Business Association, "What Is the Survival Rate for New Firms," Frequently Asked Questions, http://www.sba.gov/sites/default/files/sbfaq.pdf.

회사가 세대 교체를 무사히 마치고
성공을 향해 나아가기 위해선
새로운 아이디어를 중요시해야 한다.

회사가 세대 교체를 무사히 마치고 성공을 향해 나아가기 위해선 새로운 아이디어를 중요시해야 한다. 세상은 항상 변화하고 있으며, 그것을 따라잡기 위해서는 어느 정도의 창의력이 필요하다. 내가 아는 한 소매업자가 말하길, 정원 관리용품 매장에 개 사료 사업을 겸하는 것이 장기적인 관련성을 유지하는 데 큰 역할을 했다고 한다.

그리고 모두 알다시피, 더 많은 고객을 유치하기 위해 음식 서비스를 도입한 소매업자들을 흔히 볼 수 있다. 이 두 가지 아이디어들은 당신의 매장에 맞지 않을 수도 있지만, 다른 새로운 아이디어가 환영받을 수 있는 환경을 만들어야 한다. 이런 열린 사고방식을 방해하는 장애물은 기성세대와 다음 세대 모두에게 있을 수 있다.

기성세대가 겪는 어려움은 시간이 흐를수록 미래를 위해 안전하고 확실한 길을 택해야 하는 심리적, 합리적인 사고를 갖게 되는 부분에 있다. 회사가 성장을 거듭할수록 성장주는 채권이나 배당성 주식으로 옮겨간다. 기성세대들은 본질적으로 사업에 변화가 생기는 상황을 꺼리고 급격한 변화에 저항하는 경향이 있다. 그러나 변화를 일으킬 수 있는 아이디어들을 그들이 받아들일 때만 실질적인 변화를 이끌 수 있다.

Family Business

가족기업의 소유주들을 살펴보자. 그들은 책임자다. 리더로서 그들은 어떤 변화가 어떤 영향을 불러일으킬 수 있는지 가장 잘 볼 수 있다. 오랜 기간 동안 많은 경험을 통해 무엇을 해야 하고 무엇을 하면 안 되는지를 봐왔다. 그들은 사업을 만든 사람이다. 사업은 그들의 아이와도 같고, 사업이 만들어내는 수입에 의존한다.

그런 상황에서 다음 세대가 아이디어를 내놓는 건 상당히 위협적으로 느껴질 수 있다. 그 아이디어는 아마 완벽하지 않을 것이고, 단점과 허점들이 지적될 것이다. 결국 감정이 쉽게 상할 수 있고, 낙담도 생길 수 있다.

내가 함께 일했던 한 회사에서 고위 간부 중 한 명이 미래에 대한 논의나 회의에 무관심해 보인다는 걸 알아차린 적이 있다. 이유를 묻자 그는 이렇게 대답했다. "처음에는 최대한 참여하려고 노력했지만, 내 의견은 빈번히 무시당했어요. 그래서 그냥 일에만 집중하기로 한 거죠. 그리고 나는 앞으로 10년 안에 은퇴할 예정이니까 무슨 일이 일어나든 나와 상관없는 일이잖아요."

만약 회사가 미래로 나아가는 것을 진정으로 바란다면, 다음 세대가 창의적인 아이디어로 그들만의 방식을 만들어나갈 수 있도록 어느 정도 경영권을 넘겨주기 시작해야 한다.

그러나 다음 세대가 안고 있는 문제는 기성세대의 방식을 좇은 탓에 독창성을 서서히 잃어가는 것이다.

개방성과 독창성이 보장된 분위기를 조성하기 위해서는 기성세대가 다음 세대의 성향과 배경을 이해하는 것이 중요하다. 고려할 사항은 다음과 같다.

- 다음 세대 리더는 기성세대와는 다른 자신만의 고유한 스타일을 갖게 될 것이다. 그러한 것이 나쁜 일인 건 아니다. 사실상 많은 연구들은 이 사실을 긍정적으로 평가하는 편이다. 미래는 과거와 다르며, 과거의 방식은 미래에 효과적이지 않을 수도 있다.
- 다음 세대는 사업을 자신의 것으로 만들어야 한다. 조수석과 운전석의 차이는 심리적으로 큰 영향을 미친다.
- 다음 세대는 그들만의 강점을 발전시켜야 한다. 이것은 그들이 실수할 자유를 부여받았을 때에만 가능하다.

그러나 수년간 리더 생활을 하고 나면, 여전히 놓는 것이 어렵게 느껴질 것이다. 다음 세대를 위해 한걸음 뒤로 물러나 도움을 줄 수 있는 방법은 다음과 같다.

- 다음 세대가 자신만의 새로운 아이디어를 실행에 옮길 수 있도록 허락하기 물론 현명한 방법으로 이루어져야 한다. 먼저 작은 규모로 시작하고 조언을 제공하되, 당신이 도움을 줄 수 있는 선에서 행해질 수 있도록 균형을 맞춰야 한다.
- 격려하기 IBM과 같은 대기업들은 정기적으로 브레인스토밍 세

션을 진행한다. 직원들에게 그런 세션이 있을 것을 미리 알린다. 날짜를 정하고 규칙을 발표한 후 바로 시작하라.

규칙은 다음과 같다. 비난을 배제하고, 엉뚱한 아이디어를 장려하고, 양보단 질을 추구하며, 다른 이들의 아이디어를 결합하거나 개선한다. 오너가 침묵을 유지해야 한다는 것은 황금률이다.

이보다 더 효율적으로 하려면, 세션의 진행을 다음 세대에게 맡겨라. 당신이 이 활동을 서포트한다는 걸 모두가 알 수 있도록 준비를 도와준 다음, 자리를 비켜주면 된다.

내가 여기에 쓴 모든 것들을 다음 세대에게 전달하고, 이것이 당신의 목표라고 선언하기를 권장한다.

다음 세대는 오랫동안 당신의 지도 아래 힘들게 일해왔다. 처음에는 단순한 명령과 통제였을 것이다. 세월이 흐르면서 일부 책임이 그들에게 이양되었고, 현재는 회사의 특정 부분을 운영하고 있을 수도 있다. 아니, 모든 부분을 운영하고 있을지도 모른다.

그러나 그들은 기성세대가 30년 동안 해온 것과 똑같이, 그저 기계를 돌리듯 하는 것 외에는 아무것도 하고 있지 않을 수도 있다. 긴 시간 동안 그들은 '어떻게 할 수 있을까?'가 아니라, '어떻게 그것이 이루어졌는가?'로 억압되어 왔기 때문이다.

다음 세대가 전략 계획을 개발하도록 만들어라. 다음 세대의 성공을 위해 가족 사업과 다음 세대 육성 작업에는 충족되어야 하는 여러 가지 조건들이 있다.

그중 마지막은 바로 전략적 개발이다. 향후 5년의 전략은 무엇인가? 향후 20년은? 이 폭탄 같은 과제를 다음 세대의 무릎 위에 올려놓는 것은 그들을 '따르는 사람'에서 '이끄는 사람'으로 전환하는 데 큰 도움을 줄 수 있다. 어떻게 하면 비즈니스 수익을 크게 늘릴 수 있는지 질문을 건네보는 것도 효과적이다. 이것은 전략 계획과 밀접하지만 더 날카로운 논점을 지니고 있다.

전략적으로 회사를 어떻게 이 사회의 요구에 맞출지 찾아내는 한편, 그 전략이 수익에 어떤 영향을 미칠지도 알아내야 한다.

아이디어를 구현할 때는 파일럿을 거쳐야 한다. 일단 판도라의 상자를 열면, 다시 닫지 못하게 될 수도 있다. 하지만 걱정할 필요는 없다. 만약 새로운 아이디어가 있다면, 이를 시험해볼 수 있는 작은 규모의 파일럿을 진행해본다. 위험과 비용을 최소화한 상태로 그 아이디어의 장점과 단점을 확인해 볼 수 있다.

혁신은 지금까지 그래왔던 것처럼 앞으로도 계속 판도를 바꾸는 열쇠가 될 것이다. 그리고 혁신은 반드시 효율적인 운영과 균형을 이루어야 한다.

가족기업의 장기적인 성공은 다음 세대가 사업을 개선하고 성장시키기 위해 새로운 아이디어를 개발해낼 수 있는 환경을 만드는 데에 달려 있다.

Family Business

로건 무역회사(Logan Trading Company) 성장기

로건 무역회사(Logan Trading Company)는 미국에서 큰 성공을 거둔 원예용품 회사이다. 많은 우여곡절을 겪었지만, 여전히 꿋꿋이 자리를 지키며 3대째 번창하고 있는 가족기업이기도 하다.

로버트 M. '밥' 로건(Robert M. 'Bob' Logan)은 1965년에 농산물 공급 회사를 설립했다. 그는 재빨리 정원용품 판매와 철로 수리용품 판매로 사업을 확장했다. 노스캐롤라이나 주 롤리(Raleigh)의 Capital Boulevard 외곽 쪽에 있는 오래된 농산물 직매장에 위치했던 그의 회사는 나날이 그 규모를 넓혀갔고, 그는 사업의 성공이 정원용 제품에 집중되었다는 것을 깨닫게 되었다.

그리고 사업을 운영하면서, 밥과 그의 아내 헬렌은 5명의 딸과 로버트 M. 로건 Jr.라는 1명의 아들로 이루어진 대가족을 꾸렸다. 여느 가족기업들처럼, 그의 모든 자녀들은 가족기업을 돕는 데에 대부분의 시간을 보냈다. 하지만 아들 로버트는 아버지가 항상 그 사업에 참여하라고 강요했던 것을 기억한다.

로버트는 자신의 인생에 대해 스스로 결정을 내리고, 성직자가 되려는 자신의 꿈을 추구해야겠다고 결심했다. 그는 곧바로 동남부에 위치한 신학대학에 입학했다.

학교에 다니는 동안 로버트는 자신의 사촌과 함께 조경 일을 하며 가족기업 밖에서 일했다. 그리고 그는 아버지를 위해 일하지 않고 자신의 길을 가던 중 깨달음을 얻었다. 목사가 되지 않아도 신앙에 충실할 수 있고, 자신이 식물과 함께 일하는 것을 좋아한다는 사실이었다. 1974년, 로버트는 다시 가족기업으로 돌아갔다.

1990년, 주 정부는 농산물 시장을 확장하여 마을의 다른 지역으로 옮겼다. 현재의 고객층으로부터 멀리 떨어져야 하기 때문에 로버트에게 좋은 상황은 아니었다. 회사를 옮길 적당한 장소를 찾기 위해 그 지역을 샅샅이 뒤져보던 중, 그는 마을 근처에 있는 버려진 기차역을 우연히 발견했다.

기차역은 황폐해져 있었다. 역 안은 노숙자들의 집이 되었고, 버려진 건물들이 그 곳을 에워싸고 있었다. 여기저기 잡초들이 무성했고, 저소득층 주택 단지를 가까이 두고 있었으며, 시끄러운 소리를 내는 기차들이 시종일관 지나다녔다. 그 장소를 쓸 만한 용도로 끌어올리려면 상당한 돈과 노력이 필요할 터였다.

뿐만 아니라, 도대체 어떤 올바른 정신을 가진 고객이 여기서 쇼핑하기를 원할까? 그의 가족과 친구들은 그가 결국엔 미쳤다고 생각했다. 단 한 사람을 제외하고 말이다.

그렉 폴(Greg Poole)과 밥은 과거에 사업을 함께 했었고, 자연스럽게 로버트는 어린 나이에 그렉을 알게 될 기회가 있었다. 놀라운 우연의 일치로 혹은 운명에 이끌려, 그렉 또한, 로건이 회사를 기차역으로 옮겨야 한다는 생각을 가지고 있었고 이를 도와주기 위해 로버트에게 연락을 했다.

그로부터 1년 후, 1991년, 고객에게 새로운 위치를 알리는 많은 광고와 함께 로건은 새로운 매장을 열었다. 비전을 가진 두 명의 미친 사람이 천재가 된 순간이기도 하다.

가족 문제

가족기업이 망하는 가장 큰 이유 중 하나는 주주가 너무 많기 때문이다. 대다수의 주주가 사업에 종사하지 않지만 많은 양의 지분을 가지고 있다면 상황은 더 나빠진다.

로버트는 1984년 자신의 아버지인 밥이 세상을 떠났을 때 그 상황에 처하게 되었다.

 가족기업이 망하는 가장 큰 이유 중 하나는 주주가 너무 많기 때문이다.

근본적으로 밥은 그 사업을 완전히 장악하고 있지 않은 상태였다. 2009년, 가족들이 나이가 들고, 로버트가 사업의 리더로서 칭송받으면서 모든 지분은 그의 이름 아래 통합되었다.

로버트는 일요일은 쉬는 날이기 때문에 휴무로 정했다. 또한 새로운 지역에 오래된 작은 식당을 부활시키기로 결심했고, 그 이후 점심을 먹기 위한 줄이 이어졌다.

로버트와 그의 아내, 줄리는 수년간 로건 컴퍼니를 운영했고, 그들의 두 자녀, 조쉬와 레슬리도 그 가족기업에서 일하며 자랐다. 하지만 로버트의 인생철학은 그의 아버지와 다르기에, 자녀들이 사업에 참여해야 한다는 압력은 없었다. 로버트는 아이들이 원한다면 그들만의 꿈을 좇길 바랐다.

조쉬는 브라질에 사는 불우한 아이들을 돕고 싶어 했고, 레슬리는 음악에 대한 열정을 가지고 있었다. 몇 년 전까지 조쉬는 로건의 총괄 책임자였고, 레슬리는 그를 위해 일했다. 지금 레슬리는 조쉬 아래에서 총괄 책임자를 맡아 일하고 있다.

상황을 보니 로건 가문의 전통은 다음 세대에게까지 이어질 것으로 예상된다. 레슬리와 조쉬는 여전히 그들의 꿈을 추구하는 동시에 고객들에게 정원에 어울리는 오아시스를 제공할 수 있으니 말이다.

형제 관계

아마도 당신만이 그 회사의 소유권을 물려 받진 않았을 것이다.

세 명의 2세를 둔 고객이 있다. 한 명은 사장, 나머지 두 명은 부사장이다. 어떻게 해야 서로 좋은 관계를 유지하고, 협력하고, 가장 효율적으로 사업을 운영할 수 있을지 알 수 있을까?

답은 굉장히 까다롭다. 여기, 형제 관계를 돈독하게 유지하고, 동시에 사업을 발전시킬 수 있는 몇 가지 전략들이 있다.

- **과거는 과거인 채로 놔두기** 유감스럽게도, 몇몇 형제들은 성인이 되고 나서도 그들이 어렸을 때 일어났던 사건에 대한 분노를 품고 있는 경우가 많다. 형제와 소통할 때도 항상 그 과거의 짐을 가지고 다닌다. 그들은 대화가 가열될 때마다 이러한 과거의 사건들을 무기로 끌어낸다. 이는 상대방이 과거에 저질렀던 잘못을 끄집어내어 말다툼의 무기로 휘두르는 건강치 못한 결혼과 비슷하다고 볼 수 있다. 과거의 잘못은 제대로 짚어서 용서와 함께 영원히 과거에 둘 필요가 있다. 만약 형제자매들과 더 좋은 관계를 유지하고 서로를 가까이 두고 싶다면, 이런 어린 시절의 차이를 극복하기 위해 노력해야 할 것이다.

- **열린 마음으로 소통하기** 잠재적 갈등은 주로 책임에 혼선이 있을 때 찾아온다. 형제들이 오너처럼 행동해야 할 때가 되면, 대책 없이 일단 일에 뛰어드는 경향이 있다. 그러나 모두가 한 문제에 뛰어들고 있다면, 다른 일은 그 무엇도 해결되지 않을 것이다. 만약 어떤 한 이슈를 두 사람이 각자 해결하려고 해도, 해결책은 오직 하나만 사용될 것이고, 다른 하나는 버려질 것이기 때문에 노력의 불필요한 중복, 시간 낭비, 좌절감이 남게 된다. 직장에서 건강한 형제 관계를 발전시키는 데 있어 제일 중요한 요소는 소통이라고 생각한다. 정기적인 모임을 갖고, 개인적인 문제를 포함해서 서로가 원하는 모든 것을 의제에 올릴 수 있어야 한다. 누구나 문제를 제기할 수 있도록 항상 토론의 시간을 남겨두

라. 교대로 회의를 이끌어나가는 것도 잊지 말아야 한다. 갈등이 생길 경우 적극적으로 경청하는 연습을 하라. 즉, 다른 사람들이 자유롭게 자신의 의견을 표출할 시간을 주고, 자신이 이해한 내용을 그들에게 다시 전한 다음, 의미를 제대로 이해했는지 되묻는 것을 말한다. 사람들은 자신이 전하려던 의미를 타인이 완벽히 이해하지 못했다고 생각하면 다음 논점으로 나아갈 수 없기 때문이다. 그리고 누군가의 말을 이해한다는 것은 그 말에 동의한다는 것과는 다르다는 것을 기억해야 한다.

• 공정한 보상을 보장하기 가족기업에 큰 불화를 일으키는 또 다른 영역은 모두 알다시피 돈이다. 모두의 급여는 얼마나 되는가? 이 문제는 회사 경영을 다수의 형제자매들이 맡고 있을 때 중재자가 없기 때문에 일어난다. 형제자매들 개개인의 자존감과 심리적인 성향은 부모가 주는 사랑과 지지로부터 큰 영향을 받는다. 그들은 완전히 다른 사람이더라도, 어머니와 아버지의 눈에는 똑같이 사랑하는 자녀들일 것이다. 그러나 직장에서는 다르다. 직장에서 그 무엇보다 중요한 것은 회사의 성과이며, 그 성과는 회사 내에서 일하는 사람들로부터 나온다. 더 나은 실적을 내는 직원은 더 많은 책임을 질 것이고, 그에 걸맞은 적절한 직책과 보상을 받아야 하는 게 당연하다. 그러나 가족기업에서는 - 가족기업이기 때문에 - 회사에서 일하지 않는 가족 구성원들 또한 같은 혜택을 받는다. 가족의 별장을 예로 들어보자. 위대한

가족기업 관련 작가 중 한 명인 데니스 자페(Dennis Jaffe)는 별장이 좋은 가족관계의 지표라고 언급한 적이 있다. 예를 들어, 누가 몇 주의 휴가를 받고, 누가 더 많이 사용하는가? 아무것도 고치거나 관리하지 않고 지저분하게 방치하는 사람이 있는가? 혹시 별장을 팔고 싶어 하는 사람이 있는가? 등의 문제이다. 갈등이 생길 수 있는 문제들은 쉽게 발견할 수 있기 때문에 규칙을 만드는 것이 중요하다. 비즈니스에서, 가장 큰 이슈는 휴가다.

• 장기적인 목표 인식하기 마지막으로, 형제자매들과 화목하게 일하기 위한 요령 중 하나는 각자의 삶의 목표와 야망을 이해하는 것이다. 5년, 10년, 15년 후에는 어디에 있고 싶은가? 인생을 살아가면서 많은 것이 변한다. 사람들은 결혼해서 아이를 낳고, 그 아이들이 성장하며 취미와 열정이 생겨나고, 삶에 변화를 가져다주는 좋은 일과 나쁜 일들이 그 과정에서 일어난다.

인생을 살아가다 보면 자신이 원하는 것과 필요한 것에 대한 관점이 달라진다. 형제들이 어디로 가고 있는지, 그 길을 알아보려는 노력을 해야 할 것이다.

인생의 꿈과 희망을 그들과 함께 나누어라. 그렇게 함으로써 서로가 원하는 것들을 사업과 가족을 통해 얻을 수 있고, 함께 일하며 살아갈 수 있다는 확신을 가질 수 있다.

다음 세대 리더 여러분, 여러분은 곧 성공을 위한 난관에 부딪히게 될 것이다. 그 난관을 이겨내기 위해, 여러분의 비즈니스 라이프를 준비시켜줄 네 권의 책이 있다.

다니엘 골먼의 〈감성지능〉

첫 번째 필독서인 〈감성지능〉은 월스트리스 저널에서 영향력 있는 경영 전략가 탑 10에 이름을 올린 다니엘 골먼이 세상에 처음 선보인, 감성지능의 중요성을 다룬 책이다. 이 책을 통해서 저자인 골먼은 사업과 인생에 있어 성공을 거둔 사람들이 얼마나 높은 감성 (자기 인식, 감정 조절, 공감, 타인에게 영향을 미치는 능력)을 갖는지에 대해 설명한다. 우리의 사회 구조는 성공하기 위해 좋은 고등학교 성적을 받고, 좋은 대학에 들어가고, 좋은 직장을 가지도록 설계되어 있다. 이것은 여전히 사실이지만, 그것만으로는 충분하지 않다는 것을 모두 알고 있을 것이다. 우리는 우리의 감성지능을 입증할 필요가 있다.

스티븐 R. 코비의 〈성공하는 사람들의 7가지 습관〉

많은 이들에게 호평을 받은 스티븐 코비의 책은 사업에 필요한 전통적이고 근본적인 기술과 노하우를 다룬다. 일곱 가지의 습관을 모두 배우기 위한 책이지만, 전체적인 개념은 성공할 수 있도록 행동을 체계화하는 것이다.

첫 번째 습관, 앞서 생각하고 미리 행동하기는 삶에 가장 큰 영향을 끼친다. 잘 생각해보자. 직장에서의 사람들은 대부분 수동적인 성향을 띤다. 우리는 주어진 일을 내일로 미루기도 하고, 문제나 기회가 생겼을 때만 반응하기도 한다. 상황을 앞서서 주도하고 미리 행동하는 것을 다른 말로 표현하자면 '지금 당장 행동으로 옮겨라'가 될 수 있다. 만약 행동 방침을 정했다면, "왜 지금, 오늘, 바로 이 순간에 행동으로 옮기지 않는 걸까?" 라고 자문해보자. 아마 오늘 하지 못할 이유가 없다는 것을 깨닫게 될 것이다. 완벽하지는 않겠지만, 속도는 완벽을 정복할 수 있다. 한발 앞서 행동하는 것과 바쁜 것을 혼동하지 마라. 단순히 바쁘거나 육체적으로 힘든 일을 하는 건 앞서 행동하는 것이 아니다.

다섯 번째 습관은 먼저 이해하고, 납득하는 것이다. 말하는 이에게 자신이 이해했다는 사실을 확실히 전하고 나서, 그 다음 당신의 요점을 전해야 한다. 이렇게 하면, 다른 이들도 당신을 이해시키는 데에 초점을 맞추지 않고 당신의 주장을 경청할 것이다. 가족기업은 갈등의 번식지나 마찬가지다. 이를 관리하기 위해선 효과적인 소통이 필요하다.

일곱 번째 습관은 톱날을 날카롭게 하는 것이다. 배우고, 성장하며, 변화를 받아들이는 것을 멈추지 말라.

리차드 A. 모리스와 제인 A. 펄의 〈Kids, Wealth, and Consequences〉

가족기업은 가족이 소유한 사업이다. 따라서, 어머니와 아버지는 직원들의 진로를 정하고 지시한다. 그들은 통제권을 가지고 있고 사람들을 고용하고 해고할 수 있는 권력을 정하고 지시한다. 그들은 통제권을 가지고 있고 사람들을 고용하고 해고할 수 있는 권력을 가지고 있다. 직원들의 생계가 그들에게 달렸다는 뜻이다. 게다가 한 회사의 오너로서, 어머니와 아버지는 그 수익의 혜택을 실제로 누린다.

이러한 환경은 가족의 힘과 재산 때문에 주변 사람들보다 우월하다고 믿게 될 수도 있다는 점에서 다음 세대에 심리적 영향을 미칠 수 있다. 아니면 단순히 자신이 권력자의 자녀라고 생각할 수도 있다.

사실 부모가 가지고 있는 권력과 지위는 지극히 긴 시간 속에서 힘들고 현명하게 일을 해냄으로써 생겨난 것이다. 이 책은 다음 세대 자녀들이 경제적, 지적, 정신적/감정적 선택을 통해 균형 잡힌 훌륭한 성인으로 성장하도록 안내한다.

얼마나 많은 가족기업이 가족 중 누군가의 오만함과 권력 의식으로 인해 곤경에 처하게 되는가?

아버지가 두 아들에게 회장의 자리를 물려준 한 가족기업이 있었다. 불행하게도, 한 아들은 아버지와 형제의 조언을 무시한 채 사업을 추락시켰다. 아들이 회사 인수 대금을 체납하기로 결정하자 아버지는 다시 돌아와 회사를 되찾을 수밖에 없었다.

월터 아이작슨의 〈스티브 잡스〉

다음 세대 비즈니스 리더를 위한 필독서의 마지막 도서는 애플의 공동 창업자인 고(故) 스티브 잡스의 전기이다. 이 책은 앞선 세 권의 책들을 훨씬 뛰어넘는 방대한 사례 연구이다. 확실히 말해두지만, 이 책은 어떻게 성공했는지가 아닌, 좋은 예와 나쁜 예를 보여준다.

잡스는 저자인 월터에게 무엇이든 원하는 것을 쓰라고 했고, 책에 대해 아무런 제약도 두지 않았다고 한다. 잡스가 그런 식으로 행동한 건 아마도 그때가 처음일 것이고, 당신은 책을 읽음과 동시에 월터의 말이 사실이라는 걸 알 수 있을 것이다. 이 책을 통해 엿본 잡스의 인생과 그가 한 행동들은 혐오스럽기 그지없다. 그렇다고 그가 세상에 가져다 준 놀라운 업적들, 그리고 그가 창조적인 천재라는 사실을 부인하는 것은 아니다.

그의 리더십 스타일, 대인관계와 상호 작용, 그리고 그가 추구한 효율성에 대한 폭로에 가깝지만, 동기 부여, 혁신, 그리고 창의성 면에서는 더할 나위 없이 훌륭하다. 그의 이야기는 〈감성지능〉과 〈성공한 사람들의 7가지 습관〉에서 발견할 수 있는 지식과 팁들을 다룬다. 나는 〈스티브 잡스〉의 전기가 곧 세계 유명 경영대학원 내 필독서가 될 것이라고 믿는다.

이 권장 도서들은 가족기업만을 위한 책들은 아니다.

네 권 중 하나는 분명히 가족과 부(富)를 다루지만, 다른 세 권은 가족에 대한 직접적인 내용을 담고 있지 않다.

　　다음 세대 가족기업 리더로서 당신에게 중요한 성공 요인들은 단순히 가족에 대한 것보다 더 근본적이기 때문이다. 감정을 이해하고, 체계적으로 행동하고, 설령, 규칙을 깨트려야 할 때가 오더라도 직접 자신의 길을 갈고 닦으며 열정을 갖기 바란다.

가족기업에서의 자기계발

가족기업의 역학 관계는 굉장히 복잡하고 반향이 크다. 이 지뢰밭을 간신히 뚫고 성화를 다음 세대에게 넘기는 데 성공했다면, 가족기업들 사이의 치열한 경쟁에서 금메달을 딴 것과도 같다며 안주할지 모른다. 하지만 경주는 거기서 끝나지 않는다.

내가 IBM에서 근무했을 때, 모든 직원들이 자기계발을 위해 항상 노력해야 한다는 공통된 목표와 확실한 이해관계가 있었다.

회사의 안팎에서 들을 수 있는 수많은 강의들과 방대한 양의 지식을 담고 있는 도서관 이용, 비즈니스 도서 구입 등이 보장되었다. 모든 사람의 연간 성과 평가에서 자기계발은 '개인적 발전'의 일부일 정도로 기대되었다.

그렇다. 회사의 규모가 수십억 달러는 되어야 직원 자기계발에 투자할 수 있다는 사실은 인정하지만, 많은 사람들이 요점을 놓치고 있다. 개인의 발전은 중요하다. 그리고 특히 가족기업 내에선 자기계발의 중요성이 쉽게 잊히거나 무시되거나, 우선순위에서 밀려난다.

가족기업은 다른 사업들과 달리 고립되는 경향이 있다. 대부분 개인 소유이므로 공개 상장기업과는 달리 보고 기준을 잘 지키지 않는다. 그리고 무엇보다도, 회사의 주요 데이터와 정보들은 소유주, 설립자 및 가족 등 핵심층 내에서만 공유되는 특징이 있다.

외부에 정보를 유출하지 않는 이러한 방어적인 태도는 외부 정보를 안으로 들여보내지 않는 경향과 공존한다.

실제로 가족기업이 가지고 있는 고립감은, 특히 과거에 회사가 큰 성공을 이룬 적이 있을 경우, 내부의 경영철학이 그 어떤 것보다 우월하다는 믿음과 사고방식을 형성할 수 있었고, 그로 인해 외부 정보와 자문들은 쉽게 외면당하기도 한다.

> 외부에 정보를 유출하지 않는 이러한 방어적인 태도는
> 외부 정보를 안으로 들여보내지 않는 경향과 공존한다.

당신이 만약 시장 점유율이 높은 회사의 리더라면 어느 정도는 이런 성향을 정당화하는 것이 가능하다. 그러나 외부의 교육, 조언, 정보를 무시하는 것과 정보를 가져와서 평가하고 어떤 부분이 유용하고 어떤 부분이 유용하지 않은지 결정하는 것은 차이가 있다.

지금으로부터 몇 년 전, 우리는 한 가족기업을 도와주기 위해 그 가족기업의 가족 구성원들을 만난 적이 있다. 두어 시간 후, 우리는 그 가족기업의 가족과 사업 모두 제 기능을 완벽히 하고 있고, 소외된 사람 없이 순조롭게 일이 진행되고 있다는 사실을 알아냈다.

그 가족기업은 아무런 도움이 필요하지 않다고 판단했고, 항상 문제를 개선하고 발전할 수 있는 방법을 찾는 훌륭한 운영철학을 가지고 있는 것에 찬사와 박수를 보냈다.

비즈니스계 최고의 경영인으로 인정받는, GE의 전 회장인 잭 웰치를 보라. 위대한 명성에도 불구하고 그는 GE의 지휘권을 쥐고 있는 동안 자신을 위해 개인 컨설턴트를 고용하기도 했다. 상징적인 회사의 가장 위대한 리더 중 한 명이 누군가의 도움을 필요로 하다니 조금 이상하지 않은가?

당신은 가족기업의 새로운 리더지만, 세대 교체가 조금은 이른 시점에 일어났을 수도 있다. 성공적인 리더가 되기 위해 얻어야 할 몇 가지 경험과 배워야 할 관점들이 있다.

예를 들면, 다음과 같은 질문에 답을 해야 한다. 건설적인 비판을 받아들일 수 있는가? 자신의 잘못된 결정이나 실수를 인정할 수 있는가? 갈등을 해결해왔는가? 인내심이 필요한 상황에 처해 본 경험이 있는가? 당신은 타인의 말에 귀를 기울여주는 사람인가?

이것들은 좋은 비즈니스 리더십을 갖기 위해 흔히 요구되는 경험과 태도이다. 만약 당신이 이미 이 경지에 도달했고 훌륭한 리더로 자처한다면 지속적인 개인 발전의 개념을 진지하게 받아들이는가? 당신은 자기계발을 위해 비즈니스와 산업 관련 도서를 읽는가? 산업 관련 강의를 수강하는 것은 있는가? Vistage나 YPO와 같은 그룹에 가입하는 건 어떤가? 비즈니스 코치와 시간을 보내는가? 멘토와는? 화술을 위해 토스트마스터즈에 들어가거나 상공회의소, 로터리와 같은 비즈니스 그룹에 가입할 의향은 있는가?

당신이 가족기업의 새로운 리더라면, 스스로 충분한 경험과 지식을 가지고 있다고 믿을 수 있다. 사업의 성공이 그것을 증명하기 때문이다. 또는 자신의 그릇이 너무 작거나, 너무 바쁘거나, 시간이 없어서 자기계발에 투자할 여력이 없다고 생각할 수도 있다. 하지만 이 두 가지 다 잘못된 생각이다.

밀레니얼 세대 이해하기

내가 컨퍼런스에 참석할 때마다 사람들은 항상 나에게 밀레니얼 세대를 어떻게 다뤄야 하는지에 대한 조언을 구한다. 밀레니얼 세대는 골칫거리라는 느낌을 갖고 있는 듯하다. 이것만은 확실히 말해두고 싶다. 높은 차원에서는 밀레니얼 세대가 더 많은 책임을 질 수 있는 방법을 찾아야겠지만, 기성세대 리더들도 다음 세대의 스마트함과 기술에 정통한 능력을 활용하는 방법을 배우고 그들을 더 잘 이해하려고 노력함으로써 상황을 개선할 수 있다고 생각한다.

모든 세대는 다음 세대 혹은 그 전 세대와 문제가 있다. 예를 들어 베이미부머 세대(1946년부터 1964년 사이에 태어난 사람들)는 상황에 접근하는 방식이 다르고 독특한 맥락을 가지고 있다. 그들은 희생, 충성, 노력 그리고 신뢰의 세상에서 태어났고, 그 대부분은 제 2차 세계 대전과 대공황 사태에 대해 전해들은 이야기들에서 비롯되었다. 나의 어머니만 하더라도, 세상이 다시 무너질 경우를 대비해서 항상 돈을 매트리스 밑에 넣어 두셨다.

반면에 밀레니얼 세대는 그들의 조부모가 들려주는 비슷한 이야기를 접했을 가능성은 있지만, 베이비부머 세대와는 다르게 세계적인 사건들로부터 직접적인 영향을 받지 않았다. 그저 자연스러운 세대 간 단절인 것이다. 베이비부머 세대는 일반적으로 밑바닥으로 추락하거나 끔찍한 결과를 맞이할 것을 예상하지만, 밀레니얼 세대는 사업이나 그 외의 난관에 부딪혀도 "걱정 마.", "괜찮을 거야." 또는 "신경 안 써."와 같은 쿨한 반응을 보인다. 아마 그들은 상황이 불러일으킬 결과에 대해 무지한 것일 수도 있다. 아니면 존중이 부족하다는 걸 보여주는 것일 수도 있다. 하지만 나는 이런 차이점 뒤에 더 많은 이유들이 있을 거라고 본다.

밀레니얼 세대가 이전 세대들과 다른 것뿐만 아니라, 우리의 문화와 세계의 상황이 우리가 알아차리지 못할 정도로 너무 빠르고 깊이 바뀌지는 않았다고 생각한다. 뉴욕 타임즈 베스트셀러 〈팩트풀니스〉 (Factfulness: Ten Reasons We're Wrong about the World – and Why Things Are Better Than You Think)에서 작가 한스 로슬링과 안나 로슬링 뢴룬드, 그리고 올라 로슬링은 사람들이 세계를 바라보는 관점을 왜곡하는 본능에 대해 논한다. 흥미롭게도, 이 책은 우리가 어떻게 세계적인 트렌트에 대한 간단한 질문에도 오답을 내놓는지 보여준다. 저자들은 우리는 이런 실수를 상당히 체계적으로 반복하며, 원숭이에게 같은 질문을 던졌을 때 아무렇게나 나오는 대답이

전 세계 수많은 고학력자들의 대답을 능가한다고 말한다. 당신은 아래와 같은 사실들을 알고 있는가?

- 전 세계적으로 5세 이전에 사망하는 아이들의 비율이 1900년 약 40%에서 현재 4%로 감소했다.
- 전 세계 기아율이 1970년 28%에서 2015년 11%로 감소했다.
- 1930년대 100억 마일당 비행기 추락 사망자 수는 2,100명이었고, 2010년에서 2016년 사이에는 1명으로 감소했다.
- 1960년 약 1,000편에서 오늘날 11,000편 이상으로 매년 영화 제작 수가 증가하고 있다.
- 1960년대에는 수천 개의 신곡이 나왔고, 오늘날에는 600만 개의 신곡이 나오고 있다.
- 연간 과학 관련 기사 수가 1950년 수천 건에서 오늘날 200만 건 이상으로 증가했다.
- 0.001%였던 1980년 휴대폰 사용자 수가 오늘날 65% 이상으로 증가했다.
- 인터넷 사용자 수가 1980년 0%에서 최근 50%까지 증가했다.
- 인구 백만 명당 사용 가능한 기타의 수가 1962년 200개에서 현재 11,000개 이상으로 증가했다.

지난 50년 동안 세계는 역사상 그 어느 때보다 더 많이 변했다. 당신이 베이비부머 세대라면, 세상에서 일어나는 일들은 당신을 지나칠 수도 있다. 당신의 두뇌, 사고방식, 세계관은 세상이 어떻게 변하는지 모를 만큼 너무 옛날에 머물러 있지는 않은가?

라틴 아메리카계 축구 선수들에 대한 이야기를 들어본 적이 있는가? 그들은 태어날 때부터 축구공을 발치에 두고 있었기 때문에 그들의 실력이 뛰어난 것은 당연하다는 이야기 말이다.

이 맥락을 잠시 빌려 말하자면, 25살에 처음으로 축구공을 차보는 사람과 태어날 때부터 축구를 해온 사람의 수준은 다를 수밖에 없다. 베이비부머나 그와 비슷한 세대 사람들은 자신들이 세계의 변화 속도에 따라가고 있다고 믿지만 실제로는 다른 관점과 경험의 집합으로 기능하고 있다고 생각해보라.

일반적으로 밀레니얼 세대는 컴퓨터, 인터넷, 휴대폰을 손에 가지고 태어난 세대다. 당신의 아이는 아이폰에 있는 스냅 채팅을 잘하겠지만, 그것은 훌륭한 사업가의 특성으로 바뀌지 않을 수도 있다. 하지만 세상은 무서운 속도로 빠르게 변화하고 있기 때문에, 우리가 밀레니얼 세대를 이해하려고 애쓰는 것은 당연하다. 서로를 이해하고 존중하며 최선을 다하기 위해서는 어떻게 해야 할까? 잠시 밀레니얼 세대의 머릿속을 들여다보자.

밀레니얼 브레인

밀레니얼 세대가 가장 중요시하는 것은 일 자체의 매력, 이동성(지리적 거리와 업무 간 거리 둘 다 포함), 사람들과 만나고 네트워크를 형성할 기회, 그리고 편안한 분위기다. 그들은 추가 휴가, 유연한 근무 시간, 재택 근무, 할인 등의 기능으로 급여를 자신에 알맞게 조정하는 것을 좋아한다. 그리고 추가적으로 살펴보면 다음과 같다.

1. 밀레니얼 세대는 일과 삶의 균형을 믿는다. 가족기업과는 다르게 밀레니얼 세대는 삶과 일을 두 개의 독립체들로 보고 있으며, 인생을 일보다 먼저 생각한다. 삶 < 일의 균형보다 일 < 삶의 균형을 더 선호한다.

2. 밀레니얼 세대는 소속감을 중요시한다. 그들은 팀워크와 동료들을 소중히 여긴다. 그들은 어떤 수준에서든 관계를 형성하길 선호하고, 영향력이 있는 사람들에게 다가갈 수 있기를 기대한다.

3. 밀레니얼 세대는 목표 지향적이지만, 그 방식이 베이비부머 세대나 X세대와는 다르다. 그들은 기다리는 것에 취약하고 빠른 결과를 얻고 싶어 한다. 밀레니얼 세대는 빠르고 정신없이 흘러가는 환경에서 자랐다.

4. 밀레니얼 세대는 실시간 피드백을 원한다. 그들에게 피드백이란 비공식적이며 하루 종일 끊임없이 요구할 수 있는 것이다. 가족기업을 운영 중인 베이비부머 세대 경영자들은 이런 요구에 지칠 수도 있다.

5. 밀레니얼 세대는 문화에 스며들고 싶어 하고, 문화가 자신들에게 맞

춰주길 원한다. 이것은 그들에게 필수적이다. 밀레니얼 세대에게 동기 부여에 관한 한 문화는 금전을 능가한다.

밀레니얼 세대를 관리하는 방법

밀레니얼 세대는 종종 혹평을 받는다. 개개인이 아닌 한 집단으로서 평가되기 때문이다. 여느 세대들처럼 그들 모두가 같은 건 아니다. 하지만 그들 사이에서 유행은 나타난다.

밀레니얼 세대를 더 잘 관리하기 위해서는 강력한 기업문화를 만드는 것이 관건이다. 그들에게 문화와 가치는 그들 자신의 이상과 생활방식에 맞아야 한다. 여기, 밀레니얼 세대를 회사 조직문화에 적절히 녹아들게 하는 6가지 방법이 있다.

1. 서로 협력하는 작업 환경 조성하기 밀레니얼 세대는 항상 무언가를 요구한다는 고정관념이 있다. 하지만 실제로 그들은 자신이 가진 능력이나 재능을 기여하고 싶은 욕구를 가지고 있다. 매주 팀 미팅을 열거나 브레인스토밍 세션을 개최하여 서로의 협업을 장려하라. 그들이 하는 말을 경청해보자.

2. 전자 기기 및 소셜 미디어 사용을 장려하기 밀레니얼 세대의 기술력을 활용해보자. 그들은 긴 회의보다 네트워크 환경과 온라인 상의 실시간 소통에서 더 높은 효율성을 보인다. 기술 사용을 부정하려 해서는 안 된다. 그들과의 갈등이 시작될 수도 있다.

3. **그들을 자극시키는 미래 보여주기** 회사가 추구하는 미래 비전을 제시하고 그들의 진로에 대해 대화를 나누라. 그들은 아마 가족의 관리 방식에 기꺼이 참여할 것이다. 만약 어떤 일을 해야만 하는 이유를 그들과 공유한다면, 그들은 그 일을 해결할 새로운 아이디어를 제시해 당신을 놀라게 할 수도 있다.

4. **일에 즐거움 더해주기** 즐거움은 굉장히 중요하다. 밀레니얼 세대는 매우 열정적이고 낙천적이며, 그들은 그런 그들의 성향을 더욱 두드러지게 하는 업무 환경을 원한다. 그들은 일터에 즐거움이 더해질수록 더 열심히 일하려 노력할 것이다.

5. **그들이 피드백을 요구하기 전에 먼저 알려주기** 그들은 피드백 세대이다. 밀레니얼 세대는 풍부한 피드백과 주기적인 격려, 그리고 칭찬을 기대한다. 피드백의 부재는 당신이 그들을 소중히 여기지 않는다는 의미로 해석될 위험이 있다.

6. **사사건건 참견하지 않기** 그들이 배우고, 깨닫고, 시험해볼 수 있는 시간을 주라. 그들은 혁신적인 해답을 만들 수 있는 기회를 좋아한다. 그들이 어떠한 일에 집중하고, 프로젝트에 참여하고, 시행착오를 겪으며 배워나갈 수 있게 서포트 해주자.

밀레니얼 세대에게 양보할 수 없는 것

세상이 변하고 있다는 것을 인정하고 밀레니얼 세대의 사고방식을 수용하려고 노력하는 자세는 중요하다. 하지만 비즈니스에는 타협

할 수 없는 영역이 있다. 기본적인 최소한의 사업 관행은 아주 오래 전부터 존재해왔고 지금까지도 계속 적용되고 있다.

- 약속은 지켜야 한다.
- 자신의 행동과 실수에 대한 책임을 져야 한다.
- '이것이 어떻게 회사에게 이익을 가져다주는가?'를 항상 염두에 두고 행동해야 한다.
- 현명한 사업 결정은, 심지어 직감에 따른 결정이 필요한 때에도, 여전히 어떠한 형태의 데이터, 기록, 또는 연구를 기반으로 이루어져야 한다.
- 직원, 고객, 및 공급업체와 좋은 관계를 유지하고 소통해야 한다.
- 신뢰성, 성실성, 믿음직함, 타인을 존중하는 태도 등 평판을 쌓아가야 한다.
- 언제나 학생과도 같은 태도를 유지하고 우수한 성과를 내기 위해 꾸준히 노력해야 한다.

밀레니얼 세대를 위한 충고 : 베이비부머 세대를 대하는 방법

앞선 내용을 모두 읽었다면, 당신은 이미 답을 알고 있을 것이다. 그리고 진정으로 언젠가 가족기업을 이어받고자 한다면, 현재의 사업과 시스템에 대한 자신의 능력과 재능을 증명해야 한다. 비록 그들의

방식과 시스템이 올드하고, 구식이며, 효율적이지 않아도 말이다.

부모와 입장을 바꿔 생각해보자. 그들이 어떤 사람인지 이해해보려 노력해라. 적극적 경청과 어느 정도의 능력을 그들에게 보여줌으로써 당신이 그들의 관점을 이해한다는 것을 알릴 수 있게 된다면, 그들은 당신이 만들고 싶어 하는 변화를 진지하게 받아들일 수 있을 것이다.

회사는 당신이 신세대로서 얼마나 멋진지, 혹은 사업을 발전시키기 위해 얼마나 많은 아이디어를 만들어낼 수 있는지를 과시하기 위한 곳이 아니다.

사업에는 쉴 새 없이 움직이는 많은 톱니바퀴들이 있고, 위태로우며, 많은 역사가 있다. 부모나 다른 기성세대들을 변화해가는 세상에 따라갈 수 있도록 이끄는 것은 매우 어려울 수 있지만 (그들은 필요 이상으로 그 자리에 오래 머물 수도 있다.) 당신은 최선을 다해 그들을 이끌어야 한다.

밀레니얼 세대에 관한 희소식

베이비부머 세대에게 불만을 안겨주는 밀레니얼 세대의 행동들과 태도가 있는 반면, 희소식이 있다.

아마 당신은 마시멜로 테스트라고 불리는 것에 대해 들어본 적이 있을 것이다. 이 테스트는 1960년대 후반과 1970년대 초반 사이, 당시 스탠포드 대학의 교수였던 심리학자 월터 미셸(Walter Mischel)의 주도하에 이루어진 '지연된 만족'에 관한 실험이다.

이 실험을 위해 아이들에게는 두 개의 선택지가 주어진다. 아이 앞에 있는 테이블 위에 마시멜로 한 개를 올려놓은 다음, 마시멜로를 바로 먹으면 한 개의 마시멜로를, 바로 먹지 않고 10분 동안 기다리면 더 많은 양의 마시멜로나 과자를 보상으로 주겠다고 선언하고 테스터는 잠시 방을 나갔다 돌아온다.

후속 연구를 통해 밝혀진 결과, 욕구를 참는 자제력이 더 강한 아이들은 나중에 더 나은 SAT 점수, 교육 성과, 체질량 지수(BMI) 및 기타 성과들을 얻는 경향이 있었다.

좋은 소식은 다음과 같다. 이 실험은 1990년대와 2000년대에 다시 실행되었고, 그 결과 2000년대 아이들이 더 높은 자제력과 인내심을 가지고 있다는 것을 보여주었다.

"놀라운 것은 2000년에 실행된 실험 결과에 따르면, 실험 대상자인 미취학 아동의 60%가 10분 동안 기다리기를 선택했다는 점이에요. 1980년대에는 40%, 1960년대에는 30%였어요." 듀크 대학 심리학자인 압샬롬 카스피(Avshalom Caspi)는 말한다.

따라서, 만약 밀레니얼 세대가 1960년대에 태어난 아이들보다 자제력과 인내심의 중요성을 더 잘 이해하고 있고, 욕구를 참는 것이 더 나은 삶을 사는 것과 관계가 있다면, 어쩌면 그들은 결국엔 다 잘될 것이다.

결론

　가장 사랑하는 사람들과 함께 일할 수 있는 사업을 성공적으로 운영하는 것보다 더 큰 기쁨은 없다. 그 사업은 동시에 많은 수익을 가져다주고 서로의 삶을 풍요롭게 해주기도 한다. 하지만 많은 가족기업의 성공을 방해하는 장애물들이 도사리고 있는 건 사실이다.

　대부분의 경우 그것은 비즈니스와 가족 사이의 내재적 결합이다. 비즈니스는 실리적이고, 수익에 좌우되며, 수단과 방법을 가리지 않고 치열한 경쟁자들 사이에서 고객과 소비자들에게 더 나은 제품과 서비스를 제공하기 위해 노력해야 하는 끝없는 경쟁이다.

　결국 그 경쟁에서 승리하는 것이 더 많은 이익을 만들어낸다.

　가족은 비즈니스와 정반대다. 그것은 개인으로서 우리의 정체성을 더욱 확장시키는 것이다.

　가족은 우리의 핵심 그룹이고, 언제나 속해 있을 수 있는 집단이

며 쉼터이자 집이다. 그리고 이
사실은 바뀔 수 없다.

가족기업은 사업이 요구하는
것과 가족이 요구하는 것 사이의

 가족기업 사업이 요구하는 것
과 가족이 요구하는 것 사이
의 적절한 균형을 유지하지
못했을 때 실패를 겪는다.

적절한 균형을 유지하지 못했을 때 실패를 겪는다.

가족기업은 자전거와 같다. 만약 한 바퀴가 제대로 움직이지 않
는다면, 기업 전체가 제 기능을 잃는다. 우리는 방정식의 양쪽에 충분
한 경의를 표해야 한다. 각 등식은 극과 극의 요구사항을 가지고 있
기 때문이다. 게다가 사업을 성공시키는 데에는 확실한 요령과 이론
이 있지만, 관계를 잘 다루는 것은 더 애매하고 정답이 없다.

아마도 많은 가족기업들이 열심히 도움의 손길을 찾는 이유가 여
기에 있을 것이다.

이 책의 목적은- 일반적으로 칵테일 파티 같은 곳에선 언급되지
않는- 가족기업과 연결된 가족 구성원들의 어떤 행동과 생각이 사업
을 일으키고, 무너트리는지, 그 관계성을 더 깊게 들여다보고 고찰해
볼 수 있게 지식을 제공하는 것이다.

서론에서부터 언급했듯이, 모든 가정은 그들만의 특별한 성향을
가지고 있기 때문에 성공적으로 나아갈 수 있는 해답은 각 가정마다
다르다. 그런 맥락에서, 어떤 틀에 박힌 접근 방식은 비효율적이다.

나는 가족기업의 은밀한 비밀들에 담긴 정보가 당신과 회사에 도

움이 되길 바란다.

우리는 많은 영역들을 커버해왔고 이제 당신에게 수위가 너무 높아 견딜 수 없을 것 같은 상황에 대한 두 가지 큰 관점을 남겨두고자 한다. 이것은 당신의 머리를 맑게 하고 당신이 계속 앞으로 나가는 데 도움이 될 것이다.

당신의 직원들 - 특히 오랜 기간 동안 곁에 있었던 사람들, 간부들, 그리고 정말 소중한 사람들 - 중 많은 이들은 무엇이 문제인지 알고 있을 것이다. 진실을 말하는 것을 두려워하고 있을 뿐이다. 진실을 말함으로써 직장 내 자신의 입지가 위태로워질 걸 알고 있기 때문이다. 동시에, 가족 구성원들 - 특히 오랜 소유주들 - 은 직원들로부터 문제에 대해 들을 수 없다. 마치 '벌거벗은 임금님' 상황과도 같다.

복잡하고 어려워 보이는 상황을 어떻게 해결할지 깊은 고뇌에 빠진 자신을 발견한다면, 잠시 한걸음 물러서서 이 사람들이 전부 아무 관계도 없는 완벽한 타인이라는 상상을 해보자.

이제 그 문제를 어떻게 해결할 것인가?

이 관점은 한층 더 명확해진 새로운 시각을 우리에게 선사한다.

언제나 이렇게 하는 것이 정답은 아니겠지만, 당신과 당신의 사업, 그리고 가족에게 도움이 되는 해답을 찾는 데 큰 도움이 될 수 있을 것이다.